# ADOLF LOOS
## Wohnkonzepte und Möbelentwürfe

Mit Unterstützung des Fonds zur Förderung der wissenschaftlichen Forschung

© 1994 Residenz Verlag, Salzburg und Wien
Alle Rechte, insbesondere das des auszugsweisen Abdrucks
und das der photomechanischen Wiedergabe, vorbehalten.
Reproduktionen: Reprostudio, Salzburg
Satz: Fotosatz Rizner, Salzburg
Printed in Austria by Druckhaus Nonntal, Salzburg
ISBN 3-7017-0850-9

Eva B. Ottillinger

# ADOLF LOOS

Wohnkonzepte und Möbelentwürfe

Residenz Verlag

# Inhalt

## VORWORT ... 7

## FORMGEBUNGSTHEORIE

Ein vernünftiger Geschmack ... 11
Die Evolution des Ornaments ... 16
Vom Dandytum und der Kultur des Anziehens ... 19
Von der »Kunst im Haus« zur Wohnkultur ... 23
»Alte Möbel« und pittoreske Räume ... 26

## FARBTAFELN ... 29

## MÖBELDESIGN

F. O. Schmidt und die »englische Krankheit« ... 71
Der »ägyptische« Hocker – eine Rezeptionsgeschichte ... 80
Aus der Orthogonale gekippt – eine Motivgeschichte als Wegweiser des modernen Möbeldesigns ... 90
Kastenmöbel und frühe Wohnungen – einige Entwicklungstendenzen ... 97
Wand und Raum ... 113

## KATALOG DER »MOBILEN« MÖBEL

Der dreibeinige »ägyptische« Hocker ... 124
Café Museum und Café Capua ... 127
Der Stössler-Stuhl ... 132
Der Hotel-Stuhl ... 136
Korbstühle ... 138
»Englische« Stühle ... 140
Der »Knieschwimmer«-Fauteuil ... 148
Der »römische« Tisch ... 152
Der »Elefantenrüsseltisch« ... 154
Eß- und Beistelltische ... 156
Metall-Glas-Design (Beleuchtungskörper, Uhren etc.) ... 160

## NACHWORT ... 165

Anmerkungen ... 167
Abbildungsverzeichnis ... 177
Namenregister ... 185

1. Adolf Loos in seinem Wohnzimmer, photographiert von Claire Loos, 1929

# Vorwort

## DAS INTERIEUR

Adolf Loos ist mit der Maxime »Das haus sei nach außen verschwiegen, im inneren offenbare es seinen ganzen reichtum«[1] an das Einrichten von Wohnräumen herangegangen. Und tatsächlich entspringt die Wirkung vieler seiner Bauten dem Spannungsfeld zwischen der oft provozierenden Kargheit der Fassade und dem taktil-sensualistischen Reichtum des Interieurs; ein Spannungsfeld, das Loos damit erklärt, daß es die primäre Aufgabe des Architekten sei, »einen warmen wohnlichen raum herzustellen ... [Das] gerüst zu erfinden, ist erst die zweite aufgabe.«[2] Obgleich auch sein gebautes Œuvre von Inneneinrichtungen und Wohnbauten bestimmt ist, betrachtete Loos in seinem radikalen theoretischen Ansatz die Interieurgestaltung – und dies mag fürs erste widersprüchlich erscheinen – nicht als »architektonische tätigkeit« und schon gar nicht als künstlerische Gestaltungsaufgabe, wenn er 1903 einem Leser seiner Zeitschrift »Das Andere« auf die Frage nach seiner Arbeit antwortet: »Ich werde auch weiterhin geschäftshaus-, kaffeehaus- und wohnungseinrichtungen durchführen ... Aber wohnungseinrichten hat mit der architektur nichts zu tun. Ich habe mich damit ernährt, weil ichs *kann* ... Manche kommen zu mir, weil sie es nicht verstehen, manche, weil sie die quellen nicht wissen, manche, weil sie keine zeit haben. Aber jeder lebt in seiner *eigenen* wohnung nach seiner eigenen individualität. Allerdings gemildert durch meine ratschläge.«[3] Und über seinen Kundenkreis fügte er hinzu: »Wenn jemand tausend kronen hatte und eine wohnungseinrichtung brauchte, die nach fünftausend kronen aussah, so kam er zu mir. Ich hatte mich darin zum spezialisten ausgebildet. Die aber, die fünftausend kronen hatten und für diesen preis ein nachtkästchen haben wollten, das nach tausend kronen aussah, gingen zu einem anderen architekten. Da nun die erste menschenkategorie weit häufiger ist als die zweite, hatte ich vollauf zu tun.«[4]

Im Laufe des 19. Jahrhunderts haben die stetig wachsenden und immer gesichtsloser werdenden Großstädte für deren Bewohner eine – wie der Soziologe Georg Simmel konstatiert – »Steigerung des Nervenlebens« verursacht, »die aus dem raschen und ununterbrochenen Wechsel äußerer und innerer Eindrücke hervorgeht ... Die tiefsten Probleme des modernen Lebens quellen aus dem Anspruch des Individuums, die Selbständigkeit und Eigenart seines Daseins gegen die Übermächte der Gesellschaft, des geschichtlich Ererbten, der äußerlichen Kultur und Technik des Lebens zu bewahren.«[5] In dieser Situation betritt – so Walter Benjamin – auch »der Privatmann den geschichtlichen Schauplatz«. Für diesen »tritt erstmals der Lebensraum in Gegensatz zu der Arbeitsstätte. Der erste konstituiert sich im *Interieur*. Das Kontor ist sein Komplement ... Das Interieur ist nicht nur das Universum, sondern auch das Etui des Privatmanns.«[6] Es ist daher nicht verwunderlich, daß im Historismus und Jugendstil der Innenraum auch zur bedeutendsten Themenstellung und Gestaltungsaufgabe von Kunstgewerbetheoretikern und »Künstler-Entwerfern« wurde. Dabei entstanden in historische »Style« gekleidete Wohnräume oder solche, die der »Stilkunst« der Jahrhundertwende entsprachen, bestimmt vom »Garnitur-Denken« beziehungsweise von der Idee des Gesamtkunstwerkes, die von ihren Benutzern als etwas Fertiges angenommen werden mußten.

Mit dieser Aktualität des Interieurs war Adolf Loos (1870–1933) konfrontiert, als er, Sohn eines Brünner Bildhauers, nach dem Besuch der Gewerbeschule, einigen Semestern Architekturstudium an der Technischen Hochschule in Dresden und einem mehrjährigen Amerika-Aufenthalt kurz vor der Jahrhundertwende als kritischer Journalist und Architekt in Wien zu arbeiten begann. Neben Geschäften und Lokalen, wie dem Café Museum, entstanden um 1900 vor allem Wohnungseinrichtungen, wie das Speise- und Schlafzimmermobiliar für Eugen Stössler, die Speisezimmermöbel für Dr. Otto Stoessl, die Wohnungen für Dr. Hugo Haberfeld, Gustav Turnovsky, Theodor von Auspitz und schließlich Loos' eigene Wohnung. Erst ab 1910 sollte er seine Ideen auch im Wohnbau verwirklichen können. Geprägt von angelsächsischen Wohnvorstellungen, die Loos in den Vereinigten Staaten kennengelernt hatte, vertrat er beim Einrichten die Forderung nach »privacy« und »comfort« in den eigenen vier Wänden. Er erteilte damit der »Kunst im Haus« seiner Zeitgenossen um 1900 ebenso eine klare Absage wie später den von Transparenz und Typisierung der Bedürfnisse bestimmten Sozialutopien des »Neuen Bauens« in der Zwischenkriegszeit und entwickelte zwischen der Ästhetisierung des Heims und dessen Standardisierung einen eigenständigen Weg zur Wohnkultur und zum Möbeldesign.

# ENGLAND UND AMERIKA – EINE KULTURUTOPIE

Die Wohnkultur war jedoch nur ein Aspekt von Adolf Loos' mit Sendungsbewußtsein vorgetragener Reform des privaten Lebens. Die Konfrontation mit dem angelsächsischen Alltagsleben jenseits und diesseits des Atlantiks erwies sich dabei als Schlüsselerlebnis für den mit großer Neugier und einer ausgeprägten Aufnahmebereitschaft gegenüber fremden Kulturtechniken und Lebensgewohnheiten ausgestatteten jungen Architekten. Otto Wagner (1841–1918), der Mentor der »Wiener Moderne«, riet seinen Schülern zum Besuch der modernen Großstädte als Orten des Lernens. Adolf Loos hat diese Forderung mit seinen Aufenthalten in Chicago, Philadelphia, New York und London eingelöst, noch bevor sie formuliert worden war.

In seinen Schriften berichtet Loos allerdings wenig Konkretes über den dreijährigen Aufenthalt in den USA; so zeichnet er in »Mein Auftreten mit der Melba« nur allgemein die Überlebensstrategien eines Immigranten nach und schließt mit dem Rat: »Wenn sie in Amerika jemand fragt, ob sie dies oder jenes können, so antworten sie vor allem mit einem stolzen und freudigen ja! Dann kann es ihnen nicht schlecht ergehen.«[7] Schon seine Erinnerungen an den Onkel in Philadelphia und seine übrigen Verwandten schwenkten auf das Grundthema Loosscher Überlegungen ein, wurden sie doch 1903 unter dem beziehungsvollen Titel »Abendländische Kultur« in der von Loos herausgegebenen Zeitschrift »Das Andere – Ein Blatt zur Einführung der abendländischen Kultur in Österreich« abgedruckt, die sich provokant als »Kulturführer für Kulturfremde« verstand. Die eigene Zeitschrift als Mittel des »Kulturkampfs« verbindet Loos mit Karl Kraus (1874–1936) und seiner ab 1899 herausgegebenen »Fackel« ebenso wie mit John Ruskins (1819–1900) »Fors Clavigera«.[8]

Der Begriff »Kultur« umfaßte für Loos vor allem das Naheliegende, wie Essen, Waschen oder Anziehen. Die ebenfalls in »Das Andere« erschienene Episode über das »Nachsalzen« demonstriert uns den grundlegenden Unterschied zwischen dem zivilisierten Westen und der in Loos' Meinung kulturell unterentwickelten Donaumonarchie: hier schlecke man nämlich das Messer ab und fahre damit in das gemeinsame Salzgefäß, während man dort einen Salzlöffel beziehungsweise Salzstreuer verwende.[9]

Psychologische, aber auch volkswirtschaftliche Dimensionen sieht Loos im Unterschied zwischen einem amerikanischen und einem Wiener Frühstück, über den er mit Blickrichtung auf die Wiener Siedlerbewegung der Zwischenkriegszeit 1924 in »Wohnen lernen« berichtet: »Das wiener frühstück – ein schluck kaffee stehend am herd und das stück brot, das zur hälfte auf der treppe, zur anderen hälfte auf der straße verzehrt wird, – verlangt um zehn uhr ein gulasch, also einen magenbetrug, und, da das gulasch schön paprizirt ist, ein krügel bier … In der amerikanischen familie ist das frühstück die schönste mahlzeit. Alles ist durch den schlaf erfrischt, das zimmer behaglich, frisch durchlüftet und warm. Der ganze tisch ist mit speisen besetzt. Zuerst ißt jeder einen apfel. Und dann teilt die mutter das oatmeal aus, diese herrliche speise, der Amerika seine energischen menschen, seine größe und wohlfahrt verdankt. Die Wiener werden allerdings lange gesichter machen, wenn ich ihnen verrate, daß oat hafer und meal speise bedeutet.«[10] Bereits 1898 hat Loos in »Die Frau und das Haus« grundsätzlich den Unterschied zwischen angelsächsischem und österreichischem Familienleben festgehalten: »Die Oesterreicherin versucht ihren Mann durch gute Küche an die Familie zu fesseln, die Amerikanerin und Engländerin durch ein gemütliches Heim. Das entspricht eben den verschiedenen Feinden, die das Familienleben in den verschiedenen Staaten besitzt. Hier das Wirtshaus, dort der Club.«[11] Wesentliche Anregungen für derartige Fragestellungen sind von englischsprachigen Einrichtungs- und Haushaltsratgebern, wie Charles Eastlakes (1836–1906) 1868 erschienenen »Hints on Household Taste« und Harriet Beecher-Stowes 1869 veröffentlichtem Band »The American Women's Home«, ausgegangen.

So erweist sich auch die Kleidung als wesentliches Thema des Kulturvergleichs, wenn Loos schreibt: »Ein amerikanischer philosoph sagt irgendwo: Ein junger mann ist reich, wenn er verstand im kopf und einen guten anzug im kasten hat … die Engländer und Amerikaner verlangen von jedermann, daß er gut gekleidet ist. Die Deutschen tun aber noch ein übriges. Sie wollen auch schön gekleidet sein.«[12] Loos selbst widmete der Schneiderei nicht nur zahlreiche Zeitungsartikel, wie »Die Herrenmode«, »Damenmode«, »Die Schuhmacher« oder »Wäsche«, sondern hat auch die Wiener Schneidersalons Ebenstein, Goldman & Salatsch sowie Knize in Wien, Berlin und Paris eingerichtet.

Noch grundlegender erschien Loos der Unterschied zwischen Mitteleuropa und der angelsächsischen Welt im Bereich der Hygienekultur; er berichtet darüber in »Die Plumber«: »… ohne den plumber gäbe es kein neunzehntes jahrhundert … Die Engländer waren die hüter und wahrer dieser kultur … Wir sind zurückgeblieben. Als ich vor einiger zeit eine amerikanische dame fragte, welches ihr der bemerkenswerteste unterschied zwischen Österreich und Amerika dünkte, antwortete sie mir: The plumbing! ... Eine wohnung ohne badezimmer! In Amerika eine unmöglichkeit.«[13] Nicht nur die Bassena-Kultur der Reichshaupt- und Residenzstadt Wien, sondern auch die anachronistische Verwendung von Leinenwäsche und Fußlappen führt Loos zu dem polemischen Schluß: »Philippopel zu Wien verhält sich wie Wien zu New York.«[14]

Auf der 1893 in Chicago veranstalteten »World's Columbian Exposition«, dem Anlaß für seine Amerikareise, bot sich Loos ein ambivalentes Bild; zum einen war im Jackson Park Daniel Burnhams »White City« aus Holz und Gips im neoklassizistischen Stil der »École des Beaux-Arts« aufgerichtet worden, um die zuletzt veranstaltete europäische Weltausstellung 1889 in Paris zu übertrumpfen. Zum anderen hatte der Wiederaufbau der vom ökonomischen Nutzen bestimmten »Boom Town« nach dem großen Stadtbrand von 1871 zur Entstehung der modernen Hochhausarchitektur mit ihren Stahlskeletten ebenso geführt wie zur Entwicklung zukunftweisender Verkehrssysteme. Solchermaßen sensibilisiert erkannte Loos den Unterschied zwischen dem »Kunstgewerbe« Kontinentaleuropas und der industriellen Ästhetik der »Neuen Welt«. Er beschrieb diesen Erkenntnisprozeß folgendermaßen: »In Chicago ging ich mit stolzem hochgefühl durch die deutsche und österreichische abteilung. Mit mitleidigem lächeln blickte ich auf die amerikanischen regungen des kunstgewerbes. Und wie hat sich das in mir geändert! Der jahrelange aufenthalt drüben hat es bewirkt, daß mir noch heute die schamröte ins gesicht steigt, wenn ich bedenke, welche blamage sich das deutsche kunsthandwerk in Chicago geholt hat. Die stolzen prachtleistungen, die stilvollen prunkstücke, sie waren nichts weiter als banausische verlogenheit.«[15]

Großbritannien war für Loos hingegen das Utopia einer bürgerlichen Gesellschaft, die sich ganz selbstverständlich in ihrer Gebrauchsgüterkultur, insbesondere in ihrer Wohnkultur widerspiegelt. Seine »Anglophilie« ging also von ganz anderen Prämissen aus als der von der Ideenwelt der Arts-and-Crafts-Bewegung beeinflußte Wiener Jugendstil. Der Handwerker, nicht der »Künstler-Entwerfer« war aus der Loosschen Sicht der Träger dieser Kultur. Denn »aus England kam die emanzipation des handwerkers, und daher zeigen die neuen gegenstände alle englische formen ... Zwischen einem londoner und wiener tischlerverstand besteht kein unterschied, zwischen dem londoner tischler und wiener architekten liegt aber eine ganze welt.«[16]

Als Gegensatz zum falschen Luxus des Parvenüs entwickelte Adolf Loos daher eine bürgerliche Ästhetik, deren Grundsätze lauten: »Der moderne geist verlangt, daß der gebrauchsgegenstand praktisch sei«, und die Engländer handelten so praktisch wie die Griechen zu ihrer Zeit.[17] Seine Vision war daher »the tailor made costume« und »the cabinetmaker made furniture«. Im Biedermeier sollte Loos schließlich das heimische Gegenstück zu dieser bürgerlichen Kultur entdecken.[18] Dieses Kulturverständnis verdichtete sich beim Wohnen, also jenem Teil des privaten Lebens, auf den der Architekt sich unmittelbaren Zugriff verschaffen kann, den er zu reformieren imstande war.

## INTENTIONEN UND DANK

Intention dieser Studie ist es keineswegs, einen Katalog aller von Loos gestalteten Einrichtungsgegenstände und Innenräume vorzulegen, letztere sind in den dem Architekten gewidmeten Publikationen, insbesondere im Werkverzeichnis von Burkhardt Rukschcios und Roland Schachels Monographie »Adolf Loos. Leben und Werk« (Salzburg/Wien 1982) ohnehin bereits enthalten.

Vielmehr gilt es, Adolf Loos' Vorstellungen vom Wohnen und Einrichten als bestimmende kulturelle Problemstellung seines Werkes in ihrer Vielschichtigkeit darzustellen, seine Anliegen sowie deren Voraussetzungen und Wirkungsweisen zu erörtern, bestätigt doch die mehrheitlich von Architekten und Designern getragene Loos-Forschung die anhaltende Aktualität gerade seines Einrichtungskonzeptes.

An dieser Stelle möchte ich meinen langjährigen inspirierenden Gesprächspartnern Dr. Burkhardt Rukschcio, Wien, und Dr. Christian Witt-Dörring, Österreichisches Museum für angewandte Kunst, Wien, für ihre vielfältigen Anregungen danken. Dank schulde ich auch Herrn Julius Hummel, Wien, der die letzten Entstehungsmonate dieses Buches mit tatkräftiger Hilfe bei der Bildbeschaffung begleitet hat.

Mit Hinweisen und Unterlagen wesentlich zum Entstehen dieser Arbeit beigetragen haben: das Adolf Loos-Archiv in der Graphischen Sammlung Albertina, Wien, Dr. Paul Asenbaum, Wien, Dr. Vera Behal, Wien, Patrick Kovasc, Wien, Ida Matter-Keller, Wohlen, Dr. Sylvia Mattl-Wurm, Historisches Museum der Stadt Wien, Irene Schmidt, F. O. Schmidt, Wien, Univ.-Prof. Dr. Franz Stoessl (gest.), Dr. Kristina Wängberg-Eriksson, Svenskt Tenn-Archiv, Stockholm, die Kollegen vom Furniture Department des Victoria & Albert Museums, London, sowie die Bibliotheken des Museums und der Hochschule für angewandte Kunst, Wien, und das Institut für Kunstgeschichte der Universität Wien. Ihnen allen sei ebenso herzlich gedankt wie jenen Personen und Institutionen, die Abbildungsvorlagen zur Verfügung gestellt haben.

Mein abschließender Dank gilt den Photographen, insbesondere Frau Marianne Haller, von der ein Großteil der Farbphotos stammt, sowie dem Historischen Museum der Stadt Wien, der Manz'schen Universitäts- und Verlagsbuchhandlung, Wien, der Musiksammlung der Wiener Stadt- und Landesbibliothek und privaten Sammlern, die diese Neuaufnahmen möglich gemacht haben.

# Formgebungstheorie

Fragen der Wohnkultur und der Formgebung von Gebrauchsgegenständen waren für Adolf Loos mehr als nur Arbeitsgebiet; diese Themen galten ihm zeitlebens auch als kulturelle Anliegen, mit denen er sich in vielfältiger Weise beschäftigte und die er oft kommentierte.

Seine Ideenwelt wurde dabei durch eine kritische, zugleich aber rezeptive Auseinandersetzung mit der Kunstgewerbetheorie des 19. Jahrhunderts und den Gedanken seiner Zeitgenossen geprägt, wobei seine Position gleichermaßen zum Angelpunkt und zur Reibefläche wesentlicher Aspekte kunstgewerblicher Reformtheorien wurde.

## EIN VERNÜNFTIGER GESCHMACK

> It is known that Taste is improved exactly as we improve our judgement. (Edmund Burke, 1756)

Mitte des 18. Jahrhunderts sollte die Kritik am »Widersinn«[19] des Rokoko, dem vom Klassizismus die Schlichtheit als eine gleichsam moralische Instanz, als Ausdruck von Zweckmäßigkeit und damit von Schönheit entgegengestellt worden war,[20] zum Ausgangspunkt einer breiten Diskussion über die Formgebung im Kunstgewerbe werden. Im späten 18. und frühen 19. Jahrhundert hat sich schrittweise der Wandel von einer rein handwerklichen zur industriellen Produktion vollzogen; zugleich lösten historistische Stilrezeptionen eine einheitliche Formensprache ab. Die aus dieser Entwicklung resultierenden Mängel der Gebrauchsgüterproduktion traten bei der ersten, 1851 in London veranstalteten Weltausstellung schließlich unübersehbar ins Blickfeld der internationalen Öffentlichkeit. Nikolaus Pevsner nannte rückblickend folgende Ursachen für diese Entwicklung: »Zum ersten der Stolz über jedwede technische Erfindung, gleichgültig, ob es sich um die Konstruktion eines bequemen Invalidenstuhles, die Imitation von Holzmaserung oder um die maschinelle Herstellung gotischer Ornamente in Kunststein handelte; zum anderen die Leichtigkeit, mit der all dies hergestellt werden konnte, so daß die gesunde Barriere zwischen einer wuchernden Phantasie und den materialbedingten Herstellungsmöglichkeiten verschwand; dann die Billigkeit der Produktion, die plötzlich eine Menge der verschiedensten Erzeugnisse einem zwar großen, künstlerisch aber unerzogenen und anspruchslosen Publikum zugänglich machte, das seinerseits demgemäß weit mehr von der schmucküberladenen Ausführung als der Solidität der Herstellung beeindruckt war; und schließlich der Mangel jeglicher ästhetischer Erziehung und Geschmackskultur bei den Fabrikanten, die für die Herstellung dieser billigen Waren verantwortlich waren.«[21]

Um die Mitte des 19. Jahrhunderts waren als Reaktion auf die eben beschriebenen Auswirkungen der industriellen Produktionsweise – von England ausgehend – kunstgewerbliche Reformbewegungen entstanden, die Fragen des Geschmacks und der Warenästhetik zu einem öffentlichen Diskussionsgegenstand von ästhetischer und produktionstechnischer, aber auch von sozialer und nationalökonomischer Bedeutung machten, der seine Aktualität bis ins frühe 20. Jahrhundert nicht mehr verlieren sollte. Im Zentrum dieser Reformgedanken standen die Begriffe Materialgerechtigkeit und Zweckmäßigkeit.

Zu den einflußreichsten Strömungen innerhalb dieser Reformdiskussion zählte die Arts-and-Crafts-Bewegung, die das Streben nach Wahrheit und Einfachheit als geistige und ästhetische Maxime vertrat und die sozialen Probleme ihrer Zeit durch Zivilisationskritik zu lösen suchte.[22] Ihre gedanklichen Voraussetzungen sind in John Ruskins 1849 erschienenem Buch »The Seven Lamps of Architecture«, vor allem aber im Kapitel »The Nature of Gothic« der 1851 veröffentlichten »Stones of Venice« zu finden.[23] Die darin entwickelten ästhetischen Kategorien »Truth« als Ausdruck einer ehrlichen und materialgerechten Gestaltung und »Savageness« als Merkmal einer freudig gefertigten, individuellen Handwerksproduktion wurden in Werkstätten, den »guilds« umgesetzt.[24] Durch diese Aufwertung des Handwerks – so William Morris' (1834–1896) praktische Weiterentwicklung der Ruskinschen Ideen – konnte nicht nur der billigen Massenproduktion und dem Surrogatunwesen entgegengewirkt werden, sondern gleichzeitig wurde mit dem neu entstandenen Typ des »artistic craftsman« die durch die industrielle Fertigung entstandene Entfremdung zwischen Entwerfer und Ausführenden wieder aufgehoben. Die daraus resultierenden verbesserten Arbeitsbedingungen würden, so hoffte man, dann in qualitätvollen und damit auch schönen Gebrauchsgegenständen ihren Ausdruck finden. Um 1900 sollten die Zielsetzungen der Arts-and-Crafts-Bewegung schließlich zur Anregungsquelle für die vielfältigen Reformideen des Jugendstils werden; insbesondere das auf William Morris' »Minor Arts«-Begriff beruhende Selbstverständnis der »Künstler-Architekten« und »Künstler-Entwerfer« als Schöpfer »angewandter Kunst« war von zukunftweisender Bedeutung.[25]

Als unmittelbare Reaktion auf die erste Weltausstellung war in London bereits 1852 die Gründung des »South Kensington Museums« als weltweit erstes staatliches Kunstgewerbemuseum beschlossen worden[26]; es sollte als Mustersammlung und Unterrichtsanstalt die britische Geschmackskultur heben und wurde zum Vorbild für ähnliche Institutionen am europäischen Kontinent. Ästhetische Grundlagen dieser Reformstrategie bildeten aus der Natur beziehungsweise von vergangenen Stilen abgeleitete vernunftmäßige Formgebungs-»Prinzipien«, wie sie A. W. N. Pugin (1812–1852) 1841 in seinen »Principles of Pointed or Christian Architecture« erstmals formuliert hat.[27] Der Kreis um Henry Cole (1808–1882), den Museumsgründer und Herausgeber des »Journal of Design and Manufactures«, zu dem neben Owen Jones (1809–1874), Mathew D. Wyatt (1820–1877) und Richard Redgrave (1808–1888) auch der im Londoner Exil weilende Gottfried Semper (1803–1879) zählte, entwickelte diese normativen »principles« weiter und ließ sie zur gedanklichen Grundlage für die Positionen des Wiener Kunstgewerbetheoretikers Jakob von Falke (1825–1897) werden.[28]

Falke, Mitbegründer und langjähriger Direktor des 1864 ins Leben gerufenen »Österreichischen Museums für Kunst und Industrie« in Wien, hält im 1860 veröffentlichten Band »Kunstgewerbe« fest: «De gustibus non est disputandum, aber vom Bildungsstandpunkt des Botokuden aus, dem sein Menschenideal um so vollkommener erscheint … je stattlicher der Ring ist, der in seiner Nase hängt. Das ist Geschmack, so gut und so schlecht, wie ihn das Kind zeigt, wenn es nach dem rothen Lappen greift, der Neger, der um blanke Knöpfe und Glasperlen seine gute Waare weggibt. Hier entscheidet Lust und Belieben, man wählt, was reizt und gefällt, weniger nach der Individualität als nach Alter und Grad der Bildung. Auf diesem Standpunkt läßt sich allerdings über Geschmack nicht streiten. Aber wenn Kind und Neger wählen, so wird niemand von ihnen sagen, sie besäßen Geschmack, und des Botokuden Schönheitsideal wird allgemein nicht für geschmackvoll gelten.«[29] Und der deutsche Autor und Politiker Ludwig Pfau führt 1866 in »Die Kunst im Gewerbe« weiter aus: »Der Wilde braucht schreiende Farben und glänzende Zierden, wenn das Schönheitsgefühl in ihm angeregt werden soll … Der ästhetische Wildling in unserer zivilisirten Welt befindet sich in einer ähnlichen Lage.«[30] Für die Kunstgewerbetheoretiker war zur Mitte des 19. Jahrhunderts Geschmack – nach Hegel »gebildeter Schönheitssinn« – also etwas Objektivierbares. Nur *unter* einem bestimmten Alter beziehungsweise *unter* einem bestimmten Bildungsgrad des Urteilenden könne der Geschmack diskutierbar sein, und das heißt: »Jeder Geschmack gilt, also gibt es gar keinen.«[31]

Diesen Gedanken, daß nämlich Geschmack von Bildung abhängig sei, hat Loos rund fünfzig Jahre nach Falke und Pfau in seinem kontroversiellen Vortragstext »Ornament und Verbrechen« aufgegriffen und im Vergleich zwischen der Tätowierung von Papuas und Verbrechern Geschmacksfragen satirisch überspitzt nun zu einem Problem der Moral gemacht,[32] wenn er schreibt: »Der menschliche embryo macht im mutterleibe alle entwicklungsphasen des tierreichs durch. Wenn der mensch geboren wird, sind seine sinneseindrücke gleich denen eines neugeborenen hundes. Seine kindheit durchläuft alle wandlungen, die der geschichte der menschheit entsprechen. Mit zwei jahren sieht er wie ein papua, mit vier wie ein germane, mit sechs jahren wie Sokrates, mit acht wie Voltaire … Das kind ist amoralisch. Der papua ist es für uns auch. Der papua schlachtet seine feinde und verzehrt sie. Er ist kein verbrecher. Wenn aber der moderne mensch jemanden abschlachtet und verzehrt, so ist er ein verbrecher oder ein degenerierter. Der papua tätowiert seine haut, sein boot, sein ruder, kurz alles, was ihm erreichbar ist. Er ist kein verbrecher. Der moderne mensch, der sich tätowiert, ist ein verbrecher oder ein degenerierter.«[33] Die Gründe für diese radikale Haltung werden im Rahmen der Ornament-Diskussion zu erörtern sein.

Das Ziel in der Geschmacksdiskussion war für Jakob von Falke, angeregt durch die englischen Vordenker, die »Vernünftigkeit« der Formgebung, »denn was schön sein soll, muß wohl zunächst und vor allen Dingen vernünftig sein«[34]. Loos, der sich in seinen theoretischen Überlegungen nicht wie Falke mit dem »Kunstgewerbe«, sondern mit Gebrauchsgegenständen auseinandergesetzt hat, formuliert dieselbe Zielsetzung folgendermaßen: »Der moderne geist verlangt vor allem, daß der gebrauchsgegenstand praktisch sei. Für ihn bedeutet schönheit die höchste vollkommenheit. Und da das unpraktische niemals vollkommen ist, so kann es auch nicht schön sein.«[35] Hier folgt Loos auch Otto Wagner, der seine Schüler mahnte: »Etwas Unpraktisches kann nicht schön sein.«[36]

Falke glaubte einen solcherart »guten Geschmack« dadurch erreichen zu können, daß wir jene »Gründe und Eigenschaften finden und begreifen können, warum wir einen Gegenstand als geschmackvoll bezeichnen ... [und diese] müssen sich auf Regeln abziehen lassen«[37], nämlich auf »Prinzipien« der kunstgewerblichen Formgebung, weil – so Falke weiter – »die Form oder vielmehr die Gestalt eines Geräthes ... keine willkürliche [ist], sie geht aus dem *Zweck* ... unter Mitwirkung des *Materials* und seiner *Verarbeitung* mit Nothwendigkeit hervor.«[38]

*Materialgerechtigkeit* war aber gleichermaßen eine Forderung der normativen vernunftbestimmten Ästhetik des Cole-Kreises, insbesondere von Gottfried Sempers großem Theoriewerk »Der Stil in den technischen und tektonischen Künsten«[39] und der Arts-and-Crafts-Bewegung; setzte John Ruskin doch »Truth«, also gestalterische »Wahrheit« – im Gegensatz zur unmoralischen »Lüge« und »Fälschung« von Surrogat und Maschinenornament – mit werkstoffgerechter Bearbeitung gleich. Loos greift beides, diesen Grundsatz und den pathetischen Ton, auf, wenn er – Sempers »Stoffwechsel«-Theorie widersprechend – sagt: »Ein jedes material hat seine eigene formensprache, und kein material kann die formen eines anderen materials für sich in anspruch nehmen. Denn die formen haben sich aus der verwendbarkeit und der herstellungsweise eines jeden materials gebildet, sie sind mit dem material und durch das material geworden. Kein material gestattet einen eingriff in seinen formenkreis. Wer es dennoch wagt, den brandmarkt die welt als fälscher. Die kunst hat aber mit der fälschung, mit der lüge nichts zu tun. Ihre wege sind zwar dornenvoll, aber rein.«[40]

Während die historische Formgebungstheorie in der historischen Entwicklung des Kunstgewerbes – im Sinne Hegels – dessen »Bildungsgeschichte« sah, die Vorbilder für jene Formgebungs-»Prinzipien« liefern konnte, die dann auf die »modernen Bedürfnisse« angewandt werden sollen, hatte um 1900 der Gebrauchsgegenstand nur mehr »zeitgemäß« beziehungsweise »modern« zu sein. »Alles modern Geschaffene musz« – so Otto Wagner in »Die Baukunst unserer Zeit« – »dem neuen Material und den Anforderungen der Gegenwart entsprechen, wenn es zur modernen Menschheit passen soll.«[41] Dies bedeutet gegenüber dem Historismus auch eine grundsätzliche Neubewertung der Tradition, wenn Wagner fortsetzt: »... wir haben ... durch die Macht unserer Errungenschaften bedingt, alles Können und Wissen der Menschheit zur Verfügung.«[42] Dieses komplexe und ambivalente Verhältnis zur Designgeschichte sollte nun zu einer Konstante innerhalb der Wiener Formgebungstheorie werden. Der Wiener Architekt Josef Frank (1885–1967) hat 1927 in »Der Gschnas fürs G'müt und der Gschnas als Problem« diesen Denkansatz folgendermaßen zusammengefaßt: »Man kann alles verwenden, was man verwenden kann«, fügt aber erklärend hinzu: »Was unbrauchbar wird, das wird von selbst abgestoßen.«[43]

Für Loos waren vor allem Handwerkstraditionen ein Angelpunkt seiner Formgebungstheorie, denn: »Es gibt aber keine entwicklung einmal gelöster dinge. Sie bleiben in der gleichen form durch jahrhunderte, bis eine neue erfindung sie außer gebrauch setzt oder eine neue kultur sie gründlich verändert.«[44] Loos' Antwort auf die Frage nach der Gestaltung von Gebrauchsgegenständen lautet daher: »Alles, was frühere jahrhunderte geschaffen haben, kann heute, soferne es noch brauchbar ist, kopiert werden. Neue erscheinungen unserer kultur (eisenbahnwagen, telephone, schreibmaschinen usw.) müssen ohne bewußten anklang an einen bereits überwundenen stil formal gelöst werden. Änderungen an einem alten gegenstande, um ihn den modernen bedürfnissen anzupassen, sind nicht erlaubt. Hier heißt es: Entweder kopieren oder etwas vollständig neues schaffen. Damit will ich aber nicht gesagt haben, daß das neue das entgegengesetzte von dem vorhergehenden ist.«[45] Von diesem Gedanken ausgehend, verlangt der Architekt auch, daß die ästhetische Lebensdauer eines Gebrauchsgegenstandes seiner physischen Haltbarkeit entsprechen muß, wenn er sagt: »Die form eines gegenstandes hat so lange zu halten, das heißt, sei so lange erträglich, so lange der gegenstand physisch hält.«[46] Loos erkennt in der Zeitlosigkeit der Formgebung also ein Mittel zur Abwendung des Konsumzwangs von immer »Neuem« und wendet sich von dieser Position auch gegen die rasch wechselnden Stilmoden der »Künstler-Entwürfe«, ganz gleichgültig, ob diese – wie im Historismus – alte Stilformen oder die des Jugendstils anwenden. Sein kontroversielles Verhältnis zu Josef Hoffmann (1870–1956) illustriert diesen Positionsunterschied zwischen Loos und der »Wiener Moderne« auf exemplarische Weise. So schreibt Loos bereits 1898 in »Ein Wiener Architekt«: »Mir fällt es schwer, über Josef Hoffmann zu schreiben. Stehe ich doch im stärksten Gegensatz zu jener Richtung, die von den jungen Künstlern nicht nur in Wien vertreten wird. Für mich ist die Tradition alles, das freie Walten der Phantasie kommt bei mir erst in zweiter Linie. Hier aber haben wir es mit einem Künstler zu thun, der mit Hilfe seiner überquellenden Phantasie alten Traditionen, und ich muss gestehen, dass es sehr viele Ölgötzen darunter giebt, erfolgreich an den Leib rückt.«[47] 1903, im Gründungsjahr der »Wiener Werkstätte«, läßt Loos als drastische Darstellung der Auswirkungen einer derart »überquellenden Phantasie« einen Architekten über sein Frühwerk sagen: »Um gotteswillen, schaun sie sich doch den dreck nicht an. Das habe ich vor drei jahren gemacht.« – »Was sie nicht sagen! Sehen sie, lieber kollege, ich (Loos) habe immer geglaubt, zwischen uns gibt es einen prinzipiellen unterschied. Nun sehe ich, daß es sich nur um einen zeitunterschied handelt. Einen zeitunterschied, den man sogar in jahren ausdrücken kann. Drei jahre! Ich habe nämlich schon damals behauptet, daß es ein dreck ist – und sie tun das erst heute.«[48] Auf diese Feststellung folgt schließlich das satirische Wehklagen eines Sattlermeisters gegen die Ratschläge eines »Künstler-Entwerfers«, das lautet: »Leute, die keine schrauben einziehen können, leute, die nicht fechten können, leute, die nicht essen können, haben es leicht, neue schraubenzieher, neue säbel und neue gabeln zu entwerfen. Sie machen dies mit hilfe ihrer – wie sie es nennen – künstlerphantasie.«[49] Vielmehr – so Loos weiter – »brauchen [wir] eine *Tischlerkultur*. Würden die angewandten künstler wieder bilder malen oder straße kehren, hätten wir sie.«[50]

Ebenso vehement wie gegen den »Künstler-Entwurf« der Jahrhundertwende wandte sich Loos auch gegen das im Rahmen der »Typenmöbel-Diskussion«[51] vom 1907 gegründeten »Deutschen Werkbund« vorgetragene Ziel, »den« Gebrauchsgegenstand, etwa »den« Sessel schlechthin, entwickeln zu wollen, denn: »Wir sitzen nicht so, weil ein tischler einen sessel so oder so konstruiert hat, sondern der tischler macht den sessel so, weil wir so oder so sitzen wollen.«[52]

Dabei greift Loos übrigens auf ein Argument zurück, das die beiden französischen Architekten Charles Percier und Pierre Fontaine bereits 1812 in ihrem »Recueil de décorations intérieurs« folgendermaßen formuliert haben: »Unter allen möglichen Formen eines Stuhles sind einige, die der Bau unseres Körpers und die Erfordernisse der Bequemlichkeit diktieren … was kann Kunst viel daran ändern?«[53] Loos erteilt also der Gleichsetzung der Bedürfnisse aller Benutzer durch ein vermeintlich praktisches Universalgerät eine Absage[54] und fordert vielmehr konkrete Lösungen für bestimmte Funktionen. Er wird zu diesem Plädoyer für die Vielfalt durch seine Auseinandersetzung mit der angelsächsischen Wohnkultur angeregt, wobei er etwa zum »Sitzmöbel« festhält: »Im laufe dieses jahrhunderts haben sie [die Engländer und die Amerikaner] mehr sesseltypen erfunden als die ganze welt, alle völker mit eingeschlossen, seit ihrem bestande. Dem grundsatz gemäß, daß jede art der ermüdung einen anderen sessel verlangt, zeigt das englische zimmer nie einen durchgehend gleichen sesseltypus. Alle arten von sitzgelegenheiten sind in demselben zimmer vertreten. Jeder kann sich seinen ihm am besten passenden sitz aussuchen. Eine ausnahme bilden bloß jene räume, die nur zeitweise von allen insassen zu demselben zwecke benützt werden. So der tanzsaal und das speisezimmer.«[55] Diese theoretische Haltung hatte, wie wir noch sehen werden, auch unmittelbare Auswirkungen auf Loos' Einrichtungspraxis; er stattete Kaffeehäuser nämlich mit Bugholzstühlen und private Speisezimmer mit Kopien von englischen Stuhlmodellen des 18. Jahrhunderts aus, während in Wohnräumen die unterschiedlichsten Sitzmöbeltypen nebeneinander zu finden sind.

In Loos' theoretischen Überlegungen zur Gestaltung des Gebrauchsgegenstandes fehlt – abgesehen von der sehr allgemein gehaltenen Forderung, »neue erscheinungen« der Zeit müßten »formal gelöst werden« – eine eingehende Auseinandersetzung mit den spezifischen Gesetzmäßigkeiten der industriellen Produktion.[56] Gottfried Semper hat diese im Gegensatz zur handwerklichen Einzelfertigung bereits 1852 in »Wissenschaft, Kunst und Industrie« mit der anonymen Kundschaft und dem gleichfalls anonymen Verwendungsort charakterisiert, Merkmale, von denen Semper die Forderung nach rein zweckbedingter Formgebung ableitete. Ursache für das vermeintliche Desinteresse an Fragen der industriellen Formgebung mag in Loos' spezieller Ausrichtung auf den privaten Wohnraum zu suchen sein, auf einen Bereich also, aus dem die industrielle Massenware auch noch im frühen 20. Jahrhundert weitgehend ausgeschlossen blieb, denn – so Josef Frank 1923 – »das maschinell arbeitende Gewerbe kann nur ein Ziel haben, seine Erzeugnisse möglichst brauchbar zu machen. Es darf niemals über seine eigentliche Aufgabe, diesen Gegenstand in knappster und präzisester Form herzustellen, hinausgehen. Die Arbeit des von der Maschine aus vielen Gebieten verdrängten Kunsthandwerks ist auf ein einziges Gebiet beschränkt worden, in dem wir von ›Betrieb‹ nichts wissen wollen: die Wohnung, in deren Atmosphäre sich der Mensch von der Unruhe der Geschäftigkeit in andersgearteter Umgebung zu erholen wünscht. Wir umgeben uns zu Hause mit Erzeugnissen des Handwerks, weil wir erkannt haben, daß diese viel beruhigender wirken als die der Maschine, indem sie uns die Ruhe mitteilen, mit der die sorgsame Handwerkerhand sie in langdauernder Arbeit hergestellt hat. In einem mit solchen Gegenständen eingerichteten Raum fühlen wir uns wohler als zwischen Einrichtungsstücken, deren hastige und lieblose Herstellung eine ebenso flüchtige Betrachtung fordert.«⁵⁷

Die eigentliche Bedeutung, die Loos dem anonymen Industrieprodukt beimaß, illustriert seine Auseinandersetzung mit dem Bugholzstuhl. »Irgendwann im Jahre 1895, als ich in Amerika war« – so berichtet der Architekt – »begriff ich erst, daß der Thonet-Stuhl der modernste Stuhl ist.«⁵⁸ Gleichsam ein zeitloser »Klassiker« und damit eine Alternative zu der von ihm als nicht der Zeit entsprechend abgelehnten »Stilkunst« des Jugendstils. Dieser sei »nicht unser stil … Wir haben ja gegenstände, die deutlich den stempel unserer zeit aufweisen. Unsere kleidung, … unsere lederwaren, … unsere wagen und eisenbahnwaggons, unsere fahrräder und lokomotiven. Nur machen wir nicht so viel aufhebens damit. Diese sachen sind modern … Wie verhalten sie sich aber zu den gegenständen, die uns gegenwärtig als modern ausgegeben werden? Schweren herzens muß man antworten, daß sie mit unserer zeit nichts zu tun haben. Sie sind voll von beziehungen zu abstrakten dingen, voll von symbolen und erinnerungen, sie sind mittelalterlich.«⁵⁹ Loos verwendete, wie gesagt, industriell gefertigte Bugholzstühle zur Ausstattung von Kaffeehäusern, nicht jedoch von Wohnräumen, und meinte zur mißverstandenen Rezeption seiner Interieurs: »Wie sie mich mit dem Café ›Museum‹ (1899) mißverstanden haben. Seit der Eröffnung des Kaffeehauses sehen alle Wohnungen so kahl wie ein Kaffeehaus aus.«⁶⁰ Nach dem Ersten Weltkrieg erkannte jedoch auch Loos, daß die rein handwerkliche Möbelproduktion nunmehr zum Anachronismus beziehungsweise zum reinen Luxusprodukt geworden war, wenn er 1929 in einem Nachruf auf seinen »Sesseltischler« Josef Veillich (1853–1929) feststellt, daß die Nachfolge des Holzsessels der Thonetsessel und der Korbsessel – also Serienmöbel – auch in Wohnräumen antreten werden.⁶¹

Noch eine weitere »neue Erscheinung« des »modernen Lebens« sollte nach der Vorstellung des Architekten auch in Wien im privaten Wohnbereich Einzug halten, und zwar das im angelsächsischen Raum entwickelte »Plumbed in«-Badezimmer, wie Loos es auf Hochseeschiffen, in Hotels und im amerikanischen Wohnbau als Selbstverständlichkeit kennengelernt hatte.⁶² Er polemisierte daher schon 1898 in »Die Plumber« gegen die Rückständigkeit des von der Bassena gekennzeichneten mitteleuropäischen Hygienestandards mit den Worten: »Eigentlich brauchen wir gar keine kunst. Wir haben ja noch nicht einmal eine kultur.«⁶³ Während jedoch Otto Wagner mit dem von ihm für seine Wohnung in der Köstlergasse entworfenen und 1898 auf der Kaiser-Jubiläums-Ausstellung vorgestellten Badezimmer auch die Hygieneeinrichtungen zur Gestaltungsaufgabe des Künstler-Architekten gemacht hat,⁶⁴ betont Loos den Nutzraumcharakter des Bades und meint: »Bad und toilette werde ich vom installateur … einrichten lassen.«⁶⁵ Die Verwendung vorhandener, von der Industrie entwickelter Produkte, nicht aber die Schöpfung eines künstlerischen Entwurfsvorganges garantiert für Loos also die Hebung des Hygienestandards auf das vorbildliche angelsächsische Niveau.

Die Quintessenz der Looschen Formgebungstheorie lautet: Die Entwicklung und Gestaltung von Gebrauchsgegenständen ist nicht Aufgabe des »Künstler-Entwerfers«, vielmehr gilt es, bereits »gelöste Dinge« in der anonymen handwerklichen oder industriellen Produktion ausfindig zu machen.

Wie entstehen aber derart »gelöste Dinge«, nach welchen Kriterien werden sie erkannt und ausgewählt? Jakob von Falke hat diesen Auswahlvorgang, Hegel folgend, als einen bewußten und zur vernünftigen Form hin lenkbaren verstanden, während Gottfried Semper eine Entwicklung durch »Stoffwechsel«, also durch die Übernahme einer Form in ein anderes Herstellungsmaterial, diagnostizierte.⁶⁶ Loos sah hingegen im Entstehen und in der Durchsetzung praktischer und damit »vollkommener« Gebrauchsgegenstände das Ergebnis einer Art selbsttätigen Selektionsprozesses innerhalb des Handwerks und der Industrie, ähnlich der biologischen Selektion nach Darwins Evolutionstheorie, und behauptet daher, »daß der gebrauch die kulturform, die form der gegenstände schafft. Die anderen [behaupten], daß die neugeschaffene form die kulturform (sitzen, wohnen, essen, usw.) beeinflussen kann«⁶⁷.

Diese Auffassung hat nicht nur in seiner eigenen Entwurfsarbeit deutlichen Niederschlag gefunden, sondern auch Le Corbusier und dessen Vorstellung vom Gebrauchsgegenstand als »objets types« nachhaltig beeinflußt. In seinem zur Pariser Weltausstellung 1925 herausgegebenen Sammelband »L'Art décoratif aujourd'hui« wendet sich Le Corbusier nämlich gleichfalls gegen den »Künstler-Entwerfer« beziehungsweise einen allumfassenden Formenkanon, wie er von De Stijl oder vom Bauhaus vertreten wird, und plädiert für vorgefundene anonyme Produkte, wie zum Beispiel für Thonet-Stühle, Kleidung, Reisekoffer oder Roneo-Büromöbel.⁶⁸ Diesen industriellen Standard-Lösungen entsprechen – Le Corbusiers radikalerer Position gemäß – jedoch Standard-Bedürfnisse, und diese sollten daher – im deutlichen Gegensatz zu Looschen Wohnvorstellungen – auch in das private Ambiente Eingang finden.

# DIE EVOLUTION DES ORNAMENTS

> Adolf Loos und ich, er wörtlich, ich sprachlich, haben nichts weiter getan als gezeigt, daß zwischen einer Urne und einem Nachttopf ein Unterschied ist und daß in diesem Unterschied erst die Kultur Spielraum hat. Die anderen aber, die Positiven, teilen sich in solche, die die Urne als Nachttopf, und die den Nachttopf als Urne gebrauchen. (Karl Kraus, 1930)

Innerhalb der Formgebungstheorie der Jahrhundertwende nahm das Ornament, insbesondere der Kunstwerkcharakter des ornamentierten Gebrauchsgegenstandes, eine zentrale Stellung ein. Die Wurzeln dieser Diskussion liegen jedoch im 19. Jahrhundert, als das Ornament zum Zivilisationsindikator wurde.

In seinem 1845 veröffentlichten Aufsatz »Andeutungen über die kunstmäßige Beziehung des Ornaments zur rohen Form« erklärt der Wiener Architekt Eduard van der Nüll, daß »die veranlassende Ursache aller Decoration begründet [ist] im Bedürfnis der Menschen, der Form Bedeutung zu geben und zugleich den Schönheitssinn zu befriedigen ... der Mensch im Naturzustande [fühlt] schon den Hang, die Roheit der Form zu bewältigen und mit dem Fortschritte der Kultur dieses Gefühl für immer und mehr auszubilden.«[69] Schmuckreichtum war zur Mitte des 19. Jahrhunderts also ein Gradmesser der Zivilisation und zugleich Ziel beziehungsweise Gut des Gebildeteren. Gerade diese Wechselwirkung zwischen Kulturniveau und Ornamentreichtum kehrt Adolf Loos nach 1900 jedoch um, wenn er in »Ornament und Verbrechen« feststellt: »Ich habe folgende erkenntnis gefunden und der welt geschenkt: evolution der kultur ist gleichbedeutend mit der entfernung des ornaments vom gebrauchsgegenstand.«[70] Loos reagiert damit zum einen auf das opulente Kunstgewerbe des Historismus und Jugendstils sowie dessen allgegenwärtige maschinelle Reproduktion, zum anderen setzt er sich bei seiner Argumentation Schritt für Schritt auch mit der Ornamenttheorie des 19. und frühen 20. Jahrhunderts auseinander.

Der englische Theoretiker Ralph Wornum (1812–1877), ein Mitglied des Cole-Kreises, hat 1851 in seinem preisgekrönten Essay »The Exhibition as a Lesson in Taste« die von industrieller Massenproduktion, Stilpluralismus und »Naturalismus«[71] geprägten Exponate der Londoner Weltausstellung analysiert und zum Ornament festgehalten: »Universelle Anstrengungen zeigen die universellen Bedürfnisse, gefällige Form und Dekoration sind in einer zivilisierten Gesellschaft nicht mehr Luxus als Wärme und Kleidung: der Geist macht nämlich ebenso wie der Körper all das zur Notwendigkeit, was dauerhaften Genuß ermöglicht. Das Ornament ist daher eine geistige Notwendigkeit, die durch das Auge Befriedigung findet. Es wurde aber auch als wesentlicher Faktor der wirtschaftlichen Prosperität erkannt ... Das Ornament ist ab nun gleichsam zu einem Rohstoff der Industrie geworden.«[72] Für Wornum ist der Schmuck aber nicht nur – wie für viele seiner Zeitgenossen[73] – selbstverständliches und berechtigtes Bedürfnis des entwickelteren Menschen, sondern er erkennt darin auch einen wesentlichen Faktor der Volkswirtschaft, dem es bei der Gestaltung Rechnung zu tragen gilt, soll die heimische Industrieproduktion entsprechende Absatzmärkte finden;[74] aus diesem Grund setzten die Reformbestrebungen des Cole-Kreises auch bei den »principles« der Produktgestaltung an.

Anstelle der vom Historismus bereits weidlich ausgebeuteten europäischen Kunststile Gotik, Renaissance und Barock eröffnete sich nach der Jahrhundertmitte als neue Anregungsquelle neben der Natur[75] das Studium der außereuropäischen, vor allem orientalischer Stile und unverfälschter primitiver Kulturen. »Das Ornament eines wilden Stammes ist«, so Owen Jones 1856 in »The Grammar of Ornament«, »Resultat seines natürlichen Instinktes, erfüllt notwendigerweise immer seinen Zweck, während in vielen Ornamenten zivilisierter Nationen die ursprünglichen Impulse ... geschwächt worden sind und die Ornamente häufig falsch verwendet und, anstatt die passende Form zu finden und diese schön zu machen, alle Schönheit zerstört wird, zugleich mit allem Nutzen, wenn ein Ornament einer schlecht erfundenen Form aufgezwungen wird. Wenn wir gesündere Verhältnisse wollen, müssen wir wie kleine Kinder oder Wilde werden; wir müssen das Angenommene und Künstliche abtun und natürliche Instinkte fördern oder zu ihnen zurückkehren.«[76] Zur Illustration dieser Aussage zeigt Jones neben Bildtafeln mit ornamentierten Werkzeugen von »savage tribes« auch den tätowierten Mumienkopf eines Neuseeländers *(Abb. 2)*. Hier liegt also eine Wurzel jener gerade im Jugendstil weiterverbreiteten Sehnsucht nach Rückkehr in die vermeintliche Ursprünglichkeit der Kindheit oder der Primitivität, der Loos mit seiner in »Ornament und Verbrechen« formulierten Vorstellung von der »Evolution der Kultur«[77] eine klare Absage erteilen wird.

Auf ganz andere Weise als die Theoretiker des Cole-Kreises setzten sich die Vertreter der Arts-and-Crafts-Bewegung mit dem Ornament auseinander und stellten dabei die Begriffe *Art* und *Joy* in den Mittelpunkt ihrer Überlegungen. Der Literat und Reformer John Ruskin sah im Schmuck nämlich ein Unterscheidungsmerkmal zwischen der Architektur, einer Kunst, und dem reinen Bauen und schreibt dazu 1849 in den »Seven Lamps of Architecture«: »Laßt uns deshalb sofort den Begriff dieser *Kunst* einschränken, die ... in ihren Formen Ehrwürdiges und Schönes ausdrückt, ansonsten aber überflüssig ist.«[78] Dieses Unnötige, das aus der Architektur und ebenso aus dem Gebrauchsgegenstand ein Kunstwerk mache, sei jedoch der Schmuck, dessen primäre Aufgabe Ruskin 1851 im Kapitel »The Material of Ornament« seiner »Stones of Venice« damit charakterisierte, daß dieser Freude bringe. William Morris griff diesen Gedanken Ruskins auf, um daraus als Gegenbild zur Situation des versklavten Industriearbeiters das soziale Ethos der Handwerksarbeit zu entwickeln, indem er die psychologische und soziale Funktion der ornamentalen Arbeit folgendermaßen charakterisierte: »Den Menschen Vergnügen an den Gegenständen schenken, die sie *gebrauchen*, das ist die eine große Aufgabe der ornamentalen Arbeit, ihnen Vergnügen zu schenken an den Dingen, die sie *erzeugen*, das ist die andere ... Ich glaube, ohne diese Künste wäre unsere Freizeit leer und langweilig, unsere Arbeit nur ein Durchhalten, ein Verbrauch des Körpers und der Seele«[79], und zum Einrichten fügt er noch an, daß »man nichts in seinem Haus haben sollte, das man nicht für nützlich oder für schön hält«[80]. Die dekorative Handwerksarbeit wurde nun zur »Minor Art« und um 1900 schließlich zur »angewandten Kunst«, die sich als Produkt einer »unhurried hand« wesentlich von der seriellen Gebrauchsgüterproduktion, insbesondere dem Maschinenornament, unterschied.

Die amerikanische Sekte der Shaker[81] hatte in der Zeit der fortschreitenden Industrialisierung der Vereinigten Staaten ein ähnliches Handwerksethos, wie es sich im Werkstättengedanken der Arts-and-Crafts-Bewegung manifestiert, vertreten, jedoch war ihr gestalterisches Ziel Schmucklosigkeit und handwerkliche Präzision, und es sollte mit der Handwerksarbeit keineswegs die Individualität des Ausführenden zur Darstellung gebracht werden. In diesem Punkt entsprechen die Ideen der Shaker auch Loos' gestalterischem Ziel, ornamentalen Schmuck durch eine neue Ästhetik des edlen Materials zu ersetzen.[82] Hinter dieser Zielsetzung steht der Ökonomie-Begriff des Architekten, demzufolge Ornament eine Vergeudung von Arbeitskraft, Herstellungsmaterial und Produktionskapital darstellt; bereits an anderer Stelle hat er auf die beschränkte ästhetische Lebensdauer des modisch geschmückten Gebrauchsgegenstandes verwiesen. Sein volkswirtschaftlicher Schluß: »Das fehlen des ornaments hat eine verkürzung der arbeitszeit und eine erhöhung des lohnes zur folge«[83], erweist sich jedoch als falsch.

2. Tätowierter Frauenkopf aus Neuseeland

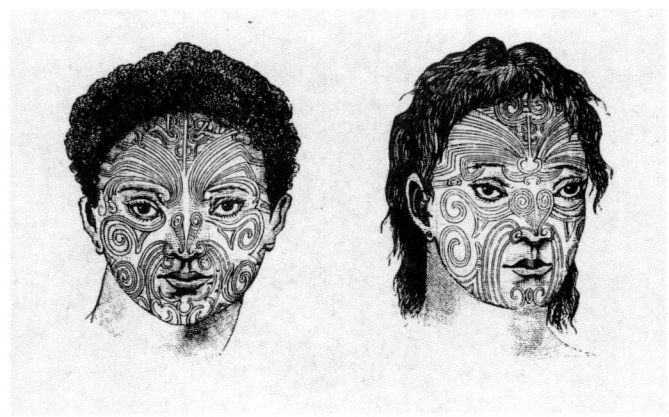

3. Tätowierte Maori-Gesichter

Spätestens in der industriellen Revolution ist nämlich die Wechselbeziehung zwischen den Bedürfnissen breiter Bevölkerungsschichten und deren Arbeitseinsatz zerrissen worden, und der Verbrauch wurde, wie schon zuvor bei den führenden Gesellschaftsschichten, durch Mode und Prestigedenken bestimmt. Der amerikanische Nationalökonom Thorsten Veblen hat in seiner 1899 erschienenen Studie »The Theorie of Leisure Class« diesen Zusammenhang erkannt und das Handwerk als Demonstration von Luxus entlarvt,[84] während die europäische Jugendstil-Bewegung ebenso wie die amerikanische Arts-and-Crafts-Bewegung[85] die handwerkliche Fertigung als naive Alternative zur industriellen Massenproduktion propagierte. Während Loos die psychologische Dimension der Handwerksarbeit für den Benutzer, insbesondere den Bewohner, als ein vom Schmuckreichtum getrenntes Phänomen betrachtet, entdeckte Josef Frank dann in der Zwischenkriegszeit das freudebringende Potential der Handwerksarbeit wieder, maß diesem jedoch eine andere Bedeutung bei als William Morris, indem er es speziell dem Wohnraum zuordnet und meint: »Jeder Schmuck ist Ausdruck von Spielerei, zu deren Herstellung und Genuß Zeit gehört, die man ihm ungestört widmen kann. Deshalb wirkt auch alles Ornament vergangener Zeiten so unglaublich beruhigend, während alles glatte, schnell übersehbare Industrieerzeugnis auf uns die Hast seiner Herstellung überträgt.«[86]

Der belgische Jugendstilkünstler Henry van de Velde (1863–1957), der die Ideen der englischen Arts-and-Crafts-Bewegung am europäischen Kontinent verbreitet hat, griff um 1900 auf die Definition des Schmucks als Indikator von Kunst zurück und charakterisierte daher die Bedeutung von John Ruskin folgendermaßen: »Dieser Mann weitete die Grenzen der Kunst ins Unendliche, indem er laut verkündete, daß jede menschliche Arbeit künstlerisch sei, wenn man ihr die Freude anmerken könne, welche ihrer Herstellung beigewohnt habe.«[87] Gleichzeitig auch die Ideen Owen Jones' aufgreifend, stellte er jedoch fest, daß »der Sinn für Kunst, in ihrer unverfälschten, schöpferischen Wesenheit wenigstens, bald nur noch bei primitiven Völkerschaften zu finden [sei]. Ihr Leben sowie die Werkzeuge für die Bedürfnisse ihres Daseins zu verschönern, bildet für sie den einzigen Inhalt des Lebens – und würde man von einem dieser Menschen verlangen, er dürfte sich nicht mehr tätowieren oder dürfte die Matte, auf der er sich hinstreckt, oder das Messer, das er zur Beschaffung seiner Nahrung und zur Verteidigung braucht, nicht mehr verzieren, er würde in seinem kindlichen Verstand den Schluß daraus ziehen, daß ihm nun nichts mehr übrig bliebe, als zu sterben oder daß ihm dieses Leben überhaupt nicht das wirkliche Leben sei … Ein Leben ohne Schmuck ist ebenso wenig wahres Leben wie das in Klöstern, wo Männer und Frauen in stetiger Negation ihrer natürlichen Bestimmungen dahinleben.«[88] Henry van de Velde betrachtet das Ornament ähnlich wie die Vertreter einer normativen Kunstgewerbetheorie als ein a priori vorhandenes Bedürfnis des Menschen, zugleich aber auch – und hier folgt er den Arts-and-Crafts-Gedanken – als Garant seiner Lebensfreude.[89] Gerade an diesem Punkt setzte Loos, für den Ornamentlosigkeit ein Synonym für »geistige Kraft« war,[90] wieder an und stellte am gerade aktuellen Beispiel des Tätowierens klar: »Ich lasse den einwand nicht gelten, daß das ornament die lebensfreude des kultivierten menschen erhöht … der sich in die worte kleidet: ›wenn aber das ornament schön ist‹ … Mir und mit mir allen kultivierten menschen erhöht das ornament die lebensfreude nicht«, er gesteht jedoch »einfacheren Geistern« derartige Freuden durchaus zu.[91] Hier ist auf eine interessante Affinität zu Horatio Greenoughs Definition von »embellishment« als »jenen Aufwand« hinzuweisen, »mit dem unentwickelte Kulturen ihre Unvollkommenheit zu verstecken suchen«[92]. Loos wandte sich jedoch auch dagegen, die Ornamentlosigkeit als neuen Stil darzustellen, wie das etwa 1924 bei der Werkbundausstellung »Form ohne Ornament« versucht wurde.[93]

Zur Jahrhundertwende hatte sich die Auseinandersetzung mit dem Ornament von einem Thema der Kunstgewerbebeziehungsweise Formgebungstheorie auch zu einer Fragestellung der Kunstwissenschaft entwickelt. Hatten Ornament-Publikationen der Jahrhundertmitte, wie Owen Jones' »Grammar of Ornament«, Jakob von Falkes Schriften und vor allem Gottfried Sempers »Der Stil in den technischen und tektonischen Künsten«, eine unmittelbare Wirkung auf die zeitgenössische Formgebung zum Ziel, so formulierte der Wiener Kunsthistoriker Alois Riegl 1893 in seinen »Stilfragen« gleichwohl, ausgehend von den Tätowierungen primitiver Kulturen *(Abb. 3)*, eine Geschichte des Ornaments als Wandel des »Kunstwollens« fernab aller materiellen Grundlagen und normativen Geschmacksurteile.[94]

Der gemeinsame Ansatzpunkt für Designtheorie und Kunstwissenschaft war zur Mitte des 19. Jahrhunderts jedoch die »Heuchelei von Luxus«[95] durch die Alltäglichkeit von Maschinenornamenten in der zeitgenössischen Produktgestaltung. Diese Art von »Kunst« trat, wie Loos' Schriftstellerfreund Karl Kraus es formulierte, in Form des tausendfach reproduzierten Industrieornaments »in die Dienste des Kaufmanns«, und auch um 1900 war John Ruskins Warnung vor der Maschinenproduktion aktuell geblieben, die lautet: »Alle gestanzten Metalle und künstlichen Steine und nachgeahmten Hölzer und Bronzen, deren Erfindung täglich so hoch gepriesen wird – all die kurzen und billigen und leichten Wege, das zu tun, dessen Schwierigkeit ein Ehrentitel ist – sind nur ebensoviele neue Hindernisse auf unserer ohnehin schwierigen Straße. Sie werden uns nicht glücklicher und weiser machen – sie werden weder den Stolz unserer Urteilskraft noch den Genuß unseres Wohlgefallens steigern. Sie werden nur unser Verständnis flacher machen, unsere Herzen kälter, unsere Hirne schwächer.«[96] Auf seiner 1882 veranstalteten Vortragsreise durch die Vereinigten Staaten setzte der von Ruskin in seinen Oxforder Jahren tief beeindruckte Schriftsteller Oscar Wilde (1854–1900) daher fort: »Laßt doch alles perfekt und ornamentlos sein, anstatt mit irgendwelchem maschinell gefertigten Ornament.«[97] Und der amerikanische Architekt Louis H. Sullivan (1856–1924) regte 1892 sogar ein Aussetzen allen Dekors an, wenn er vorschlug: »Wir sollten für einige Jahre auf den Gebrauch des Ornaments verzichten.«[98] Hermann Muthesius (1861–1927), ein Mitbegründer des »Deutschen Werkbundes«, hielt 1908 schließlich fest, daß das Ornament durch seine maschinelle Reproduktion »gemein« geworden sei, weil eben »der fundamentale Irrtum vorlag, Ornament mit Kunst zu verwechseln ... Schmuck ist eine Weihe ..., dasselbe Ornament mit der Blechstanze herausgeschlagen ... ist im Grunde nicht nur platt, sondern *unmoralisch*«[99], wie für Loos die Tätowierung bei zivilisierten Menschen. An die Stelle dieses »Parvenü-Geschmacks«, dieser »Verschwendung am unrechten Ort«[100] hatte daher eine neue Ästhetik des Glatten, Dauerhaften und Qualitätvollen zu treten, zutiefst bürgerliche Geschmacksmaßstäbe also.[101] Damit war nun als Gegenbild zur »angewandten Kunst« und zum »demonstrativen Konsum« Loos' Vorstellung von der »Evolution der Kultur« theoretisch eingelöst worden, der Architekt selbst beendete die Ornament-Diskussion mit dem polemischen Schluß, daß »alles, was einem zweck entspricht, aus dem reiche der kunst auszuschließen« sei.[102]

## VOM DANDYTUM UND DER KULTUR DES ANZIEHENS

> The only way to atone for being occasionally a little over-dressed is by being always absolutely over-educated. (Oscar Wilde, 1894)

Die Idee, Kunst als zweckfrei zu definieren, sowie die Bedeutung sprachlicher Mittel zur Veranschaulichung und Durchsetzung theoretischer Positionen verbanden Adolf Loos und später dann auch Josef Frank[103] mit den Exponenten des englischen »Aesthetic Movement«[104], dessen Ideen für beide Wiener Architekten von Bedeutung waren und diesem der »feinen Kunst, sich Feinde zu machen«[105] wegen die Ablehnung durch humorlose Zuhörer eintrugen.

Um seine Abneigung gegenüber dem »Minor-Arts«-Begriff der Arts-and-Crafts-Bewegung zu verdeutlichen, hatte etwa der amerikanische Maler James Abbott MacNeill Whistler (1824–1903), der übrigens gegen John Ruskin in Kunstfragen erfolgreich prozessiert hat,[106] schon 1885 die zeitgenössische »Verkunstung« in seinem »10-Uhr-Vortrag« satirisch so geschildert: »Die Kunst ist unter uns! – um vom eiligen Lebemann am Kinn gefaßt – um vom Gastgeber ins Haus gebeten – um in die Gesellschaft gelockt zu werden zum Vorzeigen von Bildung und feiner Gesinnung. Wenn vertrauter Umgang Verachtung gebiert, dann ist die Kunst – und was man gemeinhin dafür hält – auf die niedrigste Stufe von Vertraulichkeit heruntergekommen. Die Leute sind mit der Kunst in allen Formen belästigt worden und man hat ihnen um deren Fortbestehen willen mit den verschiedensten Methoden zugesetzt. Man hat ihnen beigebracht, wie sie die Kunst lieben und mit ihr leben sollen. Ihre Heime sind davon heimgesucht, ihre Wände damit bedeckt und selbst ihre Kleider davon nicht verschont worden – bis sie schließlich, aufgeschreckt, verwirrt und vom Zweifel und Unbehagen über sinnlose Zumutungen geplagt, sich solcherlei Eingriffe verbieten und die falschen Propheten hinausgeworfen haben, die den Namen des Schönen in Verruf brachten und sich dem Gelächter preisgaben.«[107] Die gedanklichen Ursachen für diese Fehlentwicklung des Kunstgewerbes lagen für Loos ebenso wie für Whistler in der Anwendung falscher Beurteilungskriterien begründet: »Man verwechselt« – so meint der Architekt – »hier *Kunst* mit *Kultur*«[108]. »Die Venus von Medici, das Pantheon, ein bild von Botticelli, ein lied von Burns, ja, das ist *schön!* Aber eine hose!?«[109]

Loos spricht damit auch ein Thema an, das für ihn ebenso wie für die Vertreter des »Aesthetic Movement« unzäh-

4. Goldman & Salatsch-Inserat, 1903

5. Verkaufsraum im Geschäftshaus Goldman & Salatsch, 1909–1911

lige kulturell-pädagogische Widersprüchlichkeiten enthielt, nämlich die Kleidung. So stellte etwa Oscar Wilde in seinen 1894 unter dem Titel »For the Use of the Young« veröffentlichten Aphorismen fest, daß ein wirklich perfekt gemachtes Knopfloch die einzige Verbindung zwischen Kunst und Natur sei.[110] Und Loos selbst führt dazu aus: »Wenn von einem ausgestorbenen volk nichts anderes als ein knopf übrig bliebe, so ist es mir möglich, aus der form dieses knopfes auf die kleidung und die gebräuche dieses volkes, auf seine sitten und seine religion, auf seine kunst und seine geistigkeit zu schließen.«[111] Erscheint der Schluß von der Form des Knopfes auf die dazugehörige Kleidung durchaus nachvollziehbar, so unterstreicht Loos bei allen weiteren Schlußfolgerungen mit den Mitteln der Übertreibung die Bedeutung, die er der Form banaler Gebrauchsgegenstände beimißt; denn es bedürfte des literarisch imaginierten Deduktionsvermögens eines Sherlock Holmes, um sie zu ziehen. Tatsächlich beschreibt Sir Arthur Conan Doyle die »Science of Deductions« seines Helden als vom Darwinismus[112] abhängigen »scientific use of imagination« folgendermaßen: »So wie Cuvier aus der Betrachtung eines einzigen Knochens ein ganzes Tier richtig rekonstruieren konnte, so sollte der Beobachter, der ein Glied in einer Kette von Indizien verstanden hat, fähig sein, alle übrigen zutreffend anzugeben.«[113] Interessant in diesem Zusammenhang ist jedoch, daß gerade John Ruskin, der in seinen Oxforder Jahren mit dem von George Cuvier beeinflußten Geologen William Buckland in engem Kontakt stand, diesen von den Naturwissenschaften entlehnten Blick auf unscheinbare Details – dem nicht nur literarische Detektive E. A. Poes und Conan Doyles, sondern mit der Entdeckung des Fingerabdrucks durch Francis Garlton auch die reale Kriminalistik ihren Respekt zollte und den Giovanni Morelli sogar in die Methodik der Kunstwissenschaft eingeführt hat[114] – auf die aktuelle Architektur- und Designkritik übertragen hat,[115] wobei die »Stones of Venice« zur Fallstudie dieser seiner »science of aspects« wurden.

Während die Kleidung noch im 18. Jahrhundert, einem Bühnenkostüm gleich, ein Rangabzeichen und den Ausdruck der Persönlichkeit des Trägers darstellte, wurden die Unterschiede in der anonymen Großstadt des 19. Jahrhunderts parallel zum Wandel von Öffentlichkeit und Privatheit subtiler, denn zum Schutz der individuellen Persönlichkeit galt es nun, nicht aufzufallen. In der Qualität des Materials und der Ausführung konstituierten sich neue Differenzierungsmöglichkeiten, die nur einem »Kenner«, wie dem Dandy des Regency, sichtbar wurden.[116] Dieser

6. Verkaufsraum im Herrenmodesalon Goldman & Salatsch, 1898–1903

7. Verkaufsraum im Schneidersalon Kniže & Co., 1905–1913

8. Maßabteilung im Schneidersalon Kniže & Co., 1905–1913

neuen Sichtweise gemäß hat Oscar Wilde »Dandytum« als »Geltendmachung der absoluten Modernität von Schönheit« definiert. Wenn Kleidung jedoch ein Gebrauchsgegenstand und kein Gebrauchskunstwerk sein soll, stellt sich die Frage: »Gut angezogen sein, was heißt das?« Loos beantwortet diese Frage nach der zeitgemäßen Bekleidung 1898 im Artikel »Die Herrenmode« so: »Das heißt korrekt angezogen sein ... Um korrekt gekleidet zu sein, darf man im mittelpunkte der kultur nicht auffallen ... Ein kleidungsstück ist modern, wenn man in demselben im kulturzentrum bei einer bestimmten gelegenheit in der *besten* gesellschaft möglichst wenig auffällt.«[117] *(Abb. 4–8)* Diese wohldurchdachte Maxime verrät Affinitäten zur Haltung des Dandy, und tatsächlich findet sich bereits 1844 in Barbey d'Aurevillys Biographie »Vom Dandytum und von G. Brummel«, die 1908 vom Loos-Freund Richard Schaukal ins Deutsche übertragen worden ist, folgendes Axiom »Beau« Brummels zum Anziehen: »Gut gekleidet sein, heißt *nicht* auffallen«[118], und »in der Art, wie Brummel Aufwand trieb, war mehr Klugheit als Glanz; ein Beweis mehr von der Sicherheit des Geistes, der Prunk der Farbe den *Wilden* überließ«[119]. Nicht nur beim Anziehen gab es eine Wechselwirkung zwischen dem Regency beziehungsweise der Biedermeier-Zeit und der Jahrhundertwende, sondern die Entwicklung der Kleidung sollte auch Vorbild für die Architektur sein. Loos stellte fest, »daß der stil vom jahre 1900 sich vom stil des jahres 1800 nur so weit unterscheidet, als sich der frack vom jahre 1900 vom frack des jahres 1800 unterscheidet. Das ist nicht viel. Der eine war aus blauem tuch und hatte goldene knöpfe, der andere ist aus schwarzem tuch und hat schwarze knöpfe. Der schwarze frack ist im stil unserer zeit. Das kann niemand leugnen ... Als mir nun endlich die aufgabe zuteil wurde, ein haus zu bauen, sagte ich mir: Ein haus kann sich in der äußeren erscheinung höchstens wie der frack verändert haben. Also nicht viel. Und ich sah, wie die alten bauten, wie sie sich von jahrhundert zu jahrhundert, von jahr zu jahr, vom ornament emanzipierten ... Unauffällig muß das haus aussehen.«[120]

Loos verbindet mit der Haltung des Ästheten also die umfassende kulturelle Analyse des Alltäglichen vom Bauen und Wohnen bis hin zum Anziehen und Essen.[121] Bei der Auswahl der Kleidung gelte es daher nach denselben vernunftmäßigen Beurteilungskriterien vorzugehen, die als »Prinzipien« bereits die Formgebung des Gebrauchsgegenstandes bestimmten. Die Kleidung des Dandy – also eines »Clothwearing Man«[122] – sei genauso wie die Gestaltung oder Verzierung eines Gebrauchsgegenstandes das Ergebnis der wohlkalkulierten Entscheidung eines gebildeten Geschmacks und unterscheide sich damit ganz wesentlich von der Bekleidung – auch der des Gebrauchsgegenstandes – als Schmuck oder Prestigeobjekt, wie Thomas Carlyle bereits 1834 in »Sartor Resartus« – als dem »wiedergeschneiderten Schneider« – Professor Teufelsdröckh satirisch sagen läßt: »Der erste Zweck der Kleidung war, wie unser Professor dafürhält, weder Wärme noch Schicklichkeit, sondern Schmuck. ›Wahrhaft erbärmlich‹ sagt er, ›war die Lage des wilden Urmenschen ... seine nächste Sorge, waren die Schmerzen des Hungers und Rachegelüste erst einmal gestillt, galt nicht der Bequemlichkeit, sondern dem Putz. Wärme fand er bei der Plackerei des Jagens oder unter ausgedorrtem Laub, in seinem hohlen Baum, seiner Rindenhütte oder einer Naturgrotte, für den Putz aber mußte er Kleider haben. Ja, bei wilden Völkern finden wir, daß Tätowieren und Bemalen älter ist als der Gebrauch von Kleidung. Das erste spirituelle Bedürfnis eines Barbaren ist Putz, wie wir in der Tat auch jetzt noch an den barbarischen Klassen zivilisierter Länder sehen.‹«[123] Auf Grund dieser Erkenntnis über das menschliche Schmuckbedürfnis kündigt der Professor – offenbar inspiriert vom Hegelschen »Weltgeist« – daher an: »›So wie Montesquieu einen *Geist der Gesetze* schrieb‹, bemerkt unser Professor, ›so könnte ich einen *Geist der Kleidung* schreiben ... Denn weder beim Schneidern noch bei der Gesetzgebung geht der Mensch rein zufallsbestimmt zu Werke, sondern stets wird seine Hand von geheimnisvollen Operationen des Geistes geführt. In allen Moden und Bekleidungsbemühungen läßt sich eine architektonische Idee ausfindig machen; sein Körper und der Kleiderstoff sind Baugrund und Materialien, worauf und womit sein verschöntes Gebäude, dasjenige seiner Persönlichkeit, ausgeführt werden soll ... In alldem ist – bei Nationen ebenso wie bei Individuen – ein unablässiges, unbezweifelbares, wohl aber unendlich kompliziertes Ineinander von Ursache und Wirkung tätig: Jeder Schnipp der Schere ist durch fortwährend aktive Einflüsse geregelt und vorgeschrieben worden, die für Intelligenzen höherer Ordnung fraglos weder unsichtbar noch unlesbar sind.‹«[124]

Carlyles poetischer Bericht offenbart eine unerwartete Resonanz zwischen Gedanken zur Ornamentierung des Gebrauchsgegenstandes und der dandyesken Vorstellung vom Anziehen. Zugleich leitet er aber auch über zu einer Formgebungsdiskussion auf höherer und ungleich komplexerer Ebene, nämlich zum Einrichten, betrachtet die zeitgenössische Kunstgewerbetheorie doch den »Mikrokosmos unserer Wohnung ... gleichsam als ein *weiteres*

*Kleid,* [das] mit seinem ästhetischen Charakter so genau zu unserem eigenen Geist und Wesen paßt, wie das Kleid zu unserem Körper«[125].

## VON DER »KUNST IM HAUS« ZUR WOHNKULTUR

> Zivilisation ist das Bestreben, sich möglichst bequem einzurichten. (Josef Frank, 1931)

Adolf Loos, der den Gebrauchsgegenstand als ein angewandtes Kunstwerk und das Ornament als Kunst abgelehnt hat, nahm auch mit Vehemenz gegen die Wohnraumgestaltung als »Kunst im Haus« Stellung und sagte: »Ich bin ein gegner jener richtung, die etwas besonders vorzügliches darin erblickt, daß ein gebäude bis zur kohlenschaufel aus der hand eines architekten hervorgehe. Ich bin der meinung, daß dadurch das gebäude ein sehr langweiliges aussehen erhält.« Gleich am Anfang dieses Aufsatzes fordert er: »Weder der archäologe, noch der dekorateur, noch der architekt ... soll uns die wohnung einrichten. Ja, wer soll es denn dann tun? Nun ganz einfach: Jeder sei sein eigener dekorateur.«[126]

Loos reagiert mit dieser Aussage auf die ihm bekannte Einrichtungspraxis; alle Bereiche der menschlichen Umwelt von Künstlern oder Architekten gestalten zu lassen, gehörte um 1900 nämlich zu den wesentlichsten Zielsetzungen der »Wiener Moderne«, die Otto Wagner in »Die Baukunst unserer Zeit« so zusammenfaßt: »Ohne Zweifel kann und musz es soweit kommen, dasz nichts dem Auge Sichtbares entsteht, ohne die künstlerische Weihe zu empfangen.«[127] Diese Vorstellung, Kunst ins tägliche Leben einfließen zu lassen, um sie damit allen zugänglich zu machen, hat ihre Wurzeln vor allem in der Ideenwelt der Arts-and-Crafts-Bewegung und sollte vor allem beim Wohnen verwirklicht werden. »Man stelle sich einmal vor, wie ein Mensch überhaupt darangehen könnte, ein Haus ohne Kunst einzurichten«, merkte Lewis F. Day dazu 1888 in »Everyday Art« an, tatsächlich »müßte zuerst einmal das Haus selbst für ihn gebaut werden ... [und] in gleicher Weise müssen auch die Möbel, vom Fußabstreifer bis zum Lehnstuhl, für ihn entworfen werden.«[128]

Dieser Wunschtraum des vollkommen durchgestalteten Wohnambientes wurde in der Einrichtungspraxis des späten 19. und frühen 20. Jahrhunderts – für jene, die es sich leisten konnten – auf zweifache Weise einzulösen versucht: mittels des »Garnitur-Denkens« *(Abb. 10)* – der billigeren, bürgerlichen Version – und mit dem Interieur als »Gesamtkunstwerk« *(Abb. 9),* wie es Geldadel, Großbürgertum

9. Bernhard Ludwig, Speisezimmer im »Renaissance-Styl«, gezeigt bei der »Elektrischen Ausstellung« 1883 in Wien

10. »Renaissance-Speisezimmer«, Wien 1880

und die Künstlerschaft verwirklichen konnten. Die zeitgenössische Kunstgewerbetheorie stand jedoch beiden Vorstellungen kritisch gegenüber, da im Historismus und im Jugendstil Wohnräumen als Gestaltungsaufgaben damit jene Bedeutung beigemessen wurde, die im 18. Jahrhundert der Fest- und Sakralraum hatte; zugleich trat nun auch im bürgerlichen Rahmen nach dem Vorbild der aristokratischen Wohnkultur der das Prestige des Hauses repräsentierende Salon mit seinen gesellschaftlichen und formalen Ordnungsstrukturen an die Stelle des Wohnzimmers.[129]

Zum Phänomen des »Garnitur-Denkens« hält Jakob von Falke 1871 fest: »Es ist noch nicht so lange her, da galt es für ein Zeichen des sublimsten Geschmackes, wenn man für die Wände, Möbel, Vorhänge, Portieren und selbst für den Bettumhang einen und denselben Stoff, am liebsten einen glänzenden blumigen Zitz [= Chintz] sich auserkor. Man findet auch heute wohl noch diese Meinung. Da fehlt allerdings zur vollen Harmonie gar nichts, als daß auch die ganze Familie sich in den gleichen Glanzstoff kleide. Dann hätte nichts den ästhetischen Frieden des Hauses zu stören vermocht. Nur eines ist dabei übersehen: das erreichte Ziel ist Einförmigkeit, nicht Einstimmung, ist Langeweile, aber keine Kunst. Die Harmonie besteht in dem schönen Zusammenklang des Verschiedenen und Mannigfaltigen, und Kunst ist es, dieses Verschiedene zur gelungenen Gesamtwirkung zu bringen.«[130] Falke beschreibt damit vor allem die Einrichtungsgewohnheiten des Spätbiedermeier oder »Zweiten Rokoko« zur Mitte des 19. Jahrhunderts, die vom englischen Theoretiker Owen Jones fast gleichlautend 1853 in »Truth and the False« so charakterisiert wurden: »Nichts scheint selbstverständlicher als ein Schlafzimmer mit Chintz-Vorhängen an Fenster und Bett, Chintz-Tapeten und Teppiche mit Blumenmuster; dies gilt als perfekte Harmonie, ist aber einfach langweilig, denn die Wiederholung eines einzigen Motivs bedeutet keineswegs Harmonie.«[131] Hatte bis zur Mitte des 19. Jahrhunderts diese »repetition of the same note« vor allem in der textilen Ausstattung eines Raumes – also bei den Möbelstoffen, Tapeten, Draperien und Teppichen – ihren Niederschlag gefunden, so wurden im Historismus und im Jugendstil schließlich »komplette Zimmereinrichtungen« angeboten. Ihren Entwurf schilderte der deutsche Theoretiker und Direktor des Frankfurter Kunstgewerbemuseums Ferdinand Luthmer 1893 in »Abwege der modernen Möbelindustrie« folgendermaßen: »Wer sich am wenigsten zu helfen weiß, der streicht die Zierformen bis auf zwei oder drei, die dann mit eiserner Konsequenz gleichsam als Leitmotiv an allen Stücken der auf alte Vorbilder gepfropften modernen ›Garnitur‹ wiederkehren.«[132] Loos selbst hält 1898 zu derartigen »stilvoll« eingerichteten Räumen fest: »...dieser ›Stil‹, der stil mit den gänsefüßchen, ist auch gar nicht nötig. Was ist denn dieser stil überhaupt? Er läßt sich schwer definieren. Meiner meinung nach fand jene wackere hausfrau auf die frage, was stilvoll sei, die beste antwort: Wenn auf dem ›nachtkastl‹ ein löwenkopf ist, und dieser löwenkopf ist dann auf dem sofa, auf dem schrank, auf den betten, auf den sesseln, auf dem waschtisch, kurz auf allen gegenständen des zimmers gleichfalls angebracht, so heißt dieses zimmer stilvoll.«[133] Zwar haben sich Kunstgewerbetheoretiker in der zweiten Hälfte des 19. Jahrhunderts mit Nachdruck gegen diese vordergründige und zwanghafte Wiederholung banaler Zierformen als Mittel zur Harmonisierung der Innendekoration gewandt, doch blieb diese Gestaltungsweise – trotz der Reformbewegungen um 1900 – auch noch nach dem Ersten Weltkrieg im Möbelangebot so allgegenwärtig, daß Josef Frank 1931 in »Architektur als Symbol« feststellte: »Der Wahn von der Gleichheit der Form, die unendliche Garnitur, die Grundlage veralteten Kunstgewerbes als geschlossenes System ist noch immer derselbe, und er kann nicht begreifen, wie vielförmiger unser Leben geworden ist, wie sich ihm alles Bestehende einfügen muß; unsere Zeit ist die ganze uns bekannte historische Zeit ... Was nützt uns der Stahlrohrsessel, solange nicht endlich das auf die ›Garnitur‹ festgelegte Lebensprinzip verschwunden ist.«[134]

Mußte schon ein derartig starrer Formenkanon eine wesentliche Beeinträchtigung des Benutzers eines solchermaßen »stilvollen« Zimmers bedeuten, galt dies in noch viel höherem Maße, wenn der Wohnraum nicht nur als gestalterische Einheit, sondern darüber hinaus auch als »Raumkunstwerk« betrachtet wurde: »Schaffen wir uns mit unserem Haus, mit unserer Wohnung ein wirkliches Kunstwerk«, vermerkt Jakob von Falke daher in seiner »Kunst im Hause«, »das heißt ein Werk, welches in sich abgeschlossen, fertig und vollendet ist, von dem man nichts hinwegnehmen, nichts hinzusetzen, an dem man nichts verändern kann, ohne die Einheit zu vernichten, ohne das Kunstwerk zu schädigen, ohne sich der Barbarei schuldig zu machen, so setzen wir all unseren wechselnden Wünschen und Bedürfnissen ein Ziel. Ja ich möchte Wehe rufen über den armen Sterblichen, der in einem solchen Kunstwerk wohnt! Ewig vom Besitz schöner Gegenstände gereizt, wie sie uns die täglich schaffende Kunst oder der Zufall des Lebens vor Augen führt, müssen wir diesem Verlangen entsagen. Wir können kein neues Bild an die Wand hängen, keine Figur aufstellen, kein Möbel vertauschen, keines hinzufügen, dessen schöne Arbeit uns gefallen hat. Es ist ja alles von vornherein auf das Beste und Vollkommenste bestimmt. In dieser Weise werden uns am Ende Haus und Wohnung zur Last und Plage und statt uns Genuß zu schaffen, verhindern sie uns an der Erfüllung der berechtigten Wünsche. Ist es da nicht weit besser, wenn Haus und Wohnung der nimmer ruhenden Beweglichkeit und Veränderlichkeit des modernen Lebens Rechnung tragen?«[135]

Wie es dem Besitzer eines Interieurs jedoch ergehen kann, wenn er Falkes Warnungen kein Gehör schenkt, schildert der deutsche Kunsthistoriker und Kunstgewerbetheoretiker Cornelius Gurlitt in seinem 1888 erschienenen Einrichtungshandbuch »Im Bürgerhause« folgendermaßen: »Wir sassen bei Tisch in dem kostbar ausgestatteten Haus eines Wiener Bankmannes, nicht weit von mir sein Freund, der berühmte Baumeister, welcher ihn ›eingerichtet‹ hatte. Die lebhafte Unterhaltung rings um den Tisch verstummte plötzlich, als der Künstler in erregtem Tone seinem Wirth zurief: ›Was fällt Ihnen denn ein, so einen scheusslichen Lappen in mein Zimmer zu hängen! Sie verschandeln mir's ganze Lokal!‹ Alles sah sich um! Da hing vom Anrichtetisch wirklich ein herzlich geschmackloses, allzu bunt gefärbtes Tischtuch herab. Die Diener beeilten sich, es zu entfernen; Der Baumeister gab sich aber nur schwer zufrieden: ›Was sollen denn die Leute denken von mir, wenn Sie mir mit Ihren Anilinfarben die ganze Stimmung verderben; Sie müssen doch darauf Rücksicht nehmen, dass ich ein Künstler bin ... Ich habe Ihnen ja doch das Versprechen abgenommen, bei jeder Veränderung in Ihrem Zimmer mich erst zu fragen. Das ist doch das Wenigste, was ich verlangen kann, dass mir nicht jeder Beliebige in meiner Arbeit herumwirtschaftet.‹ ... Alle schwiegen lächelnd, der Bankmann fühlte sich nicht ganz wohl in seinem stilvollen Speisesaal.«[136]

Gurlitts Schilderung unterscheidet sich in Ironie und Beklemmung kaum von Loos' 1900 veröffentlichter Satire »Von einem armen reichen Mann«, den sein Architekt belehrt: »Wie kommen sie dazu, sich etwas schenken zu lassen! Habe ich ihnen nicht alles gezeichnet? Habe ich nicht auf alles rücksicht genommen? Sie brauchen nichts mehr. Sie sind komplett.«[137] Und schon 1898 bemerkte er zu derart »stilvollen« Räumen: »Solche zimmer tyrannisieren ihren armen besitzer. Wehe dem unglücklichen, wenn er es gewagt hätte, sich selbst etwas hinzuzukaufen! Denn diese möbel vertrugen absolut kein anderes in ihrer nähe ... Und wenn der bewohner diese räume hundertmal käuflich erworben hat, es sind doch nicht seine zimmer. Sie bleiben immer das geistige eigentum desjenigen, der sie erdacht hat.«[138] Es gelte daher, sich auf jene Weise einzurichten, wie das *vor* dem Historismus, also *vor* der »Herrschaft des Dekorateurs« üblich war, wie im Biedermeier also: »Vom tischler kaufte man die möbel, vom tapezierer die tapete, vom bronzegießer die beleuchtungskörper und so fort: Das stimmte aber doch nicht zusammen? Vielleicht nicht. Aber von diesen erwägungen ließ man sich nicht leiten. Damals richtete man sich so ein, wie man sich heute anzieht ...« In Fortsetzung seines Berichtes über »Interieurs« schreibt Loos dann: »Das gleiche gemeinsame band, das alle möbel im raume miteinander verbindet, bestände eben darin, daß sein besitzer die auswahl getroffen hat ... So eine mit der familie gewordene wohnung verträgt schon etwas. Wenn man nämlich in ein ›stilvolles zimmer‹ auch nur ein nippesstückchen hineinstellt, das nicht dazugehört, so kann das ganze zimmer verdorben werden. Im familienzimmer geht es sofort in dem raume vollständig auf. Ist doch so ein zimmer wie eine violine. Die kann man einspielen, jenes kann man einwohnen.«[139] Josef Frank schließt sich nach dem Ersten Weltkrieg – angesichts des im Art Deco und von De Stjil beziehungsweise Bauhaus neuentwickelten Gestaltungskanons – an Loos' Wohnkonzept an und setzt dessen Gedanken in »Raum und Einrichtung« folgendermaßen fort: »Das Wohnzimmer ist kein Kunstwerk, wird es niemals sein und entfernt sich mehr und mehr von diesem veralteten Ideal, das aus einer Zeit stammt, da man den Unterschied zwischen Kunst und Gebrauchsgegenstand nicht begreifen konnte. Erst die volle Anerkennung dieser Tatsache kann ... die Einrichtung befreien, dadurch ihrem Besitzer die Freiheit ihr gegenüber bringen und schließlich die Wohnung von dem Fluch erlösen, ständig ein Kunstwerk oder eine Erziehungsanstalt sein zu wollen.«[140] »Wohnzimmer sollten im Gegenteil Räume sein, die nicht nur durch ein ganzes Menschenleben als Hintergrund und Aufenthalt ihrer Bewohner mit ihren stets wechselnden und sich entwickelnden Anschauungen dienen können, sondern sie müssen auch im Stande sein, alle die Gegenstände, die die Bewohner in ihrer Umgebung haben wollen, als organischen Bestandteil in sich aufnehmen zu können, ohne den Charakter zu verlieren.«[141]

Der Rückzug ins Private hat den Wohnraum im Laufe des 19. Jahrhunderts zur Gegenwelt des öffentlichen Lebens werden lassen, hier sollten jedoch – so Loos – keine formalen Ordnungsstrukturen dominieren, sondern einzig der Benutzerstandpunkt zu seinem Recht kommen. Diese Opposition zum »Garnitur-Denken« und zum Wohnzimmer als »Kunstwerk« führte in der Looschen Einrichtungspraxis und der des wesentlich von ihm beeinflußten Josef Frank zur konsequenten Verwendung von Einzelmöbeln. Während die tatsächlich »mobilen« Einrichtungsgegenstände vom Besitzer beziehungsweise Benutzer verstellt und umgeordnet werden konnten, was den Bewohner selbstverständlich zum Gestalter der Räume werden ließ, sollten für Loos Kästen zu einem Teil der Wand werden. Vorbildcharakter kommt dabei neben der Biedermeier-Zeit sicherlich angelsächsischen Interieurs und deren Fähigkeit zu, die unterschiedlichsten Möbeltypen, Materialien und Einrichtungsstile bruchlos in sich aufzunehmen, um so – im Gegensatz zur Transparenz und den Typisierungstendenzen des »Neuen Bauens« – die persönliche Gedankenwelt des Bewohners in seinen eigenen vier Wänden widerzuspiegeln.

## »ALTE MÖBEL« UND PITTORESKE RÄUME

> Man kann alles verwenden, was man verwenden kann. (Josef Frank, 1927)

»Im modernen Wohnraum herrscht Unordnung, das heißt, dort gibt es keine Möbel, die für einen bestimmten Platz gemacht sind, und deren Umstellung die Harmonie stören würde«[142], stellte Josef Frank 1934 fest und radikalisierte damit Loos' Wohntheorie. In der 1958 unter dem Titel »Akzidentismus« veröffentlichten Zusammenfassung seiner Vorstellungen vom Bauen formulierte er schließlich den Wunsch, »daß wir unsere Umgebung so gestalten sollen, als wäre sie durch Zufall entstanden. Alle Stellen, an denen man sich wohl fühlt, Zimmer, Straße und Städte, sind durch Zufall entstanden.«[143]

Die Qualität des Zufalls findet sich als ein ästhetisches Gestaltungsprinzip erstmals in der Theorie zum englischen Landschaftsgarten, nämlich im »Sharawagdi«, der Kategorie des Pittoresken, die nach 1700 den hierarchischen Ordnungsstrukturen des französischen Barockgartens gegenübergetreten war[144]. Der englische Literat und passionierte Sammler Horace Walpole hat diese Gestaltungsweise Mitte des 18. Jahrhunderts beim Bau seines »gothick« Landsitzes »Strawberry Hill« auf den Innenraum übertragen *(Abb. 11)*. Zugleich machte er den Zufall – die »accidental sagacity« – auch zur Maxime seines Denkens und nannte diesen Weg zur Erkenntnis in Anlehnung an ein orientalisches Märchen »Serendipity«[145]. Die direkte Bezugnahme des Frankschen »Akzidentismus« auf Walpoles Ideen illustriert uns jene Einrichtungsphilosophie, die Frank gemeinsam mit Estrid Ericson, der Gründerin des schwedischen Einrichtungshauses »Svenskt Tenn«, entwickelt hat; er bezeichnete diese nämlich als »the philosophy of Serendipity«[146]. Und in ähnlicher Weise, wie Walpole das Prinzip der Regellosigkeit von der Gartenkunst in das Interieur übernommen hatte, wandte auch Frank mit dem »Haus als Weg und Platz« (1931) Kategorien des Außenraumes auf den Wohnbau an, um damit die Vielfalt des »modernen Lebens« der überkommenen Orthogonalität in der eigenen Wohnung entgegenzusetzen.

Horace Walpole selbst hat in bewußter Opposition zu den durch Etikette reglementierten Wohnstrukturen der höfischen Gesellschaft des 18. Jahrhunderts eine von der »monde« unabhängige, die *Privatheit* betonende Wohnvorstellung entwickelt,[147] die sich vermittels der Ästhetik des Pittoresken auch dem formalen Reglement der zeitgenössischen Interieurkunst entgegenstellte. Mit dem Aufkommen des Rokoko beziehungsweise des Louis-seize-

11. J. Carter, »Holbein-Zimmer« in Strawberry Hill

Stils war um die Mitte des 18. Jahrhunderts nämlich auch das »Fitting Interior« entstanden, jene wohlkalkulierten, ornamental und farblich aufeinander abgestimmten Räume, die ebenso wie ihre Nachahmungen, die von Loos und Frank so vehement abgelehnten »stilvollen Zimmer« des Historismus und Jugendstils, nichts »Unpassendes« in sich duldeten; nicht zuletzt ist ja die »Sitzmöbel-Garnitur« eine Erfindung dieser Zeit.

Walpole verwendete aber zur Einrichtung seines Landsitzes neben zeitgenössischem Mobiliar auch alte – originale oder kopierte – Möbel und Dekorationselemente, die, wie seine peniblen »Descriptions of Strawbery Hill« illustrieren, im konkreten historischen, ikonographischen und emotionellen Bezug zur Gedankenwelt des Benutzers standen. Durch diese Einbeziehung von Antiquitäten in den zeitgenössischen Wohnraum schuf Walpole den Typ des »Antiquarian Interior«, jene »Wohnmuseen« also, wie sie bis ins 19. und frühe 20. Jahrhundert vor allem von Künstlern und Kunstsammlern als private Lebenswelt arrangiert wurden.[148]

Nachdem mit der historistischen Stilrezeption, deren Anfänge ebenso wie die pittoresker Wohnräume in der Rokokogotik des 18. Jahrhunderts liegen, in »alte Stile«

gekleidete Gebrauchsgegenstände die Räume möblierten, erlangte nach der Mitte des 19. Jahrhunderts – also gleichzeitig mit den kunstgewerblichen Reformbewegungen – auch das tatsächlich »alte Möbel« eine neue Bedeutung für die zeitgenössische Wohnkultur.

Das Interesse galt dabei insbesondere den englischen »Klassikern« des 18. Jahrhunderts, wie dem Windsor-Stuhl, Entwürfen von Chippendale sowie Sheraton und solchen aus dem Regency, deren Bequemlichkeit und handwerkliches Raffinement im Gegensatz sowohl zur zimmermannsmäßigen Einfachheit des späteren Arts-and-Crafts-Mobiliars wie zur qualitätslosen zeitgenössischen Serienmöbelproduktion stand.[149] So richtete sich der Maler und Dichter Dante Gabriel Rossetti (1828–1882), als er 1862 in ein Haus aus dem 18. Jahrhundert im Chelseaer Cheyne Walk gezogen war, wie ein 1863 datiertes Gemälde des Drawing Rooms von H. Treff-Dunn in der National Portrait Gallery illustriert, zur Gänze mit Möbeln des 18. und frühen 19. Jahrhunderts ein und beeinflußte damit den Kreis der Präraffaeliten nachhaltig.[150] In diesem Zusammenhang wird auch erklärlich, daß der um 1865 von Rossetti und Eduard Burne-Jones für die 1861 gegründete Firma »Morris, Marshall, Faulkner & Co.« entworfene »Sussex Chair« – gleichsam als ein »Re-Design« – nach dem Vorbild eines ländlichen Regency-Stuhltyps, den der Firmen-Manager Worrington Taylor bei einem Sussexer Tischler gefunden hatte, entwickelt wurde.[151] Genauso wurde auch der sogenannte »Morris Chair« 1865/66 von Taylor und Philipp Webb (1831–1915), dem Architekten von Morris' »Red House«, nach einem beim Tischlermeister Ephraim Colman aus Hurst Moncean/Sussex entdeckten Regency-Adjustible-Armlehnstuhltyp gestaltet.[152] William Morris selbst, der 1871 nach Kelmscott Manor übersiedelte, hat das alte Landhaus, wohl angeregt durch Dante Gabriel Rossetti, der bis 1874 gleichfalls hier wohnte, mit Tapisserien, englischen Renaissancemöbeln und chinesischen Stühlen eingerichtet.[153] Die Firma »Morris & Co.« sollte schließlich zu den Pionieren bei der Wiederaufnahme von Chippendale- und Sheraton-Modellen in die zeitgenössische Möbelproduktion gehören. »Das Unternehmen produzierte – ohne der Antiquitäten-Mode zu verfallen – einige der besten Modelle der Chippendale- und Queen-Ann-Zeit, insbesondere in bezug auf geschnitzte Speisezimmer-Stühle.«[154]

Aber auch Exponenten des »Aesthetic Movement«, wie der Architekt E. W. Godwin (1833–1886), verwendeten englische Möbel des 18. Jahrhunderts zur Einrichtung ihres Heimes. Mit der Ausstattung seiner Londoner Wohnung – angesichts der schlechten Qualität des kommerziellen Möbelangebots – begann 1867 Godwins Beschäftigung mit dem Möbeldesign, zugleich stöberte er in Gebrauchtwarenläden nach altem Mobiliar; dabei gewann »das 18. Jahrhundert die Konkurrenz, und mein Eßzimmer wurde mit Chippendale-Stühlen eingerichtet ...«[155] Ebenso teilte der Maler James Abbot McNeill Whistler, für den Godwin 1878 das »White House« errichtet hatte, diese Vorliebe für alte Möbel: »Der Geschmack des Künstlers bei der Einrichtung seines Hauses war dem Godwins nämlich erstaunlich ähnlich. Sein Wohnzimmer war nahezu leer, nur ein geräumiges Sofa, zwei oder drei Stühle und ein Chippendale-Tisch dienten als Möbel.«[156]

Dieses Interesse an alten Möbeln blieb aber nicht allein auf Künstlerwohnungen beschränkt. Der englische Architekt und Theoretiker Charles Eastlake empfahl – ebenfalls in bewußtem Gegensatz zu der vom Prunkmobiliar vergangener Zeiten inspirierten historistischen Interieurkunst – nun allen Lesern seiner 1868 erschienenen Einrichtungsfibel »Hints on Household Taste«, »keine alten Möbeltypen zu übernehmen, die nicht den modernen Lebensgewohnheiten entsprechen«[157], und Sir Arthur Liberty, der Gründer des gleichnamigen Londoner Einrichtungshauses, vermerkte ganz in diesem Sinn: »Besser ein bequemer Windsorstuhl als ein Chaise à la Louis quinze, der beim Sitzen Schmerzen bereitet.«[158] Viele traditionelle Möbelformen überträfen nämlich – so Eastlake weiter – die moderne, durch die Jagd nach »novelty« und die »absurd love of change« degenerierte Produktion, er kenne daher beispielsweise »keine besseren Speisezimmerstühle, als jene aus dem frühen 17. Jahrhundert, wie sie in Knoll erhalten sind«[159]. Wie Henry Shaw in seinen schon 1833 veröffentlichten »Specimen of Ancient Furniture« – einer der ersten kunstwissenschaftlichen Möbelpublikationen in Großbritannien – nennt also auch Eastlake konkrete Beispiele eines Möbeltyps, diesen kommt aber im Gegensatz zu den Intentionen des »Antiquarian Interior« nun kein Stimmungswert und keine nationalhistorische Bedeutung mehr zu, ebensowenig exemplifizieren sie – wie für A. W. N. Pugin die Gotik oder für Jakob von Falke die Renaissance – Vorbilder für Gestaltungsprinzipen, die an für »moderne Bedürfnisse« neu entwickelten Gebrauchsgegenständen angewandt werden sollen, sondern sie sind vielmehr eine vorbildliche Problemlösung, etwa für – um bei Eastlakes Beispiel zu bleiben – einen Speisezimmerstuhl. Es ging dem Autor vor allem darum, das Wohnen vom Komfort und nicht von einem »Stil« bestimmen zu lassen und das Einrichten daher nicht dem Tapezierer oder einer Dekorationsfirma zu überlassen, sondern diese Aufgabe – wie dies später

12. E. Goldie, »Dining Room« in Ashorne Hill House

13. A. Marshall, »Breakfast Room« im Haus des Architekten

auch Loos und Frank forderten – dem Benutzer selbst, insbesondere der Hausfrau, anzuvertrauen. Zu deren Orientierung erschien im angelsächsischen Raum diesseits und jenseits des Atlantiks ab den 1870er Jahren eine Vielzahl von Einrichtungshandbüchern, die neben einer zeitgemäßen Innendekoration auch das gesunde und hygienische Wohnen sowie Fragen der Ernährung und Bekleidung diskutierten, also die gesamte Palette der dann auch von Loos abgehandelten kulturellen Anliegen.[160]

Das englische Käuferpublikum reagierte bald mit großem Interesse auf die von Künstlern, Architekten und Einrichtungshandbüchern ausgehenden Anregungen, »modernen Ramsch«[161] durch Kopien beispielhafter »alter« Möbeltypen zu ersetzen, und große britische Möbelproduzenten, wie Edward & Roberts, Maple's oder Ambrose Heale and Sons beziehungsweise nach 1900 auch Liberty's, begannen, wie Morris & Co. neben ihrem modernen Angebot auch Kopien von Chippendale- und Sheraton-Modellen herzustellen. *(Abb. 12 und 13)*

Wie Hermann Muthesius in »Das englische Haus« betont,[162] wurden durch diese neuen Einrichtungsgewohnheiten zudem bereits verloren geglaubte Handwerkstraditionen des 18. Jahrhunderts, wie beispielsweise die Holzschnitzerei, wiederbelebt. So ist »die Reproduktion alter Stücke nicht als Fälschung, sondern als Kopie« schließlich zu einem Spezialgebiet der Möbelindustrie geworden, und Antiquitätenhändler »stellten selbst jene originalen alten Stücke zur Verfügung, die es wert waren, kopiert zu werden«[163].

Dies ist auch der Ansatzpunkt für Adolf Loos, der im Nachruf für seinen »Sesseltischler« Josef Veillich zum Möbeldesign festhält: »Das entwerfen eines neuen speisezimmersessels empfand ich als narretei, eine vollständig überflüssige narretei, verbunden mit zeitverlust und aufwand. Der speisezimmersessel aus der zeit um Chippendale herum war vollkommen. Er war die lösung. Er konnte nicht übertroffen werden.« Doch könne man ihn, da »jede handwerkliche leistung kopie ist, ob die vorlage nun einen monat oder ein jahrhundert alt ist«, kopieren und weiterverwenden. Dieser Sesseltyp sei nämlich »so vollkommen, daß er in jeden raum, der nach Chippendale entstanden ist, also auch in jeden raum von heute hineinpaßt«[164]. Loos, der in seinen Interieurs, wie schon erwähnt, häufig englische Speisezimmerstühle des 18. Jahrhunderts sowie eine Reihe anderer englischer Sitzmöbeltypen verwendet hat, beweist eine ebensolche Wertschätzung für die Handwerksqualitäten der Zeit »um Chippendale herum«[165] wie die Engländer. Daß es sich dabei auch um eine Reformstrategie handelt, wird noch zu zeigen sein.

Dem englischen Chippendale- und Sheraton-Revival kommt nämlich in vielerlei Hinsicht ähnliche Bedeutung zu wie der Biedermeier-Wiederbelebung im Wien der Jahrhundertwende.[166] In beiden Fällen geht es um ein Wiedergewinnen verlorener formaler Qualitäten und handwerklicher Fähigkeiten durch einen Rückgriff auf die heimische Tischlerkultur *vor* dem Historismus; zugleich sollte der »Herrschaft des Tapezierers« und Dekorateurs über das Wohnen ein Ende gesetzt werden und das Einrichten wieder in die Hände der Benutzer gelegt werden. Außerdem waren alte Möbel, gleichgültig, ob es sich dabei um Originale oder Kopien handelte, zu alterungsresistenten »Klassikern« geworden und damit auch zu einem Mittel, dem zwanghaften Wechsel der Einrichtungsstile von Historismus und Jugendstil zu entgehen.[167]

14. Rechts: Dreibeiniger »ägyptischer« Hocker, 1903–1927. Mitte: Josef Frank, dreibeiniger Tisch, um 1925. Links: Zlatko Neumann, dreibeiniger »ägyptischer« Hocker, ab 1922/23

15. »Ägyptischer« Hocker, um 1903

16. Dreibeiniger »ägyptischer« Hocker, 1903–1927

17. Vierbeiniger »ägyptischer« Hocker und Teetisch für die Wohnung Dr. Otto Stoessl, 1901

18. Vierbeiniger »ägyptischer« Hocker, um 1901/02

19. Vierbeiniger »ägyptischer« Hocker, um 1901/02

20. Kaminnische im Wohnzimmer der Loos-Wohnung, 1903

21. Sitzecke der Loos-Wohnung, 1903

22. Tisch für das Café Museum, 1899

23. Sessel für das Café Museum, 1899

24. Variante des Sessels für das Café Museum mit Sperrholzsitz, nach 1899

25. Sessel für das Café Capua, 1913

26. Fan-back-Windsor-Stuhl, um 1928

27. Büro-Stuhl nach einem englischen Original im Österreichischen Museum, 1912

28. Manz-Stuhl, 1912

29. Speisezimmerstuhl für die Wohnung Eugen Stössler, 1899

30. Variante des Stössler-Stuhles, nach 1900

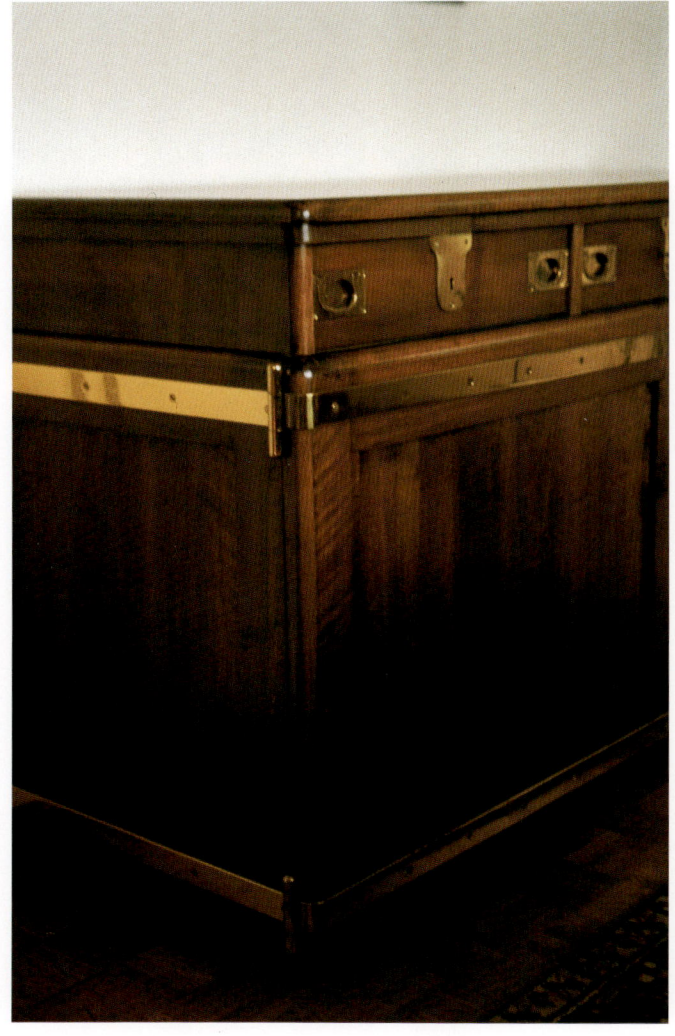

31. Detail des Buffets im Speisezimmer der Wohnung Eugen Stössler, 1899

32. Entwerfersignatur »A L« auf dem Silberkasten des Speisezimmers für die Wohnung Eugen Stössler, 1899

33. Unterteil des Buffets für das Speisezimmer der Wohnung Eugen Stössler, 1899

34. Kleines Buffet, entworfen und ausgeführt von F. O. Schmidt nach dem Vorbild des Stössler-Buffets, 1903

35. Besteckkasten, entworfen und ausgeführt von F. O. Schmidt nach dem Vorbild des Stössler-Buffets, 1903

36. Schreibtisch, entworfen und ausgeführt von F. O. Schmidt, um 1905

37. F. O. Schmidt, Kopie des Stössler-Buffets, 1903

38. Elefantenrüsseltisch, achtbeinige Version, nach 1900

39. Elefantenrüsseltisch, sechsbeinige Version, nach 1900

40. »Haberfeld-Tisch«, sechsbeinige Version, nach 1900

41. Manz-Tisch, 1912

42. Eßtisch und Stühle im Speisezimmer der Wohnung Friedrich Boskovits, 1913

43. Speisezimmer der Wohnung Friedrich Boskovits, 1913

44. Beistelltisch aus der Wohnung Friedrich Boskovits, 1913

45. Kaminecke im Wohnhaus Leopold Goldman, 1911

46. Wanddetail im Büro der Manz´schen Verlags- und Universitätsbuchhandlung, 1912

47. Raumteiler aus dem Herrenzimmer Gustav Turnovsky, um 1912

48. »Knieschwimmer«-Fauteuil, um 1900

49. Sitzecke im Herrenzimmer Gustav Turnovsky, um 1902

50. Hängelampe

51. Stehlampe

58

52. Schreibtischecke im Herrenzimmer Gustav Turnovsky, um 1912

53. Kommode aus dem Damenzimmer Marie Turnovsky, 1902

54. Schubladenkasten aus dem Damenzimmer Marie Turnovsky, 1902

55. Möbel aus dem Damenzimmer Marie Turnovsky, 1902

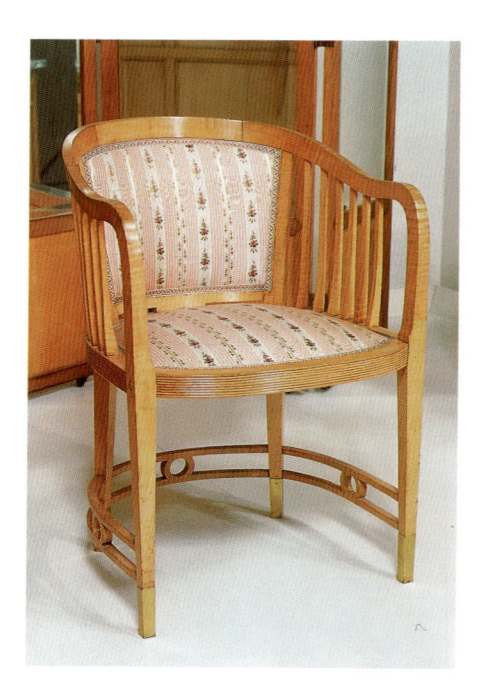

56. Sessel aus dem Damenzimmer Marie Turnovsky, 1902

57. Kasten aus dem Damenzimmer Marie Turnovsky, 1902

58. Nachtkästchen aus dem Schlafzimmer der Wohnung Theodor von Auspitz, um 1900

59. Kommode aus dem Schlafzimmer der Wohnung Theodor von Auspitz, um 1900

60. Kasten-Detail aus dem Schlafzimmer der Wohnung Theodor von Auspitz, um 1900

61. Kasten aus dem Schlafzimmer der Wohnung Theodor von Auspitz, um 1900

62. Wanduhr

63. Kommodenuhr

64. Hängelampe

65. Hängelampe aus dem Schneidersalon Knize

68

66. Luster

67. Tisch aus der »Kärntner Bar«, 1908

# Möbeldesign

Adolf Loos hat sich in seinen theoretischen Äußerungen zum Wohnen und Einrichten mehrfach gegen die Gestaltung von Gebrauchsgegenständen durch »Künstler-Architekten« gewandt und statt dessen das Weiterverwenden von Produkten der anonymen Handwerkstraditionen verlangt. Dennoch gibt es sogenannte »Loos-Möbel«. Diese von ihm konzipierten oder häufig verwendeten Einrichtungsgegenstände, ja überhaupt die Art und Weise, wie Loos das Wohnen und die Innenraumgestaltung für sich als richtig erkannt hat, diskutierte er nicht nur in seiner journalistischen Arbeit, sondern suchte auch für sein ausgeführtes Werk die Öffentlichkeit.[168] So veranstaltete er 1907 eine »Wohnungswanderung« durch zahlreiche von ihm eingerichtete Privatwohnungen und Geschäftslokale. Vorbild für eine derartige »Wanderung«, zu der der Architekt auch einen Führer mit Kommentaren herausgegeben hat, dürfte die 1902 veranstaltete »Wiener Kunstwanderung« gewesen sein, bei der, so berichtet Ludwig Hevesi,[169] den 600 bis 700 Teilnehmern neben Privatsammlungen und Künstler-Ateliers vor allem aristokratische Interieurs des 18. und 19. Jahrhunderts, wie etwa Räumlichkeiten der Wiener Hofburg und der Stadtpalais Liechtenstein und Kinsky, vorgestellt wurden, um so dem interessierten Publikum ein authentisches Bild der Handwerkskunst und Wohnkultur vergangener Epochen zu vermitteln und daraus – nicht zuletzt – auch Reformansätze für die zeitgenössische Innenraumgestaltung zu gewinnen.

## F. O. SCHMIDT UND DIE »ENGLISCHE KRANKHEIT«

> England ... stand die Welt offen, eine größere als den Römern und eine weitere als den Spaniern ... Deshalb gelang es in England mit Hilfe der von allen Seiten einströmenden Einflüsse, die aber organisch verwertet wurden, überall verständliche Formen zu finden, ..., die immer modern bleiben werden. (Josef Frank, 1931)

Adolf Loos hatte, geprägt durch seine Kindheitseindrücke in der väterlichen Steinmetzwerkstatt, ein besonderes Naheverhältnis zum Handwerk, das sich in seinen theoretischen Vorstellungen zum Wohnen und in seiner Einrichterpraxis gleichermaßen äußert. Als er 1896 nach seinem dreijährigen Aufenthalt in den Vereinigten Staaten und einem mehrmonatigen Verweilen in London nach Wien zurückgekehrt war, brachte er neue, sein zukünftiges Denken bestimmende Erfahrungen mit dem amerikanischen Lebensstil und der angelsächsischen Wohnkultur mit. Gerade in den späten neunziger Jahren hat auch in Wien ein Neuorientierung von Kunst und Kunstgewerbe eingesetzt. Diese vollzog sich, was das Einrichten beziehungsweise die Produktgestaltung betrifft, im Spannungsfeld zwischen den Vertretern der 1897 gegründeten Secession und dem Reformkonzept Arthur von Scalas (1845–1909). Der vormalige Direktor des Österreichischen Handelsmuseums[170] hatte 1897 von Bruno Bucher – nach Rudolf von Eitelberger und Jakob von Falke der letzte Vertreter der Gründergeneration des Österreichischen Museums für Kunst und Industrie – die Leitung des Hauses übernommen und präsentierte bereits im selben Jahr anhand einer Ausstellung englischer Möbel sein Reformprogramm, das eine Reihe von Kontroversen auslösen sollte.

Innerhalb dieses Spannungsfeldes entwickelte nun Loos, der als Journalist das Wiener Kulturleben kritisch beleuchtete und daneben im renommierten Wiener Ausstattungsunternehmen Friedrich Otto Schmidt als Berater fungierte, seine Ideen, die er schließlich kurz vor 1900 im Innenraum auch praktisch erproben konnte. Um jedoch diesen Entwicklungsprozeß nachvollziehen zu können, gilt es Loos' Zusammenarbeit mit F. O. Schmidt und die Geschichte des Unternehmens zu beleuchten.

1857 faßte Kaiser Franz Joseph den Beschluß zum Bau der Ringstraße, durch die die Reichshaupt- und Residenzstadt Wien sich nicht nur zu einer modernen Metropole wandelte, sondern noch mehr als bisher zum Anziehungspunkt für Künstler und Kunsthandwerker wurde. 1858 kam auch der aus einer ursprünglich sächsischen, jedoch seit dem frühen 18. Jahrhundert im Raum Berlin beheimateten Zimmermannsfamilie stammende Carl Friedrich Schmidt (1824–1894), der in Hamburg zum Kaufmann ausgebildet worden war und 1850 bis 1853 in Prag in der Tapetenfabrik Sieburger arbeitete, deren Budapester Filiale[171] er anschließend leitete, nach Wien und wurde Teilhaber in der 1858 neu eröffneten »Tapeten-Niederlage F. Schmidt & Sugg«, die sich noch im selben Jahr in einem Inserat in »Lehmann's Wiener Adressbuch« *(Abb. 68)* mit der »größten Auswahl der neuesten, elegantesten und geschmackvollsten Papier-Tapeten und Decors« empfahl.[172] Bald schon konnte C. F. Schmidt die Firma zur Gänze erwerben und 1863 ins Handelsregister eintragen lassen,[173]

68. Inserat der Firma F. Schmidt & Sugg

1864 belieferte er bereits den Wiener Hof.[174] Seinen Aufschwung erlebte das Unternehmen in der Rotenturmstraße Nr. 11 jedoch, als der Sohn Otto (1854–1895), ältestes der acht Kinder, als Gesellschafter in das nunmehr als »Friedrich Otto Schmidts technisches Atelier für Zimmerdecorationen« firmierende Geschäft eintrat, das komplette Einrichtungen bis hin zu Stuckdekoration und Kaminen liefern konnte; die Einrichtung der 1874 fertiggestellten Schmidt-Villa in Seewalchen illustriert dies anschaulich. Die Firma war nicht nur eines der kommerziell erfolgreichsten Ausstattungsunternehmen der Wiener Gründerzeit, sondern nahm auch aktiv an den vom Österreichischen Museum für Kunst und Industrie – dem heutigen Museum für angewandte Kunst – ausgehenden kunstgewerblichen Reformbestrebungen teil. So berichtet Jakob von Falke von der Eröffnungsausstellung des 1871 von Heinrich von Ferstel fertiggestellten Museumsgebäudes am Stubenring, bei der erstmals ein ganz neues Präsentationskonzept zur Anwendung kam: »Und zwar geschah es hier zum ersten Mal auf einer Ausstellung, dass vollständige, reich ausgestattete Musterzimmer dem Publikum vorgeführt wurden, ein Vorgang, der seitdem regelmässig nachgeahmt wurde, ohne dass man sich seines Ursprungs an dem österreichischen Museum erinnert. Und zwar waren es drei Gemächer; zwei derselben [ein Damen- und ein Herrenzimmer] waren nach Angaben [Architekt Josef von] Storcks von der Firma Philipp Haas & Sohn ausgestellt ... Das dritte Zimmer, von Friedrich Otto Schmidt ausgestellt [entworfen von Hans Trinkel], mit Eichenholz getäfelt und reich möblirt, trug damals die später so beliebt gewordene Bezeichnung ›Altdeutsches Zimmer‹ und sollte, verbunden mit Reichthum und Eleganz, die Gemüthlichkeit und Behaglichkeit der alten Zeit darstellen. Es machte auch diesen Eindruck.«[175] Bereits zwei Jahre später – anläßlich der Wiener Weltausstellung 1873 – konnte Falke abermals über das Unternehmen festhalten: »Friedrich Otto Schmidt, in Wien ein echter Künstler auf dem Gebiet der Wohnungs-Decoration, versteht es vortrefflich, uns in die solide Pracht und in die gemüthvolle Stimmung der deutschen Renaissance zu versetzen«.[176] Schon bald wandte sich die Firma von der im Historismus üblichen oberflächlichen Nachahmung historischer Stilformen ab und beschäftigte sich mit der detailgenauen Kopie alter Vorbilder sowohl von Einzelmöbeln als auch von vollständigen Räumen, die zum Markenzeichen von F. O. Schmidt werden sollten. Als Carl Friedrich Schmidt 1894 starb, übernahmen seine Söhne Max (1861–1935) und Leo (1867–1942) ein florierendes Unternehmen und richteten die Niederlage »Schmidt Miksa« in Budapest, Lipot-körut 5, ein.

In den 1890er Jahren war nun offensichtlich geworden, daß sich der Historismus überlebt hatte, und die daraus resultierende Reformbedürftigkeit der kunstgewerblichen Gestaltung war allgegenwärtig: »Das grundprinzip der [gegen den Historismus gerichteten] Scalaschen anschauung«, berichtet uns Adolf Loos 1898, »kommt in der Winterausstellung scharf zum durchbruch«, und es lautet: »Entweder genau kopieren oder etwas neues schaffen. Ein drittes gibt es nicht.«[177] Dabei stelle sich die Frage, was kopiert werden solle. Die Antwort laute: Keinesfalls historische Prunkmöbel, wie sie etwa noch 1896 von Architekt Josef von Storck, dem langjährigen Direktor der Wiener Kunstgewerbeschule, im Vorlagenwerk »Alte Möbel für moderne Bedürfnisse« vorgestellt worden sind, sondern vorbildliche alltägliche Gebrauchsgegenstände. Scala hat damit nach Loos' Vorstellung »den bürgerlichen Hausrat entdeckt«[178], der im Historismus verlorengegangen war, als man vergaß, »daß man neben dem thronsaal auch ein wohnzimmer haben muß«[179]. »Man wird also« – so Loos weiter – »wohl begreifen, daß in einer sammlung bürgerlicher möbel dem Engländer der löwenanteil zufallen muß.« Denn »ein land, das ein so selbstbewußtes, freies bürgertum aufweist, mußte den bürgerlichen stil in der wohnung bald zur höchsten blüte bringen«[180]. Direktor Scala zeigte in der Winterausstellung 1897 jedoch nicht die neuesten Tendenzen im Möbeldesign der Arts-and-Crafts-Bewegung, wie dies die Secession dann 1900 mit der Präsentation C. R. Macintoshs oder C. R. Ashbees tat, sondern mustergültige, der englischen Tischlertradition verpflichtete Beispiele der zeitgenössischen Serienproduktion,[181] sogenannten »Oxford Street Taste«. Bereits 1892 hatte Scala für das Handelsmuseum Möbel der Londoner Firmen Collison & Lock, Gillow's, I. S. Henry und Maple's als Vorbilder für die heimischen Produzenten angekauft.[182]

Diese unterschieden sich wesentlich vom ersten Wiener Versuch eines Neuansatzes in der Innenraumgestaltung, nämlich dem 1897 gleichfalls ausgestellten und vom Maler Heinrich Lefler, dem Bildhauer Hans Rathausky, den Architekten Franz Schönthaler jr. und Josef Urban gestalteten »Lefler-Zimmer« *(Abb. 69)*, dessen durchaus noch dem Historismus verhaftete Gestaltungsstrukturen Loos folgendermaßen aufzeigte: »Modern sieht dieses zimmer allerdings aus. Wenn man aber näher zusieht, ist es nur unser gutes, altes, deutsches renaissance-gschnaszimmer im modernen lichte. Nichts fehlt. Die holzvertäfelung mit den aufpatronierten holzintarsien, der ehemalige altdeutsche dekorationsdivan (gott habe ihn selig), dem immer die angenagelten blechernen löwenköpfe abgerissen wurden, die mit vieler mühe und not den persischen überwurf hielten und dessen römer und altdeutsche krüge so schön herumwackelten, wenn man die geringste bewegung ausführte, sie alle, alle wurden mit herübergenommen und haben sich so schön maskiert, daß man sie im ersten augenblick gar nicht wieder erkennt. Während z. b. beim alten ›dekorationsdivan‹ einem altdeutsche krüge auf den kopf fallen konnten, fallen jetzt englische vasen herunter, aber das freilich sicher. Ein großer fortschritt, wenn man bedenkt, daß damit gewissermaßen die halbheit vermieden ist und das keramische gewerbe durch den starken verbrauch gewinnen muß.«[183]

Arthur von Scala ging es aber im Gegensatz zu den jungen Entwerfern darum, daß die Tischler durch das ge-

69. »Lefler-Zimmer«, 1897/98

70. Josef Hoffmann, Möbel für das Sekretariat der Wiener Secession, 1898/99

naue Kopieren des handwerklich hochwertigen englischen Mobiliars jene aufgrund der langen Bevormundung durch die Dekorateure verlorenen Fähigkeiten wiedererlangen sollten, um schließlich selbständig Neues schaffen zu können. Loos erläutert und deutet Scalas Intention 1898 seinen Lesern derart: Hofrat von Scala »zeigte an englischen möbeln, die er kopieren ließ, daß das publikum auch vom tischler empfundene, vom tischler erdachte und vom tischler gemachte möbel kaufte. Diese möbel hatten kein profil und keine säulen und wirkten nur durch ihre bequemlichkeit, durch ihr solides material und durch ihre genaue arbeit. Das waren die wiener zigarettentaschen ins tischlerische übersetzt.«[184] Durch ein Wiedererstarken der Wiener Tischlerkultur sollte die »Herrschaft des Tapezierers« über das Einrichten beendet werden, die mit der historistischen Stilrezeption ihren Anfang genommen hatte. Denn bereits in einem 1845 unter dem Titel »Ueber den gegenwärtigen Zustand der Tischlerei in Wien« erschienenen Zeitungsartikel wird beklagt, daß »die nicht zu verkennende merkantile Industrie unserer Tapezirer unseren bescheidenen, aber geschickten Tischlern schon manchen Vortheil entzogen hat und die Meinung ziemlich verbreitet hat, als ob eine moderne Amöblirung nur durch die Vermittlung und Angabe der ersteren erfolgen könnte«[185]. Wie im Biedermeier sollte die Einrichtung also wieder vom Tischler kommen und das »cabinet maker made furniture«[186] zu einem Qualitätsbegriff machen, der sich zugleich von den Entwicklungen der »Künstler-Entwerfer« emanzipieren müsse.[187] Dieser Wertewandel hatte aber auch seine Konsequenzen beim Wohnen: Angeregt durch das Österreichische Museum – so konstatiert Loos 1898 – haben die Wiener nämlich gezeigt, »dass sie gewillt sind, dem Tapezierer den Laufpass zu geben und sich selbst einzurichten. Das beweisen die zahlreichen Einzelmöbel, die gekauft wurden … Also mit der ›Garnitur‹ ist es zu Ende, der einzelne Sessel hält seinen Einzug in unserem Wohnraum.«[188] Diese Umorientierung hat auch in Loos' eigener Einrichtungspraxis – wo er, so es sich nicht um in die Wand integrierte Behältnismöbel handelt, durchwegs die Verwendung von Einzelmöbeln propagierte – einen deutlichen Niederschlag gefunden.

Paradebeispiel für den von Loos und Scala zur Ausführung dieser Wohnvorstellungen ersehnten Handwerkertyp[189] ist wohl Loos' »Sesseltischler« Josef Veillich. In seinem überaus persönlich gehaltenen – im März 1929 in der »Frankfurter Allgemeinen Zeitung« veröffentlichten – Nachruf hat Loos resümierend seine Gedanken über das Möbel-Machen Revue passieren lassen. Ab 1889/90 finden wir Josef Veillich, der »in jungen Jahren … in Paris« gearbeitet hat,[190] in »Lehmann's Wiener Adressbuch« mit einer eigenen Werkstatt in der Wienerstraße 89 verzeichnet; nach Stationen in der Sandwirtgasse 13 (1895–1900) und der Mollardgasse 14 richtete er 1903 in der Siebenbrunnstraße 29 schließlich jene Werkstatt ein, in der er bis zu seinem Tod arbeiten sollte. Hier entstanden nun Veillichs von Loos so geschätzte Kopien von Chippendale-Sesseln sowie der dreibeinige, einem altägyptischen Vorbild folgende »Veillich-Hocker«.

Wenden wir uns wieder der Wirkung der Scalaschen Winterausstellung 1897/98 im Österreichischen Museum zu, so ist zu beobachten, daß die unterschiedlichen wirtschaftlichen und kulturellen Kräfte Wiens mit vehementer Ablehnung auf die eingeschlagenen Reformschritte reagierten, wobei kunstgewerbliche Problemstellungen auf dem Wege der Skandalisierung plötzlich zum Tagesgespräch wurden. Die Wiener Tischlergenossenschaft und der Niederösterreichische Gewerbeverein sahen im neuen – als »englische Krankheit« denunzierten – Programm eine unerwünschte Konkurrenz für ihr großteils noch auf die »deutsche Renaissance« eingestimmtes Angebot, schlossen sich aber – wie die Exponate auf der Kaiser-Jubiläums-Ausstellung 1898 in der Praterrotunde illustrieren – selbst bald den Reformkräften an. Anders argumentierte der Wiener Kunstgewerbeverein, der im Österreichischen Museum bislang ein ausgedehntes Gastrecht genossen hatte und seine Privilegien durch Scalas Initiative gefährdet sah. Loos hat diesen Konflikt 1898 in der »Wage« unter dem Titel »Das Scala-Theater« satirisch als Posse karikiert.[191] Vor die eigentlichen Machtinteressen des Kunstgewerbevereins schob der Amtsvorgänger Scalas, Bruno Bucher, 1898 in dem im letzten Jahrgang der »Blätter für Kunstgewerbe« unter dem Titel »Die Renaissance des Zopfes« erschienenen Beitrag jedoch den Vorwurf an seinen Nachfolger, dieser gefährde die Reformtradition des Hauses, denn – und damit bezog er sich unmittelbar und bewußt mißdeutend auf Adolf Loos' Ausstellungskritik vom Dezember 1897 in »Die Zeit«[192] – auch Englisches dürfe nicht imitiert werden. Den Unterschied zwischen historistischer Stilrezeption und exakter Handwerkskopie überging er dabei jedoch wohlweislich. Gleichfalls gegen das »Costümieren« mit Stilen, also auch mit dem »englischen«, wandte sich Hermann Bahr und vertrat als Fürsprecher der »Wiener Moderne« die Auffassung, daß ein zeitgemäßes Kunstgewerbe nur von heimischen Künstlern durch die Verbindung von Kunst und Handwerk geschaffen werden könne.[193]

Sollte das detailgenaue Kopieren aber zur aktuellen Strategie gegen das oberflächliche Nachahmen des Historismus werden, so ist Friedrich Otto Schmidts bereits lange verfolgtes Credo plötzlich ein Reformansatz, und tatsächlich gehörte das Unternehmen bereits 1898 wieder zur Avantgarde der Wiener Kunstgewerbereform. Für das Sekretariat im von Joseph Maria Olbrich (1867–1908) geplanten Gebäude der Wiener Secession führte die Firma nämlich die von Josef Hoffmann im damals aktuellen »Brettl-Stil« entworfenen Möbel aus *(Abb. 70)* und präsentierte auf der Winterausstellung 1898 im Österreichischen Museum einen Raum, von dem die zeitgenössische Kritik folgendes berichtet: »Von den nach alten Vorbildern ausgeführten Interieurs ist der überraschend schöne, weiß-goldene Rokoko-Saal ganz besonders hervorzuheben, in welchen die Firma Friedrich Otto Schmidt den höchst langweiligen Sitzungssaal des Österreichischen Museums umgestaltet hat. Dieser Saal ist, in reduziertem Maßstab, eine bis ins kleinste Detail getreue Kopie des Festsaales des fürstlich Esterhazyschen Schlosses Esterhaza bei Ödenburg, den die gleiche Firma vor kurzem nach alten Originalskizzen des seinerzeitigen Dekorateurs restauriert hat … Die Direktion des Österreichischen Museums war bei der Ausstellung dieses in jeder Einzelheit seiner Dekoration dem alten Vorbild genau folgenden Raums von der richtigen Erwägung geleitet, dass in unserer Zeit, die in der streng-objektiven historischen Forschung so bedeutende Erfolge aufweisen kann, alte Stile, wenn schon kopiert, mit peinlicher historischer Treue kopiert werden müssen und nicht *vermeintliche* Kopien geschaffen werden dürfen, die, wie die angebliche Gotik der romantischen Zeit, das vorgebliche Rokoko der 60er Jahre, weder Nachahmung noch Neuschöpfung sind.«[194] Zweifellos hat der zeitgenössische Publizist diese Exposition als Reformdemonstration verstanden. Loos fügt zum Schmidtschen Schauraum mit Blickpunkt auf die handwerkliche Qualität dieser Arbeit hinzu: »Ist es nicht auffallend, daß die kühnsten neuerer, also die tüchtigsten menschen, auch die tiefste verehrung für die werke ihrer vorfahren bekunden? Eigentlich nicht. Denn die tüchtigkeit kann nur wieder von der tüchtigkeit gewürdigt werden. Das publikum wird sich erinnern, welches aufsehen die hochmodernen möbel eines wiener ateliers in der ausstellung der Secession hervorgerufen haben [die Hoffmann-Entwürfe von F. O. Schmidt]. Und dasselbe atelier bringt uns diesmal eine genaue kopie eines saales des schlosses Esterhaza bei Ödenburg. Auch aus einem andern grunde ist das nicht auffallend. Denn neben der wertschätzung des alten spricht auch der umstand mit, daß das genaue kopieren unverhältnis-

71. Präsentationsraum der Firma F. O. Schmidt im Palais Neupauer-Breuner, 1903

mäßig schwerer ist als das beiläufige. Das weiß jeder maler. Und da die mittelmäßigkeit stets in der majorität ist, so werden sich bedeutend mehr stimmen für das beiläufige kopieren aussprechen als für das korrekte. Aber das publikum kann sich ja entscheiden.«[195] *(Abb. 72)* Doch während Loos 1898 noch wenig hoffnungsvoll die gestalterische Realität der 1890er Jahre vor Augen hatte, ließ das Österreichische Museum bei der Winterausstellung 1900, als auf der Pariser Weltausstellung der Jugendstil international Triumphe feierte, dem Besucher nur mehr die Wahl zwischen modern und tatsächlich historisch. »Die Ausstellung bringt diesmal zu gleichen Teilen Kopien historischer Interieurs und Räume nach modernen Entwürfen.«[196] Dabei traten unter den 34 Ausstellern abermals zwei Salons von F. O. Schmidt besonders hervor, »deren erster nach einem vom klassizistischen französischen Architekten Pierre Fontaine ausgestatteten Gemach des Schlosses Compiègne kopiert, deren zweiter nach Motiven aus Fontainebleau im feinsten Louis seize Stil gehalten ist«.[197] *(Abb. 73 und 74)* Als dritten Raum zeigte die Firma eine Kaminecke *(Abb. 75)*, zu deren Einrichtung neben klassischen englischen Chesterfield-Sofas auch der häufig als »Loos-Möbel« bezeichnete »Elefantenrüsseltisch« gehörte. Für Loos, der dieses Möbel erstmals in der 1902 eingerichteten Wohnung Hugo Haberfelds verwendet hat, zählte dieser Teetisch während seiner gesamten Schaffenszeit zu den Fixpunkten seiner Wohnräume. Über den Entwurf dieses Tisches stellte er jedoch 1907 im

72. Kopie eines Raumes in Schloß Esterhaza bei Ödenburg, 1898/99, ausgestellt von F. O. Schmidt

73. Raum aus Schloß Fontainebleau, 1900/01, ausgestellt von F. O. Schmidt

74. Raum in Schloß Compiègne mit »römischem« Tisch, 1900/01, ausgestellt von F. O. Schmidt

75. Kaminnische mit »Elefantenrüsseltisch«, 1900/01, ausgestellt von F. O. Schmidt

Begleittext zu seiner einleitend erwähnten »Wohnungswanderung« klar: »Der Elefantenrüsseltisch ist aus der Werkstätte F. O. Schmidt nach Angaben des Herrn Max Schmidt (Ausführung und Detaillierung Werkmeister Berka) hervorgegangen. Kacheln darauf von Bigot, Paris.«[198] Das englische Vorbild für dieses Modell stammt übrigens von der 1830 gegründeten Londoner Firma Hampton & Sons, 8 Pall Mall East, die das Modell 1899 im »Cabinet Maker« präsentiert hat.[199]

Als Innenraumgestalter konnte Adolf Loos 1899 mit dem Café Museum seine bis dahin nur journalistisch artikulierte Opposition zum wildwuchernden Formenreichtum des Wiener Späthistorismus und Jugendstils erstmals einer breiten Öffentlichkeit auch faktisch vor Augen führen. Ludwig Hevesi, der sensible journalistische Begleiter der »Wiener Moderne«, hat in seinem Artikel über die »Kunst auf der Straße« Intention und Wirkung dieser Interieurs auf den Punkt gebracht, wenn er schrieb: »Von jetzt an ist Loos geboren, denn er hat seine Sache gut gemacht. Etwas nihilistisches zwar, sehr nihilistisch, aber appetitlich, logisch, praktisch … In diesem Erstlingswerk geht er [im Gegensatz zu den Jugendstil-Entwerfern] allem, was Kunst heißt, in weitem Bogen aus dem Wege.«[200] Bereits 1901 wurde diese dem Jugendstil entgegengesetzte Gestaltungsweise selbstverständlich mit dem Namen Loos in Verbindung gebracht, wenn Hevesi unter dem Titel »Biedermeier und Komp.« über den Beitrag F. O. Schmidts auf der Winterausstellung des Österreichischen Museums jenes Jahres berichtet: »Die Übertreibung des künstlerisch-dekorativen Prinzips, die Verschwendung am unrechten Orte hat einige Schaffende zur Besinnung gebracht. Gerade auch in der Winterausstellung hat Friedrich Otto Schmidt ein modernes Schlafzimmer ausgestellt, das [die Firma] ›à la Loos‹ nennt. Mahagoni mit matter Bronzemontierung. Keine Profilierung, alle Kanten abgerundet, die goldgelben Beschläge in das Holz eingebettet, so daß die Hand glatt darüberfährt. Ein Kasten ebenso handgerecht anzufühlen wie ein englischer Koffer, ein Bett nicht weniger inoffensiv als eine Zigarettendose. Das ist der Stil, der sagt: warum soll der Mensch in seinem Heim weniger behaglich sitzen und sich an seinen Möbeln blauere Flecke stoßen als in einer Koje der Hamburg-Amerika-Linie oder in einem Salonwagen der Pazifik-Eisenbahn? Warum soll die Tür des elektrischen Tramwaywagens eine praktischere, griffmäßigere Klinke haben als die seines Studierzimmers?«[201] Da bislang keine zeitgenössische Abbildung dieser Schlafzimmermöbel aufzufinden war, mag ein weiterer Bericht zur Veranschaulichung dienen: »Unter den eigentlich modernen Einrichtungsgegenständen bildet ein Mahagonischlafzimmer von Friedrich Otto Schmidt (Entwurf: Max Schmidt), was man die äußerste Linke nennen könnte. Hier ist mit allem aufgeräumt, was noch an Bauglieder erinnert. Glatte Flächen, in welche die matten Bronzebeschläge an der Ecke so genau eingefügt sind, dass die Hand im Darüberfahren nur Ebene fühlt; auch die Griffe der Laden sind eingesenkt, alle Ecken und Kanten abgerundet, die ausladenden bronzenen Thürangeln das einzige, was quasi ornamental in die Luft ragt. So ein Kasten oder ein Bett streben Handlichkeit an, wie eine juchtene Cigarrentasche mit Silberbeschlägen. Dieser Empfindung entspricht es auch, wenn die Schrankthüren immer just in der Mitte der Beschläge öffnen, was bei einem Möbel nicht gerade constructiv wirkt. Material und Arbeit freilich sind vollkommen; bei einem solchen Etuistil, wenn er dennoch als möbelmöglich gelten soll, ist dies auch die erste Bedingung. Die nächste ist dann das Vorhandensein jener Gabe der Erfindung im Einfachsten, wie sie Japan hat, unauffällig das Einleuchtendste zu treffen, praktisch zu überzeugen.«[202]

Tatsächlich erinnert die Beschreibung dieser von Max Schmidt entwickelten Möbel an Loos' eigene Entwürfe aus der Zeit um 1900, insbesondere an die Speisezimmereinrichtung der 1899 ausgestatteten Wohnung Eugen Stösslers, die 1903 in der Zeitschrift »Das Interieur« vorgestellt worden ist. Zugleich wird damit auch das Scalasche Reformziel, daß Tischler durch die Rückkehr zu ihren Handwerkstraditionen auch selbständig zeitgemäße Einrichtungsgegenstände entwickeln, verwirklicht. Für die Firma F. O. Schmidt blieb jedenfalls, wie etwa ein Mahagonischreibtisch aus dem Kunsthandel und die Möbel für eine 1903 von F. O. Schmidt in Pula eingerichtete Villa illustrieren *(Farbabb. 34–37)*[203], das Arbeiten »à la Loos« Gestaltungsmaxime.[204]

Wie schon der Titel von Ludwig Hevesis Kritik der Winterausstellung – »Biedermeier und Komp.« – andeutet, wurde im Österreichischen Museum 1901 auch ein von der Firma Jaray detailgenau kopiertes Biedermeierzimmer gezeigt, aus jener Epoche also, die mit dem Historismus in Mißkredit gekommen war, weil man damals nicht spürte, »daß das [im Biedermeier] alles direkt aus dem Leben kam, in der bürgerlichen Existenz wurzelte und darum [im Gegensatz zur historistischen Stilrezeption] wirklich existierte, lebte. Sie hatten keinen Sinn für diese naiv-großzügige Ehrlichkeit des Materials, in der gediegenen Palisanderzeit. Und für diese furcht- und tadellose Solidität der Handarbeit … In der Kongreßausstellung [1896] ging den Wienern das Licht auf, daß ihr

76. Speisezimmerstuhl-Modell von F. O. Schmidt, um 1900

77. Präsentationsraum der Firma F. O. Schmidt, nach 1900

Biedermeier denn doch eine famose, bodenständige und lebensfähige Sache war, an die sich wohl gar noch einmal anknüpfen ließ, über die ganze hochaufgetürmte Schulrenaissance hinweg.«[205] Das Biedermeier sollte um 1900 jedoch kein neuer Einrichtungsstil werden, sondern »Erzieher« zur »dreifachen Echtheit: zweckecht, stoffecht, zeitecht und dazu das denkbar tüchtigste Handwerk. Damit ist die ganze Zukunft garantiert. Eine Zukunft der Ehrlichkeit und des künstlerischen und handwerklichen Gewissens.«[206] Zur Jahrhundertwende war nämlich neben dem von den Secessionisten und der Wiener Werkstätte propagierten Rekurs auf die Zielsetzungen der englischen Arts-and-Crafts-Bewegung beziehungsweise der von Scala und Loos betriebenen Hinwendung zu den Qualitäten der anonymen englischen Möbelproduktion auch die Formenwelt des Wiener Biedermeier als Reformansatz gegen den Historismus ins Blickfeld getreten. Und da Loos in seinen Schriften selbst mehrfach auf die Zeit um 1800 verwiesen hat, scheint es nicht verwunderlich, wenn Hevesi 1907 über Loossche Interieurs festhält: »Wie seine Einrichtungskunst heute dasteht, verfließt sie so ziemlich mit dem allgemeingewordenen Einfachheitsstil, der an unsere einstige Mahagoni- und Palisanderzeit anknüpft.«[207] Aus zwei Reformstrategien ist also schließlich eine geworden.

Auch in München gab es um 1900 eine von den gegen den Jugendstil gewandten Kräften Franz von Lenbach, Gabriel und Emanuel von Seidel und Franz von Stuck getragene Hinwendung zum Neoklassizismus, die sich vor allem in den Häusern der Künstler selbst sowie in Ausstattungsarbeiten für gleichgesinnte Kollegen zeigte. In diesem Umfeld tauchen interessanterweise zwei Möbel – ein »römischer« Tisch im Wohnhaus Emanuel von Seidels und ein englischer Fauteuil im Haus Alfred Walter Heymels – auf, die sowohl für Loos als auch für F. O. Schmidt von zentraler Bedeutung waren;[208] das englische Vorbild für letzteren stammt übrigens abermals von Hampton & Sons.[209]

Nach diesem Ausblick auf die weitere Entwicklung jedoch zurück zu Loos. Der Speisezimmerstuhl der Wohnung Stössler (vgl. Möbel-Katalog) bezeugt auf beispielhafte Weise Loos' Verständnis von Möbeldesign als Optimierung von Vorhandenem. Vorbild dieses Modells ist nämlich ein englischer Armlehnsessel, der 1897 in der Scalaschen Ausstellung englischer Möbel im Österreichischen Museum zu sehen war und seitdem im Programm von F. O. Schmidt aufschien. So finden wir ihn etwa im Arbeitszimmer der 1902 von Loos eingerichteten Wohnung Dr. Hugo Haberfelds. Aber auch der Stössler-Stuhl

78. Speisezimmerstuhl-Modell von Maple's, London

79. Speisesaal im Schloß Sandringham mit Speisezimmerstühlen von Maple's, London

selbst und seine von Loos in der Buchhandlung Manz 1912 verwendete Variante finden sich im Schmidt-Programm. Ähnliches gilt gleichermaßen für eine Reihe lederner englischer Clubfauteuils, wesentliche Requisiten des Loosschen Einrichtungskonzeptes im Kampf gegen das »Garnitur-Denken«. Aber auch andere die Loosschen Interieurs prägende Einrichtungsgegenstände stammen aus dem Angebot von F. O. Schmidt. Auf den häufig als »Loos-Entwurf« bezeichneten »Elefantenrüsseltisch« ist bereits hingewiesen worden, der runde sechs- oder achtbeinige Teetisch – erstmals verwendet 1902 in der Wohnung Haberfeld – stammt aber ebenso von Schmidt wie der im Zusammenhang mit München erwähnte »römische« Tisch aus der 1914 eingerichteten Wohnung Grete Hentschels, der zur 1900 im Österreichischen Museum gezeigten Einrichtung des Schlosses Compiègne gehörte. Weiters fertigte das Unternehmen den vierbeinigen ägyptischen Hocker und – neben Veillich – auch Kopien nach Chippendale- und Hepplewhite-Modellen, dem Begleittext der »Wohnungswanderung« zufolge übrigens »nach Originalen des österreichischen Museums«[210].

Außerdem gibt es im Programm von F. O. Schmidt aber auch Modelle, die den Einfluß von Adolf Loos dokumentieren, ohne nachweislich von ihm verwendet oder angeregt worden zu sein. Anschauliches Beispiel dafür ist ein Speisezimmerstuhl *(Abb. 76)* mit ledergepolsterter Sitzfläche und Rückenlehne, dessen Beine in Metallmuffen stecken. Ein Interieurphoto aus dem Firmenarchiv zeigt, daß dieses Modell am Lehnenrücken über einen Griff verfügt, mit dem es leicht zu bewegen ist. Derart praktische Lösungen galten in Wien bekanntermaßen als »à la Loos« *(Abb. 77)*, doch geht auch dieser Stuhl auf ein englisches Vorbild zurück, nämlich auf einen »Dining Room Stuffed Back Chair« von Maple's in London. Während dieses Modell in den Katalogen der Firma *(Abb. 78)* nur in seiner Vorderansicht zu sehen ist, zeigt ein aus den 1890er Jahren stammendes Photo des Speisesaales im königlichen Landsitz Sandringham in Norfolk, daß dieser von den »Upholsterers to Her Majesty« entwickelte Stuhl gleichfalls über einen derartigen Griff an der Rückenlehne verfügt *(Abb. 79)*. Das Schmidtsche Photo enthält aber noch einen weiteren Hinweis auf »Loos-Design«, nämlich die häufig vom Architekten verwendeten Metall-Glas-Lampen *(Abb. 64, 65 und 228)*, von denen F. O. Schmidt vier Varianten im Angebot hatte. Zum Entwerfer gibt es nur den Vermerk in Loos' eigenem Begleittext zur »Wohnungswanderung«, wo er festhält: »Alle ... Beleuchtungskörper von mir.«[211]

Loos, der 1903 in seinem Blatt »Das Andere« die Schauräume von F. O. Schmidt im Palais Neupauer-Breuner in der Singerstraße 16, wohin die Firma 1900 von der Rotenturmstraße übersiedelt war, an prominenter Stelle als Inserat präsentierte *(Abb. 71)*, war für das Unternehmen seit seiner Rückkehr aus Amerika nicht nur ein richtungweisender Stichwortgeber gewesen, sondern blieb mit Max und Leo Schmidt auch zeitlebens freundschaftlich verbunden. So berichtet uns etwa Lina Loos in ihrem »Buch ohne Titel« auf amüsante Weise, wie Leo Schmidt bei ihrer Hochzeit am 21. Juli 1902 in Eisgrub anstelle von Peter Altenberg, der verschlafen hatte, an der Seite seines Bruders Max als zweiter Trauzeuge eingesprungen war. Die Firma Schmidt, die 1904 in das 1871 bis 1874 von Architekt Lothar Abel erbaute und nahe dem Schmidtschen Wohnhaus in der Boltzmanngasse gelegene Palais Chotek in der Währingerstraße 28 – bis heute der Firmensitz[212] – übersiedelt war, erlebte in den letzten Jahrzehnten der Donaumonarchie ihre Blütezeit; zu den Kunden gehörte neben Mitgliedern des Kaiserhauses und des Adels auch das dem Loosschen Einrichtungskonzept zugetane liberale Bürgertum. Aus der handwerklichen Meisterschaft des Unternehmens und der von Direktor Scala bestärkten Wertschätzung der angelsächsischen Wohnkultur war unter dem Einfluß des Loosschen Einrichtungskonzepts ein zugleich zeitgemäßes wie zeitloses Formenrepertoire entstanden, auf das Loos während seines gesamten Schaffens zurückgegriffen hat.

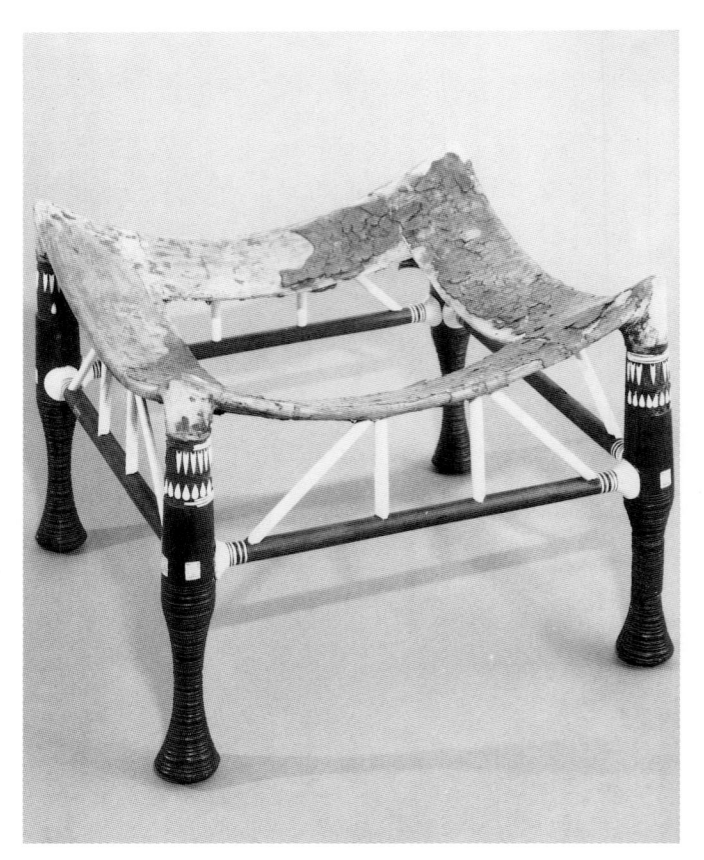

80. Vierbeiniger Frauen-Hocker, um 1350 v. Chr.

81. Malerei aus Anis Totenbuch, um 1250 v. Chr.

## DER »ÄGYPTISCHE« HOCKER – EINE REZEPTIONSGESCHICHTE

> Dieses Weiterarbeiten an fertigen Dingen ist eine unerschöpfliche Tätigkeit, weil es der Varianten unendlich viele gibt. (Josef Frank, 1927)

Loos, der sich in seiner Wohntheorie gegen das »Garnitur-Denken« ausgesprochen hat, verwendete in seiner Einrichtungspraxis konsequent Einzelmöbel, etwa die ledernen Clubfauteuils von F. O. Schmidt oder leichtes Beistellmobiliar, wie es die angelsächsische Wohnkultur mit großem Variantenreichtum hervorgebracht hat. Beispiele dafür sind zwei von Loos häufig kopierte ägyptische Hockertypen, die heute die vage Bezeichnung »Loos-Hocker« tragen. Insbesondere mit der vierbeinigen Version haben sich aber bereits *vor* Loos führende englische Möbeldesigner auf vielfältige Weise auseinandergesetzt. Dabei zeigt sich, daß die Rezeptionsgeschichte dieses Hockers zugleich das Entstehen der von Loos propagierten Wohnvorstellungen nachzeichnet.

Die ägyptische Möbelkunst ist uns im Gegensatz zum griechischen Mobiliar, das für die Innendekoration des Klassizismus beispielgebend war, nicht nur aus Bildquellen bekannt, sondern zahlreiche Beispiele des antiken Hausrats sind in reich ausgestatteten Gräbern erhalten geblieben und konnten daher auch an Originalen studiert werden. Dabei entfaltet sich das Bild einer hochentwickelten Handwerkskultur, die eine Vielzahl ausgereifter und für die abendländische Einrichtungsgeschichte vorbildlicher Möbeltypen entwickelt hat.[213] Insbesondere als sich nach dem Ende der Fremdherrschaft der Hyksos mit der 18. Dynastie (1567–1370 v. Chr.) das Neue Reich konstituiert hatte, erhielt der ägyptische Möbelbau wesentliche Impulse. Zu den Neuentwicklungen der thebanischen Hofwerkstätten gehörte auch ein vierbeiniger Hocker mit geschwungener Sitzfläche, dessen Beine durch Querstreben verbunden sind, die durch Diagonalstreben mit dem Rahmen der Sitzfläche verzapft wurden. *(Abb. 80)*

Der Wiener Architekt und Theoretiker Camillo Sitte hat 1888 in einem Vortrag über »Die Grundformen des Möbelbaus und deren Entwicklung« zu der Gestaltungsweise ägyptischer Sitzmöbel, bezugnehmend auf diese Konstruktionsweise, festgehalten: »Ihre Urform ist offenbar der Bambusrohrstuhl, wie er heute noch in Indien, China und Japan etc. häufig gebraucht wird, denn die Verwendung von *Rohrstäben* bedingt eben diese Konstruktion. Schlitze und Zapfverbände wären in Rohr nicht herstellbar … Es ist aber begreiflich, dass dieser Verband bei winkeligem Zusammenstossen zweier langer Rohre zwar das Auseinanderfallen, aber nicht eine Winkeldrehung verhindern könnte. Dazu war eine dreieckige Versteifung durch Gatterwerk mit Diagonalstreben erforderlich, und dieses construktive Erfordernis hat sich im ägyptischen Stuhl offenbar traditionell erhalten, auch noch dann, als die Stühle nicht aus Rohren, sondern aus massiven Holzstäben zusammengesetzt wurden.«[214] Tatsächlich fanden sich in dem 1906 von italienischen Archäologen in Theben entdeckten Grab des Architekten Kha aus der 18. Dynastie um 1400 v. Chr. Speisetische aus Schilfrohr und Binsenstäben – im holzarmen Ägypten geläufige Werkstoffe des Möbelbaus –, deren Gestellkonstruktion zur Gänze der des Hockertyps gleicht.[215] Es wurden aber auch Beispiele dieses Hocker-Typs aus Holz im Kha-Grab entdeckt, die

82. Hocker aus dem British Museum

gemeinsam mit den Tischen im Ägyptischen Museum in Turin zu sehen sind; weitere Beispiele fanden sich im 1922 von Howard Carter freigelegten Grab Tutanchamuns, dessen Beigaben im Kairoer Museum ausgestellt sind.

Zwar hat die ägyptische Kunst von der Antike bis in die Neuzeit auf das Abendland eine große Faszination ausgeübt, doch blieb ihre Rezeption bis ins 18. Jahrhundert auf einzelne Symbole, wie Pyramiden und Obelisken oder Sphingen, beschränkt.[216] Die archäologische Auseinandersetzung mit dem antiken Ägypten begann erst knapp vor 1800, als Napoleon Bonaparte den Besatzungen jener Flotte, die 1798 zum Ägyptenfeldzug aufgebrochen war, auch einen umfangreichen Stab an Wissenschaftlern und Künstlern zugesellte, die die ägyptischen Altertümer sammeln, aufnehmen und erforschen sollten. An ihrer Spitze stand Baron Domenique Vivant Denon, der 1802 das reichillustrierte Foliowerk »Voyage dans la Haute et la Basse Egypte« veröffentlichte. Der ägyptische Feldzug zählt nicht zu den großen Siegen Napoleons. Bereits 1798 wurde die französische Flotte vom englischen Admiral Horatio Nelson, dem späteren Sieger von Trafalgar, geschlagen, und nach der Kapitulation von Alexandria mußte Frankreich 1801 sogar die reichen Sammlungen ägyptischer Altertümer an Großbritannien übergeben, wo diese zum Grundstock der ägyptischen Abteilung des British Museum werden sollten. Unter den Kunstschätzen fand sich übrigens auch der Dreisprachenstein von Rosette, mit dessen Hilfe kaum zwei Jahrzehnte später der junge französische Sprachforscher Jean François Champollion die bis dahin unlesbare Hieroglyphenschrift entziffern konnte.

Aber nicht nur die Altertumsforschung hatte durch den napoleonischen Ägyptenfeldzug wesentliche Impulse erhalten; die ägyptische Formenwelt prägte in den ersten Jahrzehnten des 19. Jahrhunderts – vor allem in Großbritannien und Frankreich – den aktuellen Einrichtungsstil und beeinflußte alle Zweige des zeitgenössischen Kunstgewerbes nachhaltig. So ließ sich etwa der Kaufmann und passionierte Kunstsammler Thomas Hope 1799–1801 in seinem ursprünglich von Robert Adam errichteten Londoner Stadthaus in der Dutchess Street ein »ägyptisches Zimmer« einrichten, das er 1807 gemeinsam mit den griechischen und römischen Interieurs seines Wohnhauses im Band »Household Furniture and Interior Design« veröffentlichte. Aber auch Thomas Sheratons 1804 bis 1807 herausgegebene Vorlagen »The Cabinet Makers, Upholsterers and General Arts Encyclopaedia«, George Smiths' 1808 veröffentlichtes Werk »A Collection of Designs for Household Furniture and Interior Decoration« oder Charles Perciers und Pierre Fontaines zwischen 1801 und 1812 veröffentlichter »Receuil de décorations intérieurs« enthielten ganz selbstverständlich Beispiele des »ägyptischen Geschmacks«, der im Regency – wie Rudolf Ackermanns 1809 bis 1828 herausgegebenes »Repository of Arts« auch dem Laienpublikum in ganz Europa vorführte – neben der »antiken«, chinesischen oder gotischen Formensprache zum gleichberechtigten Interieurstil geworden war.[217] Im Gegensatz zum griechischen – oder für den Klassizismus »modernen« – Stil, der auch die Möbeltypen von Empire, Regency oder Biedermeier beeinflußt hat, fanden sich jedoch keine Beispiele der authentischen Möbelkunst des antiken Ägypten in europäischen Innenräumen der ersten Hälfte des 19. Jahrhunderts, sondern die gerade aktuellen Möbelformen wurden lediglich mit ägyptischen Schmuckelementen dekoriert.

Gerade diese oberflächliche Ausbeutung der Formensprachen aller Epochen und Weltkulturen machte aber – wie bereits ausgeführt – im Verein mit industrieller Massenproduktion und der Verwendung von Surrogatmaterialien eine tiefgreifende Reform des zeitgenössischen Kunstgewerbes nötig, wie sie als Reaktion auf die erste Londoner Weltausstellung 1851 in Angriff genommen worden war.[218]

Um die Mitte des 19. Jahrhunderts kam ein vierbeiniger ägyptischer Hocker unbekannter Provenienz in die Sammlungen des British Museum in London (Inv. Nr. 2474, *Abb. 80*), der zum Ausgangspunkt einer vielschichtigen Rezeption dieses Sitzmöbeltyps im 19. und frühen 20. Jahrhundert werden sollte. Er unterscheidet sich von vielen später entdeckten Beispielen dieses Typs – etwa jenem aus dem Grab des Kha und dem aus dem Tutanchamun-Grab – durch seine reichen Elfenbeineinlagen sowie durch die Balusterform seiner Beine, was ihn – wie altägyptische Bildquellen illustrieren *(Abb. 81)* – als »Frauenhocker« ausweist.

Gottfried Semper, zur Zeit seines London-Aufenthalts ein Mitstreiter Henry Coles bei der Reform des zeitgenössischen Kunstgewerbes, nahm diesen Hocker *(Abb. 82)* in den zweiten, 1863 erschienenen Band seines großen Theoriewerkes »Der Stil in den technischen und tektonischen Künsten oder Praktische Ästhetik. Ein Handbuch für Techniker, Künstler und Kunstfreunde« im »Achten Hauptstück: Tektonik« unter dem Kapitel »Die Stabkonstruktion aus Holz« auf und bildete das Exponat des British Museum in seinem damaligen Zustand ohne Sitzfläche und mit Dekorresten ab. Mit dem Hocker illustrierte Semper seine Vorstellung, daß Holz aufgrund seiner Eigenschaften der »Urstoff« der Stabkonstruktion sei, ein Gedanke, den Sitte etwas verändert aufgegriffen hat. Semper erläutert deren Vorbildlichkeit für den zeitgenössischen Entwerfer folgendermaßen: »Die in dieser Art Stabkonstruktion sehr geschickten alten Aegypter hinterließen uns in ihren zum Theil noch vollständig erhaltenen Hausgeräthen ... die besten Vorbilder, nicht gerade zur Nachahmung, aber doch zum Stilstudium, bessere Vorbilder als die [griechischen Stühle] mit überkühn geschweiften Rückenlehnen und Füssen.«[219] Semper distanziert sich damit ausdrücklich von der seit dem Klassizismus üblichen Stilrezeption und rät vielmehr zu einem Studium der ägyptischen Konstruktionsprinzipien.

Ganz in diesem Sinne beschäftigte sich der englische Designer und Wiederentdecker polychromer Wanddekorationen John Gregory Crace (1809–1889), ein Mitglied der traditionsreichen Ausstatterfamilie Crace,[220] die auch an der Einrichtung des Royal Pavilion für George IV. in Brighton beteiligt war, 1857 mit der ägyptischen Möbel-Sammlung des British Museum und nahm diese zeichnerisch auf. Die heute in der Drawings Collection des Royal Institute of British Architects befindliche Skizzenserie diente ursprünglich als Vorlage für Illustrationen eines Vortrages »On furniture, its history and manufacture«, den Crace am 23. März 1857 vor dem Royal Institute of British Architects hielt und der in den RIBA Transactions veröffentlicht wurde. Darin weist er ganz im Sinne der historistischen Evolutionstheorie auf den besonderen Stellenwert einer verfeinerten Gestaltung von alltäglichen Gebrauchsgegenständen innerhalb der Kunst- und Kulturentwicklung hin, und in diesem Zusammenhang betont

83. William Holman Hunt, »ägyptischer« Stuhl, um 1857/58

84. Ford Madox Brown, »ägyptischer« Stuhl, um 1861

Crace auch die Vorbildlichkeit ägyptischer Möbelformen.[221]

Waren schon bei der Verwendung alter Möbel wesentliche Impulse von den Präraffaeliten ausgegangen, so setzten sich – angeregt durch John Ruskins Ideen – Mitglieder dieser Bruderschaft auch mit der Reform der zeitgenössischen Wohnkultur auseinander. Der Maler William Holman Hunt (1827–1910) begann nach der Rückkehr von seiner ersten Orientreise, die ihn 1855/56 nach Palästina und Ägypten geführt hatte, mit Studien alter Möbel. Um »soweit es geht, dem häßlichen Mobiliar dieser Tage zu entkommen«, entwarf er als nunmehr dreidimensionale Rezeption des ägyptischen Hockers zwei Stühle, die nicht zufällig vom Londoner Unternehmen Crace ausgeführt worden sind. Dieser Stuhlentwurf nach dem Vorbild eines ägyptischen Hockers im British Museum sollte »als ein *dauerndes* Beispiel schönen Mobiliars dienen«[222]. Die beiden erhaltenen Stücke befinden sich heute in den Sammlungen des Birmingham City Museums *(Abb. 83)*. Die Beine des ägyptischen Hockers wurden hier von Holman Hunt auf eine in Europa übliche Sitzhöhe gelängt und die Sitzfläche mit Rohrgeflecht ausgefüllt. Das typische Diagonalstrebenmotiv zwischen den Querstreben und dem Sitzrahmen wurde nun nicht mehr an allen vier Seiten angebracht, sondern nur vorne: dadurch erhielt das Möbel eine Richtung, eine Schauseite. Den Wandel des Möbeltyps vom Hocker zum Sessel erreichte Hunt dadurch, daß er eine Rückenlehne anfügte: zwei Beine wurden dazu bis in Schulterhöhe verlängert und durch Querstreben verbunden, die in hochgeklappter und gedehnter Form das Stabmotiv zwischen den Beinen wiederholten. Auch die am Original vorhandenen Zierformen aus Elfenbein und Ebenholz sind am Stuhl wiederzufinden. Eine zweite Variante dieses Stuhls *(Abb. 84)* in den Sammlungen des Victoria & Albert Museums in London entwickelte Ford Madox Brown (1821–1893) nach Hunts Vorbild für die Firma Morris, Marshall, Faulkner & Co.[223] Dabei verzichtete er zur Gänze auf das Motiv der Stabkonstruktion, sondern verband den traditionellen »Ladder-Back-Chair«-Typ mit der Form des vierbeinigen Hockers. Betrachtet man die Entwürfe als Ganzes, so dürften für die prä-

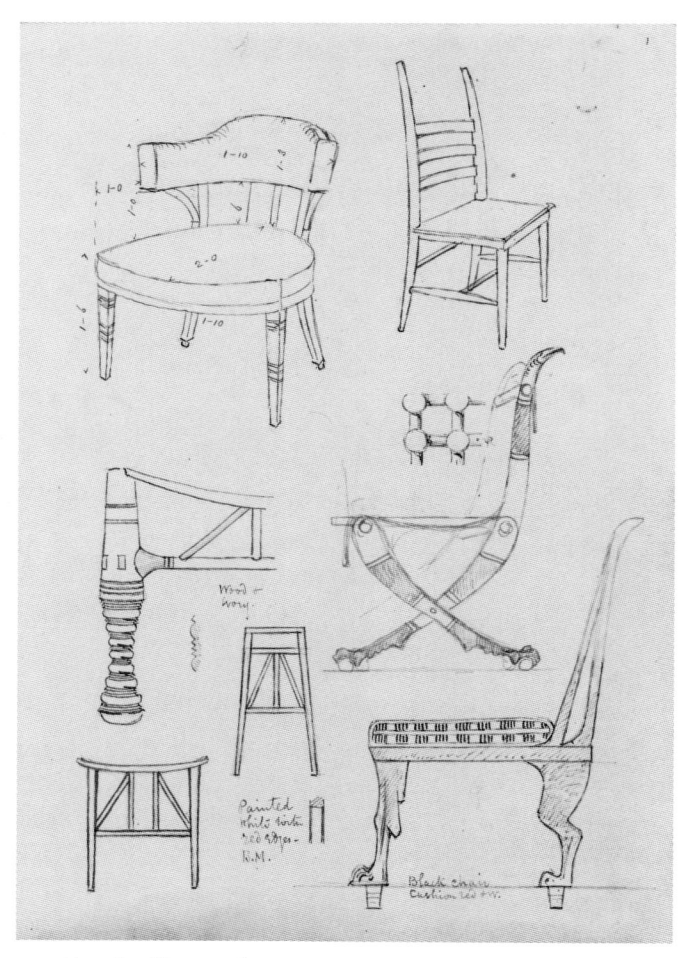

85. Eduard William Godwin, Möbel-Studien, um 1875

86. Varianten des Godwin-Tisches und des »Sussex-Chair« von Morris & Co.

raffaelitischen Künstler-Entwerfer im Gegensatz zu Gottfried Semper nicht die konstruktiven Qualitäten des ägyptischen Hockers Ursache ihrer Auseinandersetzung mit diesem Möbel gewesen sein, denn gerade dieses konstruktive Grundprinzip wird von ihnen zum reinen Schmuckmotiv degradiert und schließlich ganz weggelassen, während die weitere Rezeptionsgeschichte des Hockers vom Erkennen seiner konstruktiven Qualitäten bestimmt ist.

Beispiel dafür ist ein »Coffee or Occasional Table«, den Edward William Godwin, ausgehend von Studien antiker und asiatischer Möbel (Abb. 87); 1867 gleichzeitig mit einem runden orientalischen Eßtisch und einem japanisierenden Buffet für den eigenen Gebrauch entworfen hat; diese Modelle kombinierte der Liebhaber alter Möbel auch mit traditionellen Stuhlentwürfen Chippendales. Seine eigene Tätigkeit als Möbeldesigner betrachtete Godwin als »Art Work«, und er forderte von einem zeitgemäß gestalteten Einrichtungsgegenstand neben Ornamentlosigkeit, Leichtigkeit und Beweglichkeit auch eine interessante, jedoch unaufdringliche Form. Er schreibt: »Es ist wesentlich, daß die üblichen Gegenstände des Alltagslebens völlig einfach und zurückhaltend in ihrer Schönheit sein sollen.«[224] Wie die unterschiedlichen Quellen seiner Möbelentwürfe illustrieren, verstand er das Einrichten eines Raumes – so wie Loos – nicht als die Schaffung einer stilistischen Einheit im Sinne des Historismus, sondern als das Zusammenwirken von nach vielfältigen qualitätvollen Vorbildern entwickeltem Mobiliar. Und diese Vorbilder fand er nicht in dem bereits weithin ausgebeuteten europäischen Kunstgewerbe, sondern im Orient und in Ostasien.[225] Ein in der Sammlung des Victoria & Albert Museums befindliches Beispiel des »Coffee Tables« (Abb. 87) zeigt, wie Godwin seine Studien des ägyptischen Hockers (Abb. 85) umgesetzt hat. Aus der vorgegebenen Stabkonstruktion entwickelt der Architekt ein leichtes Beistellmöbel mit zwei übereinandergesetzten Ablageflächen, indem er die geschweifte Sitzfläche des Hockers durch die untere Ablagefläche ersetzt, die vier Beine jedoch darüber hinaus hochzieht, damit sie die zweite Ablagefläche tragen können. Im Gegensatz zum antiken Vorbild verfügt Godwins Möbel über keinen zusätzlichen Oberflächenschmuck, sondern wirkt ausschließlich durch seine glatte Holzoberfläche. Ganz im Sinne seiner eigenen theoretischen Forderungen ist dieser Tisch also einfach, leicht und beweglich und gehörte aus diesem Grund auch zu den Standard-Modellen des Godwinschen Möbeldesigns, die der Londoner Möbelproduzent William Watt 1877 in einem Spezialkatalog unter dem programmatischen Titel »Art Furniture«[226] vorgestellt hat. Dies war nötig

87. Eduard William Godwin, »Coffee Table«, um 1867

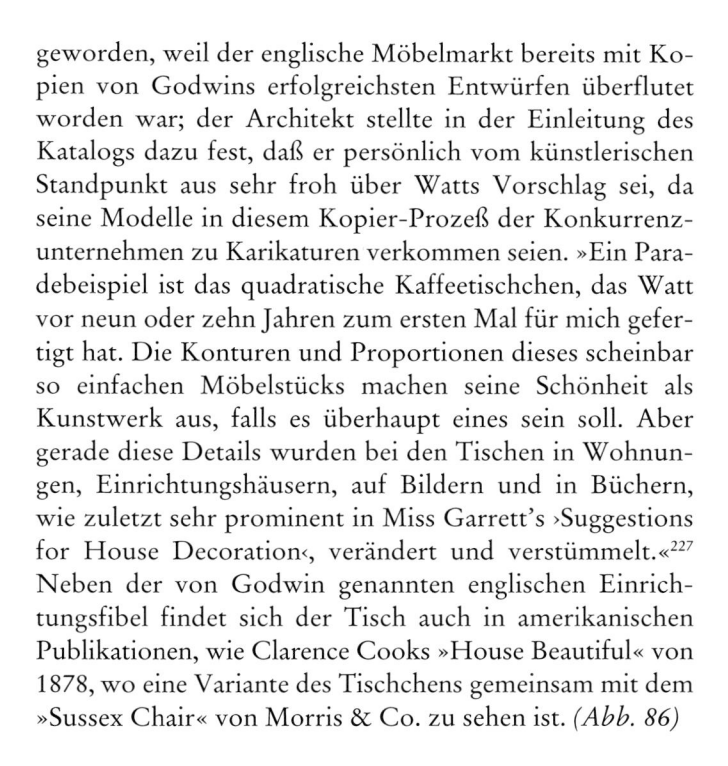

88. Otto Wagner, Badezimmertischchen aus Metall, 1898

geworden, weil der englische Möbelmarkt bereits mit Kopien von Godwins erfolgreichsten Entwürfen überflutet worden war; der Architekt stellte in der Einleitung des Katalogs dazu fest, daß er persönlich vom künstlerischen Standpunkt aus sehr froh über Watts Vorschlag sei, da seine Modelle in diesem Kopier-Prozeß der Konkurrenzunternehmen zu Karikaturen verkommen seien. »Ein Paradebeispiel ist das quadratische Kaffeetischchen, das Watt vor neun oder zehn Jahren zum ersten Mal für mich gefertigt hat. Die Konturen und Proportionen dieses scheinbar so einfachen Möbelstücks machen seine Schönheit als Kunstwerk aus, falls es überhaupt eines sein soll. Aber gerade diese Details wurden bei den Tischen in Wohnungen, Einrichtungshäusern, auf Bildern und in Büchern, wie zuletzt sehr prominent in Miss Garrett's ›Suggestions for House Decoration‹, verändert und verstümmelt.«[227] Neben der von Godwin genannten englischen Einrichtungsfibel findet sich der Tisch auch in amerikanischen Publikationen, wie Clarence Cooks »House Beautiful« von 1878, wo eine Variante des Tischchens gemeinsam mit dem »Sussex Chair« von Morris & Co. zu sehen ist. *(Abb. 86)*

Dieses Modell hatte aber auch für die Künstlerarchitekten der Jahrhundertwende Vorbildcharakter. So variierte etwa Otto Wagner die Gestalt des Godwin-Tischchens für den Entwurf eines metallenen Beistelltisches, den er für sein 1898 ausgestattetes Badezimmer in seinem »Absteigequartier« in der Wiener Köstlergasse entwickelt hat. *(Abb. 88)* Dieses Metallrohrmöbel illustriert zugleich auch die bedeutenden Anregungen, die vom seit den 1870er Jahren im europäischen Möbelbau verwendeten Bambusrohr bei der Hinwendung zu leichten Möbelformen ausgegangen waren.[228]

Hatten die Konstruktionsweise und die Gestaltungsstruktur des ägyptischen Hockers in den 1850er und 1860er Jahren erst nach einer Umwandlung des Möbeltyps in einen Stuhl oder einen Tisch Eingang in den zeitgenössischen Wohnraum gefunden, so sollten in den letzten Jahrzehnten des 19. Jahrhunderts der Möbeltyp und seine Form als »einmal gelöstes ding« im Sinne von Loos aufgenommen werden.

89. »Ägyptischer« Hocker auf Illustration der »Art Furniture Alliance«, 1881

Bevor wir uns dieser weiteren Rezeption des ägyptischen Hockers als solchem zuwenden, muß auf das bereits mehrfach erwähnte »Aesthetic Movement« eingegangen werden, das mit dem »Japonismus« zum dominierenden Faktor der englischen Wohnkultur der 1870er und 1880er Jahre wurde. Zu seinen bedeutendsten Vertretern zählten der schon genannte E. W. Godwin, der auch Oscar Wildes Wohnhaus geplant hat,[229] und der Maler James Abbot MacNeill Whistler mit dem 1876/77 für Francis R. Leyland gestalteten »Peacock Room«. Auf der zweiten Londoner Weltausstellung 1862 ist das japanische Kunsthandwerk erstmals einem breiten europäischen Publikum zugänglich gewesen, nachdem erst 1853 die japanischen Häfen geöffnet worden waren. Im Zeitalter der industriellen Massenproduktion beeindruckten diese Erzeugnisse einer noch intakten Handwerkstradition insbesondere durch die Einfachheit ihrer Formgebung. Nach einer Japanreise 1876/77 legte der englische Designer Christopher Dresser (1834–1904) 1881 im Band »Japan, its Art, Architecture and Art Manufactures« die gesamte Palette japanischer Artefakte dem europäischen Publikum noch detaillierter vor und löste damit eine regelrechte Japan- und Ostasienmode, eben den »Japonismus«, aus, nachdem bereits in den 1850er Jahren die altägyptische Kunst, die Formenwelt des Orients und die Ornamente der Primitiven von Owen Jones ins Blickfeld der Kunstgewerbereform gerückt worden waren. In den 1880er Jahren sollte insbesondere der »Moorish Style«, wie diese exotische Innendekoration nun genannt wurde, wieder an Bedeutung gewinnen.

Am 15. Juni 1880 hatte Christopher Dresser – wohl inspiriert durch die erfolgreiche Zusammenarbeit Godwins mit William Watt – die »Art Furniture Alliance« in der Londoner Bond Street zur Verwertung seiner Möbelentwürfe sowie seiner Entwurfsarbeit in den Bereichen Keramik, Glas, Metall und Tapetendesign gegründet. Dresser selbst fungierte als Manager, unter den Teilhabern waren die Hersteller, wie George H. Chubb von der Londoner Möbelfirma Chubb & Son, und Dressers Anwalt Hiram B. Owston.[230] Bereits 1881 widmete die prominente Einrichtungszeitschrift »The Cabinet Maker« der »Art Furniture Alliance«, die nicht nur »Japanisches« anbot, einen ausführlichen Bericht. Als Illustration (Abb. 89) wurde dabei eine vom Unternehmen produzierte detailgenaue Kopie des ägyptischen Hockers aus dem British Museum vorgestellt, die als moderner »künstlerischer« Einrichtungsgegenstand angeboten wurde; dargestellt übrigens auf gleiche Weise wie auf altägyptischen Bildquellen (Abb. 81), nämlich mit einem aufgelegten Sitzpolster. Das Unternehmen arbeitete kommerziell jedoch nicht erfolgreich, und schon im Mai 1883 mußte es aufgelöst werden, was einen weiteren Teilhaber, Sir Arthur Liberty, auf den Plan rief.

Arthur Liberty (1834–1915) war 1862 in Farmer & Roger's »Oriental Warehouse« an der mondänen Regent Street eingetreten und schon bald zum Manager avanciert.[231] 1875 gründete er jedoch in der unmittelbaren Nachbarschaft sein eigenes »Eastindia House«, dessen Angebot, das 1881 im ersten gedruckten »Eastern Art Manufactures«-Katalog den Kunden vorgestellt wurde, ganz dem Ostasieninteresse der Londoner Künstleravantgarde und Modewelt entsprach. 1883 konnte Liberty's bereits in das größere, ebenfalls an der Regent Street gelegene »Chesham House« übersiedeln, und E. W. Godwin wurde als künstlerischer Berater engagiert. Bis dahin waren nur wenige aus Ostasien, dem Orient und Afrika eingeführte Kleinmöbel[232] im Angebot des Warenhauses, Sir Arthur erkannte jedoch, angeregt durch die »Art Furniture Alliance« und Godwins »Art Furniture«, den Wunsch der Kunden, zu den orientalischen Dekorationsgegenständen passendes Mobiliar zu finden, und richtete 1883 ein eigenes »Furniture and Decoration Studio« ein, dessen Leitung Leonard F. Wyburd, der Sohn des Malers Francis J. Wyburd, übernahm und bis 1903 innehatte. Bereits 1884 wurde der erste »Liberty's Art Furniture«-Katalog herausgebracht, in

90. Vierbeiniger »Thebes Stool«, entworfen von L. F. Wyburd für Liberty's, 1884

91. Amerikanische Variante des »ägyptischen« Hockers, um 1885

92. »Thebes Chair«, Liberty's, 1884

93. H. W. Batley, »Aegyptian Dining Room«, 1872

94. »Ägyptischer Wohnraum«, 1887

95. »Ägyptischer« Hocker, Wohnung Adolf von Sonnenthal, 1892

dem auch der vierbeinige ägyptische Hocker unter der Bezeichnung »Thebes Stool« – ebenfalls mit einem bequemen Sitzpolster abgebildet – zu finden ist. Dieses Modell *(Abb. 90)*, das, abgesehen von den Elfenbeineinlagen, zur Gänze dem ägyptischen Original im British Museum gleicht, wurde in Mahagoni, Nußbaum- und Eichenholz mit Ledersitz oder eben mit Polster angeboten. Der Hocker wurde im März 1884 zusammen mit einem dreibeinigen, gleichfalls als »Thebes Stool« bezeichneten ägyptischen Hocker (vgl. Möbel-Katalog) unter den Nummern 16.673 und 74 patentiert und blieb bis nach 1900 im Angebot von Liberty's. Von einem unbekannten Hersteller wurde der vierbeinige Hockertyp im ausgehenden 19. Jahrhundert auch in den Vereinigten Staaten aus Eichen-Holz nachgebaut, seine Sitzfläche ist jedoch, wie bei einigen ägyptischen Originalen auch, aus gebogenen Holzbrettern gefertigt *(Abb. 91)*. Der Liberty-Hocker selbst gehört zu einer Gruppe orientalisch-ägyptischer Einrichtungsgegenstände, sogenanntem »Moorish Furniture«, wie sie auch im »Arab Tea Room« von Liberty's zu finden waren. Ein weiteres Element dieser Serie befindet sich in den Sammlungen der William Morris Gallery in Walthamstow. Es handelt sich dabei um einen Stuhl *(Abb. 92)*. Wie bei den Modellen Holman Hunts, Madox Browns und H. W. Batleys, der 1872 einen »Aegyptian Dining Room« *(Abb. 93)* mit einem derartigen Sitzmöbel versehen hat,[233] ist dem Hocker auch hier eine Rückenlehne angefügt worden; im Gegensatz zu jenen wurde jedoch hier die niedrige Sitzhöhe des Hockers beibehalten. Die manieristisch überhöhte Rückenlehne wirkt dabei wie eine in die Fläche gedrückte Aufspannung der Beine und der Sitzfläche des Hockers, weshalb der Gesamtentwurf auch als wenig ansprechend zu bezeichnen ist. Es zeigt sich bei diesen Stuhl-Varianten auch deutlich, wie wenig sich das altägyptische Vorbild als Entwurfsmuster für eine komplette Sitzmöbel-Garnitur eignet; der vierbeinige und der vielleicht bekanntere dreibeinige Liberty-Hocker bewähren sich jedoch ebenso wie Godwins »occasional table« als anpassungsfähige Beistellmöbel, und gerade deshalb sollte sich der »Thebes Stool« auch so gut in das Loossche Wohnkonzept einfügen.

Ganz anders verlief die Auseinandersetzung des deutschen Historismus mit dem ägyptischen Hocker-Typ. In A. Lamberts und E. Stahls 1887 in Stuttgart veröffentlichtem Vorlagewerk »Das Möbel« findet sich auf Blatt I, einem »aegyptischen Wohnraum« *(Abb. 94)*, ein Hocker nach dem Vorbild im British Museum. Er wurde neben einen Falthocker sowie weitere ägyptische Requisiten gesetzt und erhielt eine intakte Sitzfläche unbestimmbaren Materials. Im Sinne der historistischen Gestaltungspraxis wurde hier also ein originales Beispiel historischen Kunsthandwerks idealtypisch zum Gebrauch ergänzt und erhielt zudem seinen ebenso imaginären »richtigen« Rahmen, zeitgenössischen Museumsinteriörs nicht unähnlich. Im Gegensatz zu den Produkten aus der ersten Hälfte des 19. Jahrhunderts basieren die Möbelformen jedoch auf archäologisch-historischem Wissen. Was in diesem Vorlagewerk für die Handwerker, die für das gehobene Bürgertum arbeiteten, fehlt oder trotz der vorhandenen Kenntnisse bewußt verfälscht wurde, ist die lokale und soziale Zuordnung des Möbels. Antike aristokratische Grabbeigaben konnten dadurch den Eindruck erwecken, bürgerliche Gebrauchsgegenstände zu sein, und als solche konnten sie

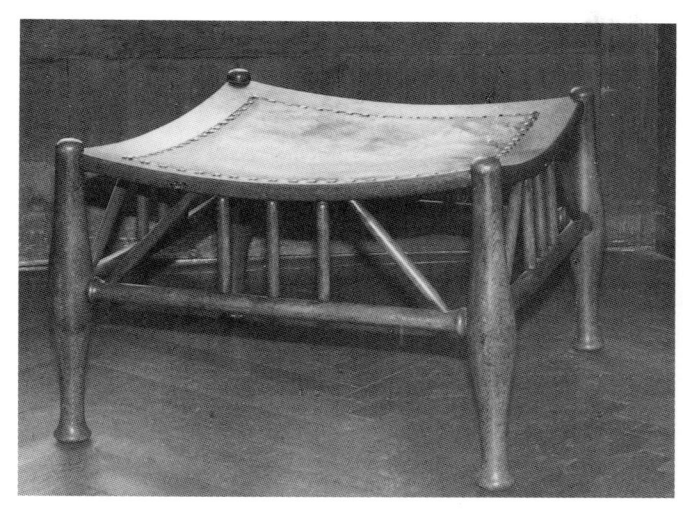

96. Vierbeiniger »ägyptischer« Hocker für Dr. Otto Stoessl, 1901

97. Vierbeiniger »ägyptischer« Hocker, um 1900

98. Josef Frank, vierbeiniger »ägyptischer« Hocker, 1940

99. Vierbeiniger Männer-Hocker, um 1400 v. Chr.

aus dem Vorlagenwerk auch nachgeahmt werden, um so Bildung, Geschichtsbewußtsein und exotische Stimmung in den eigenen vier Wänden zu demonstrieren. Ein mit 1892 datiertes Photo der Wiener Wohnung des Schauspielers Adolf von Sonnenthal *(Abb. 95)* zeigt diesen Hocker neben anderen orientalischen Versatzstücken eines düster-opulenten späthistoristischen Interieurs, während es den »Art Furniture«-Produzenten darum ging, für ein ästhetisches Ambiente und den modernen Gebrauch gleichermaßen passende Einrichtungsgegenstände zu entwickeln.

1903 wurde im vierten Jahrgang der Wiener Kunstgewerbezeitschrift »Das Interieur« die von Loos 1902 eingerichtete Wohnung Dr. Hugo Haberfelds in einer Photoserie vorgestellt. Im Arbeitszimmer des Hausherrn ist ein vierbeiniger ägyptischer Hocker zu sehen *(Abb. 18 und 19)*, der dem Liberty-Modell sehr ähnlich ist. Dieses Modell stammt aus dem Angebot von Friedrich Otto Schmidt und trägt die Katalognummer 4051. *(Abb. 97)* Es ist jedoch im Vergleich mit dem Liberty-Vorbild viel stabiler und zeigt im Gegensatz zum Original eine Stollenkonstruktion. Loos verwendete dieses Modell ein zweites Mal in der 1901 für seinen Freund, den Schriftsteller Dr. Otto Stoessl, eingerichteten Wohnung *(Abb. 17 und 96)*; im Unterschied zu den bisherigen Beispielen weist diese Variante jedoch glatte und keine gerieften Beine auf. Einen weiteren, ebenfalls vierbeinigen ägyptischen Hockertyp setzte Loos schließlich 1914 in der Wohnung Grete Hentschel ein. Er übernahm also in ähnlicher Weise, wie er dies bei den Chippendale-Speisezimmerstühlen praktizierte, auch den ägyptischen Hocker als eine in Typ und Form fertige Einheit in seine Wohnwelt.

Josef Frank, der – wie schon mehrfach erwähnt – in seinen Einrichtungsvorstellungen wesentlich von Adolf Loos' Ideen beeinflußt worden war, setzte sich als Möbeldesigner ebenfalls mit diesem Hockertyp auseinander. Er wählte für sein um 1940 für das Stockholmer Einrichtungshaus Svenskt Tenn entwickeltes Modell als Vorbild aber nicht das Exponat aus dem British Museum, sondern die »Männerversion« des Hockertyps mit geraden Beinen, wie sie etwa im Grab des Kha oder von Tutanchamun gefunden wurde *(Abb. 99)*, griff jedoch, ebenfalls im Gegensatz zu der von Loos verwendeten Variante, auf die traditionelle Holzverbindung des ägyptischen Vorbilds zurück *(Abb. 98)*.[234] Auch für Frank war die bestimmende Qualität des Hockers die eines mobilen und in der Funktion variablen Einzelmöbels, das in jeden zeitgenössischen Wohnraum hineingestellt werden konnte. Die tatsächlich Jahrtausende überdauernde Faszination dieses Modells erklärt Frank mit einem Strukturmerkmal ägyptischen Kunstschaffens: »Ägypten führt uns zum erstenmal deutlich den künstlerischen Gedanken des Weltreiches vor, das unbedingt das einmal Errungene festhalten will, wie dies heute in England versucht wird.«[235]

Die Rezeption des ägyptischen Hockers zeigt, daß kunstgewerbliche Schöpfungen der Vergangenheit nicht nur als Stilvorbilder im Sinne des Historismus verwendet werden können, sondern in ihrer konkreten Form auch als »alte«, zugleich aber zeitgemäße Möbel aktuell bleiben können. Gemeinsam für all diese »Occasional«-Möbel – und dies gilt für sämtliche von Loos verwendeten Einzelstücke – ist ihre für ein am Funktionsbegriff der internationalen Moderne geschultes Auge oft ungewöhnliche und nicht *nur* zweckbedingte Formgebung. Doch gerade diese Fremdartigkeit bewirkt, daß diese Möbel überall hineinpassen und zugleich für ihren Benutzer im täglichen Umgang, wie er für Gebrauchsgegenstände selbstverständlich ist, haptisch und optisch interessant bleiben. Verbunden mit dieser ästhetischen Qualität ist auch die Vorstellung vom Einrichten als Auswählen und Einsetzen von Einzelstücken. Für Loos bedeutet deshalb Oscar Wildes aus der Ideenwelt des »Aesthetic Movement« heraus entwickelte Maxime: »Alle schönen Dinge gehören demselben Zeitalter an«[236] beim Einrichten, daß alle interessanten Möbel auch zusammenpassen. Wie in der Tradition des pittoresken englischen Landschaftsgartens könnten sich nun auch im Wohnraum, freilich auf ganz andere Weise als durch die historische Stilrezeption, Vorstellungen des Bewohners entfalten.

## AUS DER ORTHOGONALE GEKIPPT – EINE MOTIVGESCHICHTE ALS WEGWEISER DES MODERNEN MÖBELDESIGNS

> Wir haben durch die Macht unserer Errungenschaften bedingt alles Können und Wissen der Menschheit zur Verfügung. (Otto Wagner, 1896)

Konnte am Beispiel des vierbeinigen ägyptischen Hockers anschaulich gemacht werden, daß seine Rezeptionsgeschichte zum einen mit einer bestimmten Vorstellung vom Wohnen und Einrichten verbunden ist, nämlich mit der Ablösung der Sitzmöbel-Garnitur durch Einzelmöbel, so lassen sich zum andern aus den gleichen gestalterischen Voraussetzungen, nämlich der Auseinandersetzung führender englischer Designerpersönlichkeiten des 19. Jahrhunderts mit einem Phänomen der ägyptischen Möbelkunst, auch wesentliche Entwicklungsschritte hin zum Möbeldesign der »Moderne« erklären.

Die Unterschiede zwischen der für Loos bestimmenden »Evolutionslinie« und jener der Engländer liegen in einem grundsätzlich anderen Umgang mit den ägyptischen Vorbildern. Loos interessierte die *Form* des »einmal gelösten dinges«, jene waren den (Gestaltungs-)*Strukturen* auf der Spur.

Gottfried Semper hält im bereits erwähnten Kapitel über Stabkonstruktion in »Der Stil« fest, daß ein den natürlichen Kapazitäten des Werkstoffes Holz entsprechendes Spezifikum der altägyptischen Stuhlkonstruktion darin liegt, die Rückenlehne und deren tragendes Gerüst als voneinander unabhängig zu behandeln, wenn er schreibt: »Aber ist die Herrschaft über den Stoff [im Gegensatz zum Bugholzmöbel, mit dem sich Semper hier auseinandersetzt] nicht intelligenter und eben so mächtig, wenn man in ihm auch seinen Eigensinn respektirt, ihn sich seiner Natur gemäss ohne Zwang dienstbar macht? So dachten die Tischler des alten pharaonischen Industriestaates! Sie trennten das *Necessarium* von dem *Commodum* und liessen diesen Dualismus sich in der Form des Möbels verständlich aussprechen ... Man betrachte die beistehenden Lehnsessel. Die Füsse sind kantig, dem Stabkonstruktionsprinzipe gemäss, senkrecht … Auch die Verlängerung der hinteren Füsse, das Gerüst der Lehne ist senkrecht; so ist dem Holz kein Zwang angethan, es bleibt ungeschwächt. An dieses Gerüst lehnt sich erst die eigentliche Lehne, ein nach der Biegung des Rückens … schräg gestelltes Brett. Ihm, das der Struktur nicht angehört, sind die Verzierungen zugewiesen …«[237] *(Abb. 100 und 101)*

Zeitgleich mit Sempers theoretischer Auseinandersetzung mit der Stabkonstruktion im »Stil« präsentierte Dante Gabriel Rossetti auf der Londoner Weltausstellung 1862 die radikale Anwendung dieses Konstruktionsprinzips an einem für »Morris, Marshall, Faulkner & Co.« entworfenen Sofa *(Abb. 102)*, von dem nur noch eine Zeichnung erhalten blieb.[238] Aus zeitgenössischen Ausstellungsberichten wissen wir, daß es über ein Hartholzgestell mit schwarz-weißer Streifenpolitur verfügte und mit rotem Serge gepolstert war. Die Darstellung des Möbels auf Rossettis Zeichnung »Josef vor Potiphar« in der Birminghamer Art Gallery verweist zudem auf Ägypten.

Am Stand von Morris & Co. wurde 1862 auch ein teilweise vergoldeter »Drawing-Room«-Stuhl gezeigt, über dessen ungewöhnliche Konstruktion die »Illustrated London News« festhielten: »Es gibt viele Arten, die Rückenlehne eines Stuhles zu befestigen, zumeist werden die Hinterbeine über die Sitzfläche hinaus fortgesetzt und durch eine oder zwei Querstreben verbunden. Diese Konstruktionsweise ist jedoch nur dann stabil, wenn die Hinterbeine kräftig sind, sind sie hingegen fragil, ist eine zusätzliche Stütze notwendig. Ein höchst unprätentiöser Wohnzimmerstuhl von Morris, Marshall und Faulkner zeigt uns nun, wie solch eine zusätzliche Stütze hinzugefügt werden könnte … Die zusätzliche Verfestigung bilden zwei an den Sitzrahmen angebrachte zusätzliche Stützen, die, wie Strebenpfeiler, die Rückenlehne verstärken.«[239] Bereits 1857 hatte sich J. G. Crace in einem Vortrag zur Möbelgeschichte mit der speziellen Rückenlehnenkonstruktion ägyptischer Stühle auseinandergesetzt und in diesem Zusammenhang hervorgehoben, daß »die ägyptische Art auf Stühlen zu sitzen, mehr an die moderner Europäer erinnert als an die von Asiaten.«[240] Bei dem 1862 ausgestellten Stuhl handelt es sich um den »Kelmscott Chair« *(Abb. 104)*, benannt nach dem Kelmscott Manor, seit 1871 der Landsitz von William Morris und später auch Sitz der »Kelmscott Press«. Der Entwurf des Stuhls wurde sowohl Philipp Webb, dem Architekten des »Red House«, als auch D. G. Rossetti zugeschrieben.[241] Das Modell weist jedenfalls dieselbe Stabkonstruktion wie Rossettis 1865 für Morris & Co. entwickelter »Sussex Chair« und das 1862 ausgestellte Sofa auf; zugleich zeigt

100. Ägyptischer Stuhl, um 1300 v. Chr.

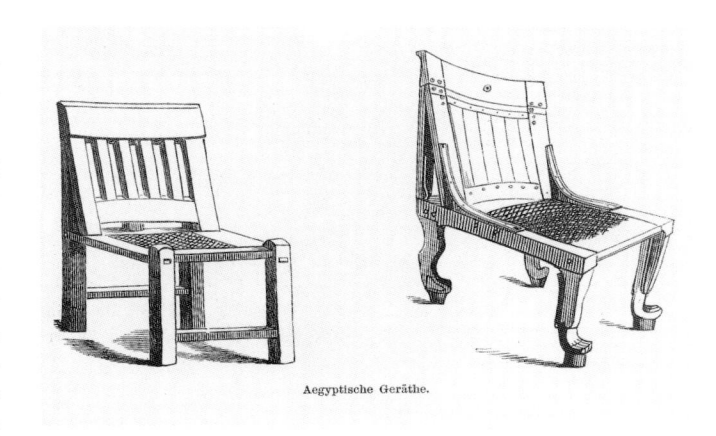

101. Ägyptischer Stuhl-Typ

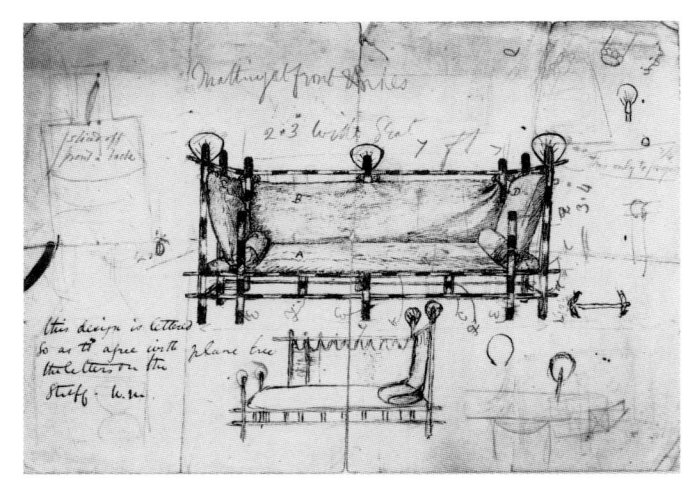

102. Dante Gabriel Rossetti, Sofa-Entwurf, 1862

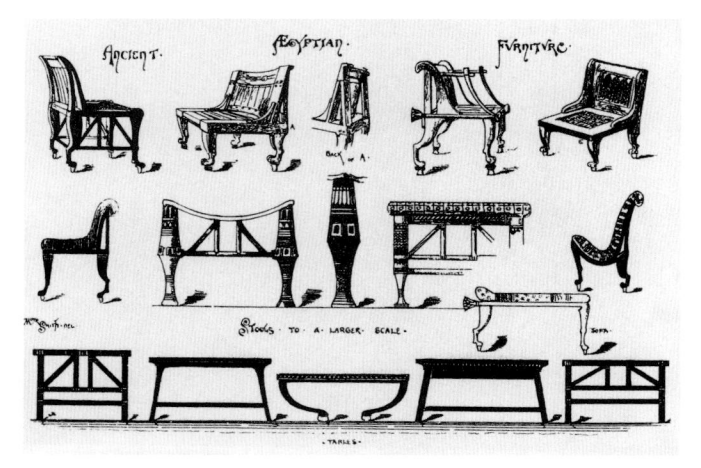

103. J. Moye-Smith, »Ancient Aegyptian Furniture«, 1875

die Form der Armlehne eine bewußte Auseinandersetzung mit dem traditionellen englischen Windsor-Chair, einem Sitzmöbeltyp, dessen Sonderform Fan-back-Windsor-Chair übrigens ebenfalls diese »Auslagerung« der Rückenlehnenstütze aufweist. Bei der Rückenlehne wird hier jedoch entsprechend dem ägyptischen Konstruktionsprinzip Tragen und Lasten beziehungsweise Lehnen funktional getrennt, ohne deshalb ägyptische Stuhlformen auch stilistisch zu kopieren, womit Sempers theoretischer Ansatz realisiert ist.

Das eigentliche Interesse an diesem Gestaltungsprinzip begann in den 1870er Jahren, als Möbeldesigner des »Aesthetic Movement« neben der Stabkonstruktion des vierbeinigen Hockers im British Museum auch ägyptische Stuhlformen studierten. Anschauliches Beispiel dafür ist ein 1875 in der englischen Architekturzeitschrift »Building News« veröffentlichtes Blatt mit Zeichnungen von »An-

cient Aegyptian Furniture« *(Abb. 103)* von J. Moyr Smith, einem Assistenten Dressers, das mehrere Stuhl- und Hockermodelle zeigt.

Auch Christopher Dresser geht in seinem 1873 erschienenen Band »Principles of Decorative Design« auf die konstruktiven Qualitäten ägyptischer Stühle und deren praktische Vorbildlichkeit für das zeitgenössische Sitzmöbel ein und weist darauf hin, »daß ein Stuhl nur ein Hocker mit Rückenlehne ist ... Aber bedauerlicherweise ist nicht bei einem von fünfzig Stühlen die Rückenlehne mit dem Sitz auf eine Weise verbunden, die eine maximale Festigkeit verspricht«; die übliche Vorgangsweise, einfach die Hinterbeine des Stuhles zu verlängern, löste für Dresser das Problem jedenfalls nicht.[242] Als Reaktion auf diese konstruktiven Mängel zeitgenössischer Sitzmöbel entwarf er für die »Art Furniture Alliance« einen »Occasional Chair«, der 1881 im »Cabinet Maker« vorgestellt worden ist; ausgeführt wurde dieses leichte Modell von Chubb & Son *(Abb. 106)*. Und für Bushloe House, Leicestershire, das Landhaus seines Anwalts und Teilhabers Hiram B. Owston, entwickelte Dresser nach denselben Konstruktionsprinzipien einen »Egyptian Chair« mit gepolsterter Sitzfläche *(Abb. 107)*.

Edward William Godwin, der sich – wie seine Skizzenbücher aus den 1870er Jahren illustrieren *(vgl. Abb. 85)* – in seinen Studien antiker Möbelformen auch mit ägyptischen Stühlen beschäftigt hat, wandte deren Rückenlehnenkonstruktion in den 1880er Jahren ebenfalls im eigenen Möbeldesign an. Beispiel dafür ist ein um 1885 entwickelter »griechischer« Stuhl, wie dieses Modell in den Sammlungen des Victoria & Albert Museums *(Abb. 105)* interessanterweise bezeichnet wurde. Bei diesem Entwurf unterscheidet Godwin im Gegensatz zu Dressers »ägyptischem Stuhl« im Material deutlich zwischen dem hölzernen Tragegerüst und der gepolsterten Sitz- und Lehnfläche.

War beim »Thebes Stool« in den 1880er Jahren eine Umorientierung von der Auseinandersetzung mit der Stabkonstruktion zur Rezeption der Gesamtform festzustellen, so fand die Strukturrezeption der ägyptischen Stabkonstruktion um 1900 in Wien ihre Fortsetzung. 1901/02 hat nämlich die »Prag Rudniker-Korbwarenfabrikation«[243] als weltweit erster Korbmöbelhersteller begonnen, Künstler zur Gestaltung ihrer Modelle heranzuziehen; dabei wurde nicht nur ein zeitgemäßes Flechtmobiliar entwickelt, sondern es entstanden auch »moderne Holzmöbel mit Rohrgeflecht«. Diese Kombination aus Holzgestell und Flechtwerk regte den Wiener Designer Hans Vollmer (1879–1946) dazu an, die traditionelle Tektonik von Sitz-

104. William Webb, »Kelmscott Chair«, 1862

105. Eduard William Godwin, »Greek Chair«, 1885

möbeln zu analysieren und zu verfremden. Die Differenz zwischen statischen Notwendigkeiten und solchen des Sitzkomforts wurde, wie ein Armlehnstuhl Vollmers aus Rustenholz illustriert *(Abb. 108)*, nicht nur durch unterschiedliche Materialien sichtbar gemacht, sondern es wurde – dem ägyptischen Konstruktionsprinzip folgend – die Rückenlehne aus Spagatgeflecht in den orthogonalen Sitzrahmen auch schräg eingespannt.

Während die Wiener Designer aus der Sichtbarmachung von Tragen und Lasten eine »Kunstform« entwickeln wollten, näherte sich der schottische Jugendstilarchitekt Charles Rennie Macintosh (1868–1928) der gleichen Aufgabenstellung wesentlich formalistischer. Bei den um 1903/04 entworfenen »Hall Chairs« für das »Hill House« *(Abb. 109)* kombinierte er zwar gleichfalls das Strohgeflecht der Sitzfläche mit einem hölzernen Gestell. Er setzte sich dabei aber nicht mit dem Typ des in Großbritannien so populären »Rush Chairs« auseinander, wie dies Vollmer mit dem »Cane-Chair«-Typ getan hat,[244] sondern fügte die schräge, rasterartige Rückenlehne unvermittelt – eher einem Architekturglied als einem Möbelteil gleich – an die rechteckige Rahmenkonstruktion des Armlehnstuhles an, wodurch dieses Absetzen von Lehnen und Halten nur zu einem Gestaltungs-, nicht jedoch Konstruktionsmotiv reduziert wird.

Wendet man sich wieder der Wiener Designentwicklung zu, so ist festzustellen, daß nicht nur bei den Korbmöbeln, sondern auch bei anderen erst um 1900 vom künstlerischen Möbeldesign entdeckten Werkstoffen diese »ägyptische« Gestaltungsweise erprobt wurde. Gemeint ist das Möbel aus gebogenem Holz, bis zur Jahrhundertwende ein anonymes Industrieprodukt, das auf der Pariser Weltausstellung 1900, wo die Firma J. & J. Kohn erstmals von Künstlern gestaltete Modelle zeigte, zum Avantgardedesign avanciert war. In der Folge entwickelte Josef Hoffmann für das Unternehmen neben einer Vielzahl anderer Entwürfe[245] um 1905 auch die sogenannte »Sitzmaschine«.[246]

106. Christopher Dresser, Occasional Chair, 1881

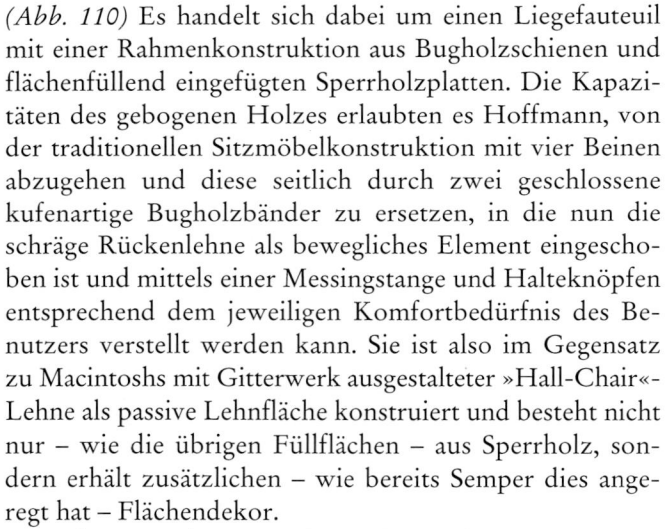

107. Christopher Dresser, »Egyptian Chair«, 1881

*(Abb. 110)* Es handelt sich dabei um einen Liegefauteuil mit einer Rahmenkonstruktion aus Bugholzschienen und flächenfüllend eingefügten Sperrholzplatten. Die Kapazitäten des gebogenen Holzes erlaubten es Hoffmann, von der traditionellen Sitzmöbelkonstruktion mit vier Beinen abzugehen und diese seitlich durch zwei geschlossene kufenartige Bugholzbänder zu ersetzen, in die nun die schräge Rückenlehne als bewegliches Element eingeschoben ist und mittels einer Messingstange und Halteknöpfen entsprechend dem jeweiligen Komfortbedürfnis des Benutzers verstellt werden kann. Sie ist also im Gegensatz zu Macintoshs mit Gitterwerk ausgestalteter »Hall-Chair«-Lehne als passive Lehnfläche konstruiert und besteht nicht nur – wie die übrigen Füllflächen – aus Sperrholz, sondern erhält zusätzlich – wie bereits Semper dies angeregt hat – Flächendekor.

Nicht nur in der Materialauswahl, sondern zugleich auch in der Farbgebung wird beim nächsten Rezeptionsschritt der ägyptischen Lehnenkonstruktion die tektonische Bedeutung der Möbelteile unterschieden. Es handelt sich dabei um den von Gerrit Rietveld (1888–1964) 1917/18 entworfenen »Red-and-Blue«-Fauteuil *(Abb. 111),* der die gestalterische Grundkonzeption der »De-Stijl«-Bewegung zusammenfaßt.[247] Es ging dabei um die Beschränkung auf die einfachsten, primärsten Gestaltungselemente und die Sichtbarmachung ihrer räumlichen Korrelation. War letzteres schon bisher ein bestimmendes Element der Auseinandersetzung mit der schrägen Lehne, so wird diese nun tatsächlich zum simplen, scheinbar ungestalteten Sperrholzbrett, das in eine vorgegebene Rahmenkonstruktion eingefügt ist und gemeinsam mit dem Sitzflächenbrett wie zufällig ein Sitzmöbel ergibt. Die Farbgestaltung läßt jedoch erkennen, daß dieses Möbel in Wahrheit sichtbar gemachtes Ergebnis eines komplexen Kalküls ist.

Hatten die Ideen und Gestaltungsweisen der »De-Stijl«-Bewegung wesentlichen Einfluß auf die frühen Arbeiten – insbesondere die Holzmöbel – des 1919 von Walter Gropius (1883–1969) in Weimar gegründeten »Bauhauses«, so wurde in dieser Schule Mitte der zwanziger Jahre Stahlrohr als neuer Werkstoff für den Möbelbau entdeckt, der – wie Korbgeflecht und Bugholz nach 1900 – sofort zum bevorzugten Material der internationalen Designeravantgarde avancierte. Marcel Breuers (1902–1981) erstes aus Stahlrohr entwickeltes Möbel, der Clubfauteuil »Wassily« *(Abb. 112)*, zeigt abermals eine schräg aus dem rechten Winkel gekippte Rückenlehne, die wie bei der Hoffmannschen »Sitzmaschine« als Rahmenteil mit dem Sitz-Bein-Rahmen verbunden ist. Zugleich finden wir auch eine materialmäßige Unterscheidung zwischen dem konstruktiv-tragenden Stahlrohrgerüst und den eingespannten Sitz- und Lehnflächen aus Eisengarn oder Leder. Erst der vom Bauhaus-Schüler Erich Dieckmann (1886–1944) 1926 entwickelte und 1931 in seinem Buch »Möbelbau in Holz, Rohr und Stahl« als exemplarisch vorgestellte Typenstuhl *(Abb. 113)* greift wieder zurück auf die ursprüngliche Differenzierung zwischen orthogonalem hölzernem Gerüst und den schrägen, mit Geflecht bespannten Sitz- und Lehnflächen.[248]

Faßt man nun die Rezeptionsgeschichte der ägyptischen Stuhlkonstruktion im frühen 20. Jahrhundert zusammen, so ist festzuhalten, daß es sich bei den genannten Beispielen durchwegs um »Leitfossilien« des Avantgardemöbeldesigns handelt, an denen die Problemstellung von Tragen und Lasten sichtbar gemacht worden ist. Weiters fällt ins Auge, daß immer dann, wenn Architekten oder Designer einen neuen Werkstoff des Möbelbaus – sei es nun Geflecht, Bug- oder Sperrholz oder Stahlrohr – für ihre gestalterische Arbeit entdeckt haben, auch die Wechselwirkung von »Commodum« und »Necessarium« an diesem erprobt wurde. Somit hat die Konstruktionsweise der alten Ägypter, die Gottfried Semper als dem »Eigensinn« des Holzes am angemessensten für den zeitgenössischen Möbelbau angesprochen hat, ganz in Sempers Sinn den »Stoff gewechselt« in Richtung einer »Modernität«, die den Loosschen Vorstellungen nicht nur in Fragen des Möbeldesigns zutiefst widersprechen mußte. So wesentlich die Bedeutung der antiken Möbelbautradition für die beiden vorher angesprochenen Entwicklungslinien ist, so groß ist auch der Unterschied zwischen der konkreten formalen Vorbildlichkeit des ägyptischen Hockers für Adolf Loos und der rein strukturellen Vorbildwirkung der ägyptischen Rückenlehnenkonstruktion für das Möbeldesign der »Moderne«.

108. Hans Vollmer, Rustenholzstuhl mit Strohgeflecht, 1901/02

109. Charles Rennie Macintosh, »Hall Chair« im »Hill House«, 1903/04

110. Josef Hoffmann, »Sitzmaschine«, um 1905

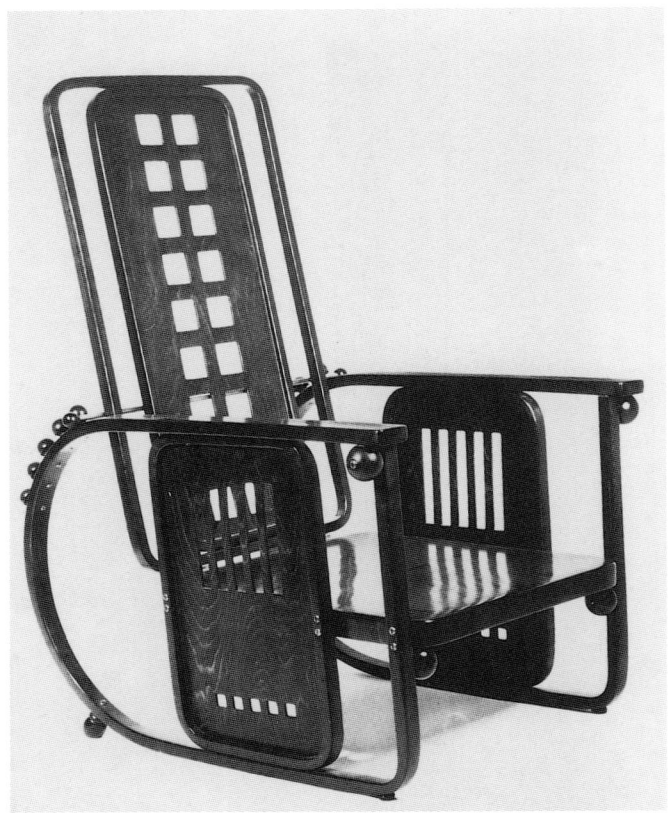

111. Gerrit Rietveld, »Red-and-Blue«-Fauteuil, um 1917/19

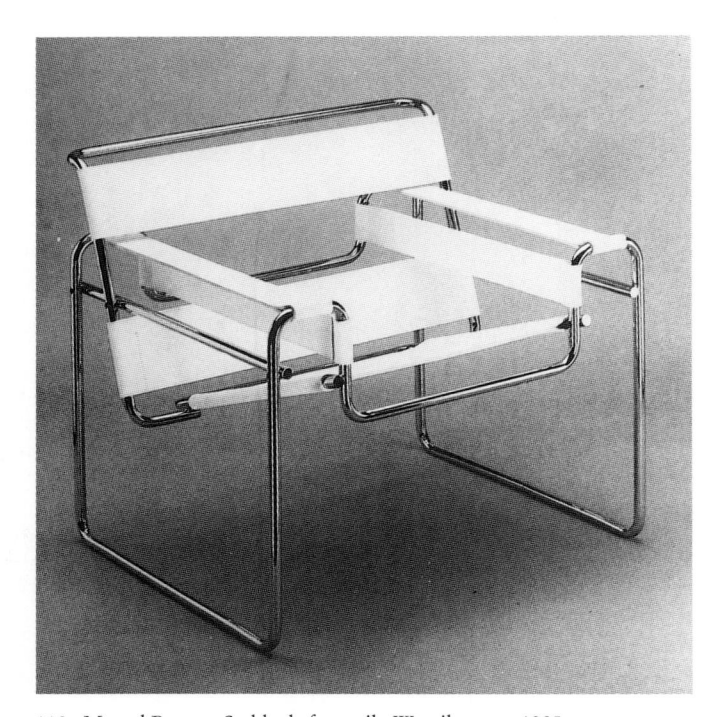

112. Marcel Breuer, Stahlrohrfauteuil »Wassily«, um 1925

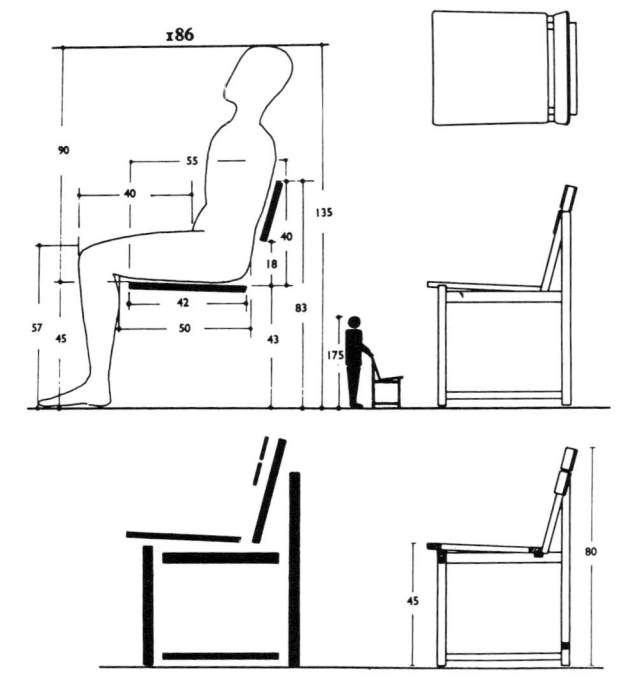

113. Erich Dieckmann, »Einfacher Stuhl«, um 1926

## KASTENMÖBEL UND FRÜHE WOHNUNGEN – EINIGE ENTWICKLUNGSTENDENZEN:

> Die Tischler müßten arbeiten und maßnehmen wie der Schneider, und die Besteller müßten nachdenken und mithelfen, das Rechte herauszufinden, auf das Notwendige bedacht und auf seine vollkommenste Erfüllung wie bei der Beschaffung ihrer Kleidung, aber wie viele sind, die wirklich so tun? (J. A. Lux, 1908)

Adolf Loos' Vorstellungen vom Wohnen basieren auf der flexiblen Verwendung mobiler Einrichtungsgegenstände, dennoch gibt es in seinem Œuvre eine Reihe von Kastenmöbeln und vollständigen Ensembles. Gerade dieser scheinbare Widerspruch reizt zur Auseinandersetzung mit dem Aufbewahrungsmobiliar als Teil der Architektur. Loos hat zum Kasten 1924 in »Die Abschaffung der Möbel« nämlich folgendermaßen Stellung genommen: »Liebe freunde, ich will euch ein geheimnis verraten: Es gibt keine modernen möbel! Oder um es präziser zu sagen: nur die möbel, die mobil sind, können modern sein ... Die herstellung der mobilen möbel überlasse man dem tischler und dem tapezierer. Die machen herrliche möbel. Möbel, die so modern sind wie unsere schuhe und unsere kleider, unsere lederkoffer und unsere automobile ... Die wände eines hauses gehören dem architekten; hier kann er frei schalten. Und wie die wände auch die möbel, die nicht mobil sind. Sie dürfen nicht als möbel wirken. Sie sind teile der wand und führen nicht das eigenleben der unmodernen prunkschränke.«[249] Seine Erkenntnis, daß nur die Konzeption von eingebautem Mobiliar im Aufgabenbereich des Architekten liege, hat auch Loos' eigene Entwicklung vom Einrichtenden zum Bauenden bestimmt, eine Entwicklung, die sich anhand seiner frühen Wohnungseinrichtungen anschaulich nachvollziehen läßt.

Bevor wir uns jedoch den konkreten Beispielen zuwenden, sollen Loos' eigene Aussagen über die Gestaltung von Behältnismobiliar wiedergegeben werden; auch hier rückt die anonyme Handwerkstradition an die Stelle des »Künstler-Entwurfes«, wenn er 1909 in »Architektur« festhält: »Aus diesen resten, die mir die architekten gelassen haben, konnte ich vor zwölf jahren [1897] die moderne tischlerei rekonstruieren, jene tischlerei, die wir besäßen, wenn die architekten nie ihre nase in die tischlerwerkstätte hineingesteckt hätten ... Und ich fand die moderne wandverkleidung in den paneelen, die den wasserkasten des alten waterclosets verbergen, ich fand die moderne ecklösung bei den kassetten, in denen die silberbestecke aufbewahrt wurden, ich fand schloß und beschläge beim koffer- und klaviermacher ... Ich mußte daher dort anknüpfen, wo die kette der entwicklung zerrissen wurde.« Das bedeutete für Loos *vor* dem Historismus, also bei der Möbeltischlerei des Biedermeier. Denn »eines wußte ich: ich mußte, um in der linie der entwicklung zu bleiben, noch bedeutend einfacher werden«[250]. Und zur gestalterischen Bedeutung der Handwerkstechnik vermerkt Loos schließlich 1917 in »Hands off«: »Was ist nun das wesentliche an dieser holzverkleidung? Da muß ich bitten, ein paar worte über tischlertechnik sagen zu dürfen. Der tischler kann auf verschiedene arten hölzer zu einer fläche zusammenfügen. Eine davon ist das system: rahmen und füllung. Zwischen dem rahmen und der füllung wurde als übergang eine profilierte leiste eingeschoben oder der rahmen, da die füllung fast immer vertieft lag, mit einem profil, einer kehlung versehen. Ganz abrupt saß die füllung einen halben zentimeter hinter dem rahmen. Das war alles ... An die stelle der phantasieformen vergangener jahrhunderte, an die stelle der blühenden ornamentik vergangener zeiten hatte daher die reine, pure konstruktion zu treten. Gerade linien, rechtwinkelige kanten: so arbeitet der handwerker, der nichts als den zweck vor augen und material und werkzeug vor sich hat.«[251]

Wie skizzenhaft die Entwürfe eines im Sinne der Handwerkstradition gestaltenden Architekten sein dürfen, ohne an Aussagekraft und Informationswert für den ausführenden Tischler zu verlieren, illustriert die Entwurfszeichnung für die am 10. Oktober 1901 beim Wiener Tischlermeister Ludwig Deyer[252] bestellten Rustenholzmöbel für das Wohn- und Speisezimmer der Wohnung Josefa Brandeis.[253] *(Abb. 115)* Auch das von Loos im Oktober 1903 in seiner Zeitschrift »Das Andere« publizierte imaginäre Gespräch zwischen einem Tischlermeister und seiner Kundschaft vermittelt einen Eindruck davon, wie auch ohne Beratung eines Architekten die Bestellung eines Schlafzimmerschranks zu tätigen sei; das Gespräch schließt nämlich, nachdem die Kastenform und Größe festgelegt sowie die Holzart bestimmt ist, mit der Feststellung: »Sie sehen, über den stil wurde nicht gesprochen. Man meinte stillschweigend den stil vom oktober 1903. So wie man auch noch nie einen frack im renaissancestil bestellt hat. Und warum soll der gegenstand, in dem man ihn aufzubewahren gedenkt, anders behandelt werden, als der gegenstand, der aufbewahrt wird!«[254]

Ausgehend von diesen Kommentaren stellt sich die Frage, wie Loos, der um 1900 die »stilvollen« Zimmer des Historismus und Jugendstils mit ihren »Löwenköpfen« als gestalterische Leitmotive so vehement abgelehnt hat, selbst die Aufgabe löst, Wohn-, Speise- und Schlafzim-

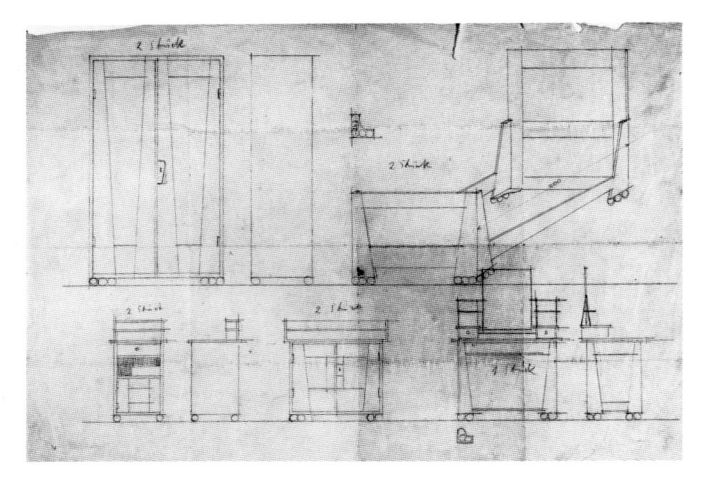

114. Adolf Loos, Entwurf für Schlafzimmermöbel, um 1900

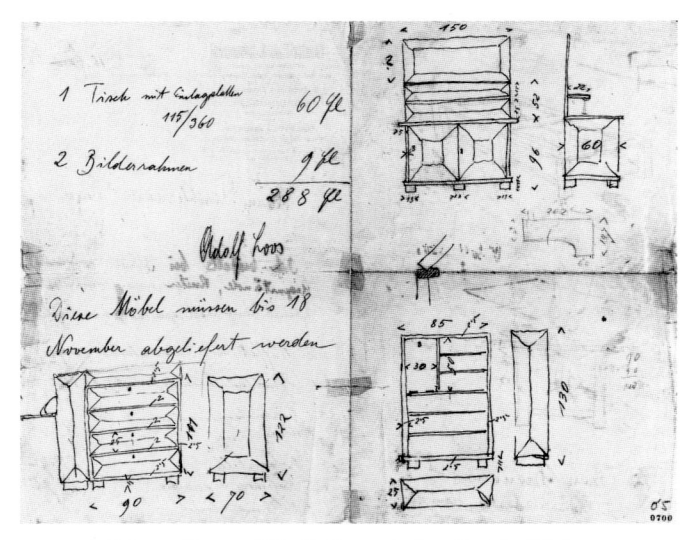

115. Adolf Loos, Entwurf für die Rustenholzmöbel der Wohnung Josefa Brandeis, 1903

mer-Ensembles einzurichten? Eine vor 1900 zu datierende Entwurfszeichnung einer Schlafzimmereinrichtung *(Abb. 114)* zeigt, daß er den formalen Zusammenklang der verschiedenen Möbeltypen – abgesehen von den Kugelfüßen – nicht durch das Hinzufügen von Schmuckformen erreicht, sondern ihn ausschließlich aus der Rahmen-Füllung-Konstruktion heraus entwickelt, indem er die seitlichen Rahmen der Kastenmöbelfronten sich nach oben verjüngen läßt. Diese Einfachheit der Gestaltung findet Parallelen in der zeitgenössischen Formensprache des sogenannten »Brettl-Stils«, wie das etwa an Josef Hoffmanns knapp vor 1900 entworfenen Weichholzmöbeln für das Sekretariat der Secession *(vgl. Abb. 70)* oder dem Ateliermobiliar für Ernst Stöhr und Kolo Moser sichtbar wird.[255]

Der wesentliche Unterschied zu Loos liegt hier jedoch darin begründet, daß die Wiener Jugendstilentwerfer, angeregt durch englisches Arts-and-Crafts-Mobiliar, Simplizität bewußt als Stilmittel einsetzten und die Einfachheit nicht in erster Linie als einen Rückgriff auf Handwerkstraditionen verstanden.

Nachdem Loos die beiden Schneidersalons Ebenstein und Goldman & Salatsch sowie das Café Museum ausgestaltet hatte, richtete er 1898/99 Wohn- und Schlafzimmer in der Wohnung Eugen Stössler ein, deren Mobiliar 1900 in der Zeitschrift »Das Interieur« vorgestellt wurde; hier heißt es: »Das Schlafzimmer gibt mit seinen lichten Möbeln auf dem Hintergrund einer blau geblumten Tapete einen überaus freundlichen Effect.«[256] Bei dem von der Firma J. Bohn ausgeführten politierten Ahornmobiliar *(Abb. 116)* beschränkt sich die formale Korrespondenz der einzelnen Einrichtungsgegenstände untereinander auf die Übernahme der Negativform des Bettenhauptschwunges als oberen Abschluß des dreiteiligen Kleiderkastens, während das Nachtkästchen im Typ jenem aus dem Ahornschlafzimmer der Wohnung Haberfeld verwandt ist *(Abb. 124)*. Diese undogmatische Gestaltung erlaubt es dem Benutzer, auch nicht zum Ensemble gehörige Möbel in den Raum einzufügen, ohne Gefahr zu laufen, daß diese nicht »dazupassen«, was schließlich zur bestimmenden Dimension Loosscher Wohnräume werden sollte.

Im Stösslerschen »Speisezimmer« *(Abb. 29, 31–33, 117)* – so der Bericht weiter – »ist die Wand mit sanftgrüner Tapete bezogen. Die weisse Farbe der Zimmerdecke ist über der Hohlkehle noch circa eineinhalb Meter auf der Wandfläche heruntergeführt und durch eine Metalleiste abgegrenzt. Die Nußholz-Möbel mit den einfachen (nicht Zier-)Beschlägen stehen sehr hübsch im Raum; besonders das Buffet wirkt reizend. Auch ein Silberkasten, der in der Reproduktion nicht den entsprechenden Eindruck macht, und ein zwischen Ofen und Bücherschränken eingebautes Sofa wirken an dem gemütlichen Gesammteindruck mit, der an gewisse alte Wiener Wohnungen vom Anfang des Jahrhunderts aus der Biedermeierzeit erinnert.«[257] Die zeitgenössische Kritik erkennt in dem Raum Qualitäten des Biedermeierinterieurs, aus einer Epoche also, auf die Loos zur Überwindung des Historismus oft bewußt zurückgegriffen hat.

Heinrich Kulka verwies in seiner 1930 erschienenen Loos-Monographie auf eine andere – im Zusammenhang mit dem ägyptischen Hocker bereits angesprochene – Vorbildtradition, wenn es zum Stössler-Buffet heißt: »Loos verwendete als erster japanisch runde Ecken, welche bis-

116. Schlafzimmermöbel für die Wohnung Eugen Stössler, 1899

117. Speisezimmer für die Wohnung Eugen Stössler, 1899

her nur bei kleinen Kassetten gemacht worden waren, bei Möbeln. Er nannte unsere Kultur eine Zusammenfassung von Japonismus und Tradition (Klassizismus).«[258] Damit bestätigt sich einerseits die große Bedeutung des »Aesthetic Movement« für die Looschen Formen, andererseits markieren die mit großem handwerklichem Raffinement ausgeführten runden Ecken des Nußbaumholzbuffets und dessen reiche Messingbeschläge zugleich jene Gestaltungsweise, die um 1900 als »à la Loos« galt und dementsprechend nachgeahmt wurde. Neben dem bereits erwähnten Schlafzimmermobiliar, das Max Schmidt 1901 für die Winterausstellung des Österreichischen Museums entworfen hat, folgte F. O. Schmidt diesem »Stil« etwa auch bei einem repräsentativen Mahagonischreibtisch *(Abb. 36)*, dessen abgerundete Ecken und die reiche Armierung mit Messingbeschlägen eine klare Bezugnahme auf das Stössler-Buffet erkennen lassen, das selbst von F. O. Schmidt kopiert und variiert worden ist.[259]

Was nun den Ensemblecharakter der Stösslerschen Speisezimmermöbel anlangt, von denen im »Interieur« nur Buffet, Eßtisch und Stühle abgebildet werden, nicht jedoch der einfache, mit Glastür und Fächern versehene Silberkasten oder die einfach gepolsterte Eckbank mit dem quergestellten, beidseitig benutzbaren Bücherregal, das wir um 1900 etwa in den Wohnungen Haberfeld und Turnovsky wiederfinden werden *(Abb. 47)*, so reduziert sich die formale Zusammengehörigkeit des Mobiliars auf das Material Nußbaumholz sowie die abgerundeten Ecken an Buffet und Silberkasten beziehungsweise die Messingbeschläge. Im Grunde handelt es sich bei diesen Möbeln, über deren ursprüngliche räumliche Konfiguration sich, abgesehen von der offenbar »gestellten«

118. Arbeitszimmer mit Schreibschrank, um 1900

119. Buffet für das Speisezimmer Dr. Otto Stoessl, 1901

120. Eduard William Godwin, Buffet, um 1867

122. Gustav Stickley, Sideboard-Modell

121. Eckschränkchen für das Speisezimmer Dr. Otto Stoessl, 1901

123. Speisezimmer im Haus Dr. Otto Stoessl mit Möbeln aus der Wohnung 1901/11

»Interieur«-Abbildung, nichts mehr sagen läßt, um selbständige Einzelmöbel. Dieser Entwicklung, die Loos 1900 noch radikaler fortsetzen wird, widerspricht allerdings die für Loos einmalige Verwendung der Entwerfersignatur »A L« an allen Möbelstücken, so wie dies etwa bei den Erzeugnissen der »Wiener Werkstätte« üblich war.[260]

Am Schluß des »Interieur«-Berichts über die Stössler-Wohnung findet sich noch folgender Hinweis: »Gegenwärtig ist Adolf Loos mit der Einrichtung einer Wohnung in einem der neuen Wagner-Häuser an der Wienzeile beschäftigt; auch von diesen Räumen werden wir zur Zeit Abbildungen bringen.«[261] Tatsächlich brachte die Zeitschrift 1901 anschließend an eine Besprechung des von Loos ab 1898/99 eingerichteten Herrenmodesalons Goldman & Salatsch zwei Abbildungen eines kleinen Arbeitszimmers *(Abb. 118)*, zu denen es lediglich heißt: »Die weiteren abgebildeten Objecte erklären sich von selbst. Nur darauf sei aufmerksam gemacht, dass in dem Arbeitscabinet versucht worden ist, einen sehr engen Raum zu besserer Wirkung zu bringen, indem die Wände weiß, die Decke in schwärzlichem Braun gehalten wurde. Der Secretär zeigt einen bewährten englischen Typus; die Schreibplatte ist aufklappbar, mit Schloss versehen; wird der Schreibtisch geöffnet, so ruht die Platte auf den seitlichen Stützen, die mittels der Ringe an den Löwenköpfen herausgezogen werden.«[262] Da es in Wagners Wienzeile-Häusern solche kleinen Kabinette gibt, wie etwa jenen Raum, in dem Wagner sein eigenes Badezimmer eingebaut hat,[263] könnte es sich hier um einen Raum dieser bislang unbekannten Loos-Wohnung handeln, das abgebildete Möbel englischen Typs mit seinen massiven Messingbeschlägen fügt sich jedenfalls in das Loossche

124. Schlafzimmereinrichtung der Wohnung Dr. Hugo Haberfeld, 1902

125.

126.

125–127. Wohn/Eßzimmer der Wohnung Dr. Hugo Haberfeld, 1902

128. Buffet für Erzherzog Ludwig Victor, um 1905

Œuvre der Zeit um 1900.²⁶⁴ Interessant ist auch hier der offenbar sehr bewußte Umgang mit der Wanddekoration in Form von Tapeten und Zimmermalerei, auf den schon bei der Wohnung Stössler hingewiesen wurde. Die Farbe, ein bislang wenig beachteter Aspekt der Looschen Innenraumgestaltung, scheint – sofern dies anhand von Bildquellen, zeitgenössischen Kommentaren und originalen Beispielen erschließbar ist – neben Holz- und Marmorverkleidungen in seinem gesamten Werk bis zu den letzten Schaffensjahren eine wichtige Rolle zu spielen.²⁶⁵

Um 1900 entwarf Loos auch Einrichtungsgegenstände für die Wohnung des befreundeten Schriftstellers Dr. Otto Stoessl, die dieser 1911 in das gleichfalls von Loos geplante Wohnhaus der Familie mitnahm. Das Eichenholzmobiliar des Wohnzimmers besteht aus einem Buffet, einer Anrichte und zwei kleinen Geschirrkästen sowie einem rechteckigen Eßtisch mit vier traditionellen »Ladder Back Chairs« – wie sie im Arts-and-Crafts- und Shaker-Design häufig zu finden sind – und einer Eckbank.²⁶⁶ Das Ensemble entwickelt sich aus dem Spannungsfeld zwischen original von Loos Gestaltetem und seiner Auseinandersetzung mit verschiedenen Vorbildtraditionen. Am deutlichsten ist diese Ambivalenz am Buffet *(Abb. 119 und 121)* abzulesen. Der Unterbau mit Türen an der Seite und Laden in der Mitte entspricht einem Buffettyp aus der Produktion Gustav Stickleys, des Promotors des amerikanischen »Mission Furniture«, das durchwegs aus massivem Eichenholz gefertigt wurde.²⁶⁷ *(Abb. 122)* Da Loos die USA bereits verlassen hatte, als Stickley mit der Produktion begann, muß er auch weiterhin genau über die amerikanische Entwicklung informiert gewesen sein. Die Türen des Stickley-Modells bestehen aus einem rohen glatten Holzbrett, während Loos sie in Rahmen und Füllung auflöst. Der Aufbau mit den auskragenden Seitenteilen erinnert hingegen an E. W. Godwins japanisierendes Ebenholzbuffet *(Abb. 120)*, das der englische Architekt 1867 für seine Londoner Wohnung entworfen hat. Im Gegensatz zu Godwins Modell sind die Seitenbretter beim Stoessl-Buffet jedoch nicht klappbar, sondern als Trageelement des Aufbaus fix montiert.²⁶⁸

Aus den Gestaltungselementen des Buffets entwickeln sich nun auch die übrigen Kastenmöbelformen. So wird bei einem der beiden kleinen Geschirrkästen einer jener Rundpfosten, wie sie an den beiden Seiten des Buffets die Seitenteile beziehungsweise den Aufbau tragen und optisch mittels Metallmuffen am Möbelkorpus fixiert sind, nach vorne gerückt, um so die Mittelachse eines aus den Verstrebungen der Seitenteile des Buffets entwickelten Möbels zu bilden, das über einem dreieckigen Grundriß in den Raum vorkragt. *(Abb. 121)* Der gleichfalls mit vergittertem Aufbau und geschlossenem Unterbau versehene zweite Geschirrkasten wird hingegen von zwei Rundpfosten seitlich gerahmt und – ebenfalls über dreieckigem Grundriß – als Eckschränkchen konstruiert.²⁶⁹ Die in der Form einer zweitürigen Kommode gestaltete Anrichte weist die gleichen mit Metallmuffen versehenen Rundpfosten als seitliche Rahmung auf.

Diese Analyse zeigt, daß Loos die einzelnen Teile der Speisezimmereinrichtung zwar durch wiederkehrende Gestaltungsmotive – wie die Rundpfosten oder die raumgreifende Dreieckform – optisch verbindet, diese sind jedoch – wie das Rahmen- und Füllung-System – keine hinzugefügten »Löwenköpfe«, sondern stellen integrierende Konstruktionselemente der einzelnen Möbelstücke dar, die damit zugleich als ein Ensemble ausgewiesen werden.

Bereits bei der Speisezimmereinrichtung der Wohnung Eugen Stössler wurde auf eine nischenartig zwischen Ofen und Bücherschrank eingebaute Eckbank verwiesen, die auskragenden Dreieckformen der Buffetseiten und des kleinen Geschirrschrankes haben – wie eine zeitgenössische Abbildung illustriert *(Abb. 123)*²⁷⁰ – auch hier die Funktion, den Eßtisch mit der Eckbank wie eine Raumnische zu rahmen. Diese Nischenbildung ist, was die Plazierung der Möbel anlangt, ein wesentliches Element Loosscher Interieurs, das in unterschiedlichen Konfigurationen sein gesamtes Œuvre durchzieht.

Besondere Bedeutung in diesem Zusammenhang kommt dem Wohn/Eßzimmer der Wohnung Dr. Hugo Haberfelds zu, das Loos 1902 eingerichtet hat. Im Begleittext zu seiner 1907 veranstalteten »Wohnungswanderung« vermerkt der Architekt zur Wohnung Dr. H.: »Speisezimmer. Soll auch als Besuchszimmer verwendet werden. Häßlicher Ofen mit Uhr verbaut. Als Blumenständer alt-italienischer Trog (Abguß). Dunkel gebeizte Eiche. Arbeitszimmer unfertig, zum Vergrößern eingerichtet. Schlafzimmer in Ahorn.«²⁷¹ Die Wohnung Haberfeld wurde 1903 in »Das Interieur« detailliert vorgestellt, dem Wohn/ Eßraum sind dabei allein drei Illustrationen gewidmet *(Abb. 125–127)*. Zu diesem Raum existiert aber auch eine Entwurfsskizze des Architekten *(Abb. 129)*, die den Blick auf den umbauten Ofen zeigt. Diese unterschiedlichen Bildquellen vermitteln einen anschaulichen Eindruck des Raumes, der seiner Doppelfunktion als Wohn- und Speisezimmer mittels zweier Sitzbereiche gerecht wird. An den ummantelten Ofen schließt der Eßplatz mit einer der Wand entlang angeordneten Sitzbank an, die, im Unterschied

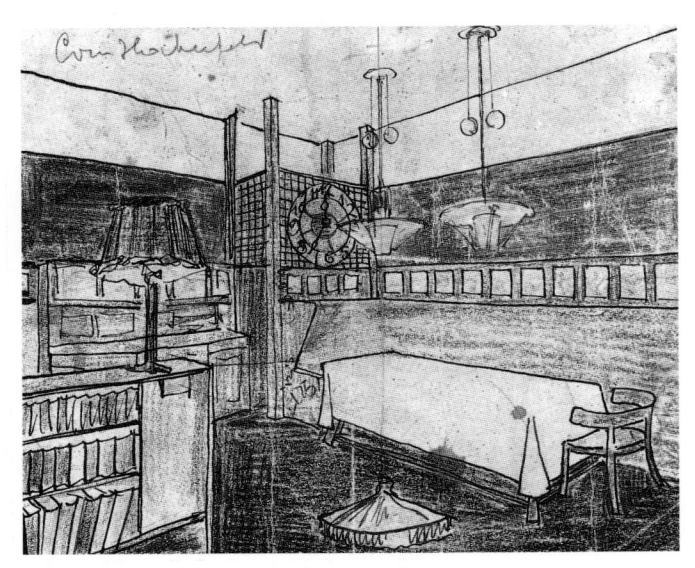

129. Entwurfszeichnung Wohn/Eßzimmer Dr. Hugo Haberfeld, 1902

130. Halle mit Sitzecke im Wohnhaus Gustav und Lilly Steiner, 1910

zum geraden Abschluß auf der Entwurfszeichnung, in der ausgeführten Form an der Schmalseite geschwungen in den Raum auskragt – eine Lösung, wie sie auch in der Halle des Hauses Steiner *(Abb. 130)* von 1910 zu finden ist – und so den Eßtisch von der Türwand, an der das Buffet steht, abschirmt.²⁷² An der gegenüberliegenden Raumecke wurde der gleichfalls nischenartige Sitzplatz eingerichtet, der an der Fensterwand von einem Metall-Glas-Kasten und gegen die Türwand von einem halbhohen quergestellten Raumteiler gerahmt wird. Dieses von beiden Seiten benutzbare Ablagemöbel *(Abb. 47)*, das auch auf den Entwurfszeichnungen für die Wohnung Brandeis zu finden ist, wurde von Loos bis in sein Spätwerk konsequent zur Rahmung derartiger Sitzecken verwendet. So finden wir es etwa auch bei den späten Pilsner Wohnungen Vogl und Brummel.

Betrachtet man das Mobiliar des Haberfeldschen Wohnzimmers in seiner Gesamtheit, so handelt es sich dabei nun nicht – wie beim Speisezimmer Stössler – um ein Ensemble, sondern vielmehr um den Zusammenklang von eingebautem, unbeweglichem und beweglichem Mobiliar. Den traditionellen beweglichen Möbeltypen entspricht nur noch das Eichenholzbuffet neben der Tür, das auch in der Gestalt Ähnlichkeiten mit dem Stoessl-Buffet – insbesondere dessen Unterbau – aufweist, der allerdings, einem englischen Typ entsprechend, in den Raum auskragt. Dasselbe Tür-Laden-System weist aber auch ein Mahagonibuffet auf, das F. O. Schmidt für Erzherzog Leopold Salvator gefertigt hat. *(Abb. 128)* Da dieses Möbel außerdem dieselben Beschläge wie das Haberfeld-Buffet trägt, kann vermutet werden, daß auch die nur in Bildquellen überlieferte Einrichtung der Wohnung Haberfeld von der Firma Schmidt ausgeführt worden ist.

Im Rahmen der »Wohnungswanderung« besuchte Loos auch die um 1901/02 eingerichtete Wohnung von Dr. Gustav und Marie Turnovsky, die aus einem Speisezimmer mit Kischbaumholzmobiliar, einem »Herrenzimmer in Mahagoni mit Verwendung bestehender Möbel« und dem »Schlafzimmer der Frau in Ahorn« besteht.²⁷³

Im Turnovskyschen Herrenzimmer ist die in der Wohnung Haberfeld noch aus Einzelelementen zusammengefügte Sitzecke nun zu einem gleichsam architektonischen Ganzen geworden, in das – wie die im Österreichischen Museum für angewandte Kunst in Wien befindlichen Möbel illustrieren *(Abb. 49, 52, 131, 132)* – die Sitzbank und die aus Kastenmöbeln gebildeten Rahmenelemente integriert sind. Wie bereits bei der Haberfeldschen Sitzecke fällt auch hier ein Bildfries als oberer Abschluß der Sitz-

131. Herrenzimmer der Wohnung Gustav Turnovsky, 1902

132. Erweiterung der Sitzecke im Herrenzimmer Gustav Turnovsky, um 1912

133. Silberschrank-Modell der Firma J. S. Henry, London

134. F. O. Schmidt, »Lagermodell«, nach 1900

banklehne auf, ein Motiv, das Loos in Variationen während seines gesamten Schaffens verwendet hat und das von englischen Wandverkleidungen abgeleitet werden kann. Auch der quergestellte Glaskasten, übrigens ein »Lagermodell« von F. O. Schmidt, geht auf ein englisches Vorbild im Österreichischen Museum zurück *(Abb. 133 und 134)* und findet sich leicht abgewandelt wieder in der Wohnung Friedmann; dabei handelt es sich aber nicht um den einzigen »englischen« Kasten im Œuvre von Adolf Loos: in der Bibliothek des Hauses Stoessl hat er beispielsweise ein dreiteiliges Kastenmodell der Londoner Möbelfirma Heal & Sons eingebaut.[274] *(Abb. 135)* Die Aus- und Umbaufähigkeit dieses Aufstellungskonzeptes der Sitzecke zeigte sich bei der Erweiterung des Herrenzimmers nach dem Umzug von der Wohllebengasse in die Gußhausstraße um 1912. Anstelle des Glaskastens finden wir nun den kleinen Raumteiler, während die Wandverkleidung durch ein Bücherregal eine Fortsetzung findet. Neben der komfortablen »englischen« Sitzecke entstand ein Arbeitsbereich mit einem von Bücherregalen in Griffnähe umgebenen Schreibtisch. *(Abb. 52 und 132)*

Weniger »architektonisch« fixiert, sondern locker in den Raum gestellt sind die Einrichtungsgegenstände des Turnovskyschen Damenzimmers, dessen Möbel sich heute im Musée d'Orsay in Paris und im Victoria & Albert Museum in London befinden. Dieser Raum verbindet zwei Wohnfunktionen, nämlich die des Schlaf- und die des privaten Wohnzimmers der Hausfrau, und ist daher mit Bett, Nachtkästchen, Toilettetisch und Sessel, Schubladenkasten, Kommode, Kleiderkasten und Raumteiler sowie einem Fauteuil, einer Chaiselongue und einem Armlehnstuhl eingerichtet. *(Abb. 53–55, 57, 138)* Der Raumteiler ist in diesem Zimmer kein eingebautes Element, sondern ähnelt in der Funktion den raumbildend aufgestellten Paravents im Biedermeier-Interieur.

Im Gegensatz zum Wohnraum, wo mit dem Elefantenrüsseltisch und dem Lederfauteuil von F. O. Schmidt nur vorhandenes Mobiliar Verwendung fand, scheinen im Damenzimmer auch die Sitzmöbel mitgestaltet. Tatsächlich sind Fauteuil und Chaiselongue, beide übrigens mit dem um 1900 als »biedermeierlich« geltenden »Blümchenstreif-Stoff« bezogen, traditionelle Tapeziererarbeit, der Armlehnstuhl entspricht hingegen bis in Details einem Modell der Firma Niedermoser, das Joseph Maria Olbrich 1898/99 für die Wohnung Maria Wölzl entworfen hat.[275] Loos hat also zeitgenössische Entwürfe ebenso als »fertige«, also vorhandene Modelle benutzt wie die traditionellen Handwerkstypen, verwendete sie damit aber auf ganz andere Weise als die zeitgleichen Designer in ihren »Raumgesamtkunstwerken«. *(Abb. 56 und 136)* Das Olbrich-Modell fand übrigens im Herrenzimmer Turnovsky als Schreibtischstuhl Verwendung.

Wie bei den Kastenmöbelentwürfen für die 1901 eingerichtete Wohnung Brandeis ergibt sich die Gestaltung auch im Turnovskyschen Damenzimmer aus Rahmen und Füllung; zusätzlich wird jedoch die Gesamtform an der Vorderseite durch ein feingerifffeltes Rahmenband – abermals ein biedermeierliches Gestaltungsmotiv – umschlossen beziehungsweise strukturiert, was dem glatten Ahornmobiliar eine optische wie haptische Differenzierung von höchstem handwerklichem Raffinement verleiht.

Die Beschläge an diesem von F. O. Schmidt gefertigten Mobiliar entsprechen jenen im Stoesslschen Speisezimmer, das deshalb und aufgrund der Ähnlichkeit des Buffets mit dem in der Wohnung Haberfeld ebenfalls diesem Unternehmen zugeschrieben werden kann. Die Firma Schmidt lieferte demnach für Loos nicht nur eine Vielzahl »mobiler« Einzelmöbel, wie Tische, Stühle und Fauteuils, sondern war offenbar auch ein wichtiger Partner bei der Ausführung kompletter Möbelensembles.

Auf ganz andere Weise als im Damenzimmer Turnovsky löste Loos beim Schlafzimmermobiliar der gleichfalls nach 1900 von F. O. Schmidt eingerichteten Wohnung Theodor von Auspitz die Flächengliederung.[276] Das Ahornholz-Ensemble, bestehend aus Betten, Nachtkästchen, Kommode und zwei dreiteiligen Kleiderkästen *(Abb. 58–61)* wird von einer jeweils auf einem Sockel ruhenden Rahmenkonstruktion zusammengehalten. Während die Türen der Kastenmöbel durch ein sekundäres Rahmen-Füllung-System längsgeteilt werden, bildet diese Binnengliederung an den Seitenfronten die Primärstruktur. Nachtkästchen,

135. Kleiderschrank-Modell von Heal & Sons, London, 1899

136. Joseph Maria Olbrich, Stuhl, 1899

137. Möbel-Detail aus dem Damenzimmer Marie Turnovsky, 1902

138. Damenzimmer der Wohnung Gustav und Marie Turnovsky, 1902

Kommode und Betthäupter weisen zudem einen abgerundeten oberen Abschluß auf, in den bei den Nachtkästchen eine Marmorplatte eingesetzt ist. Die dreiteiligen Kleiderkästen, einer davon mit verspiegeltem Mittelteil, schließen nach oben hin jedoch gerade ab. Es handelt sich also auch bei dieser Schlafzimmer-Einrichtung um keine »Möbel-Garnitur«. Die Firma Schmidt hat diesen Kleiderkasten-Typ, aber auch die Form des Nachtkästchens mit etwas anderen Beschlägen übrigens auch für andere Kunden wiederverwendet.[277]

In welchem Verhältnis stehen nun diese von Loos konzipierten Einrichtungsgegenstände zu zeitgleichen Wiener Architektenentwürfen? Als Vergleichsbeispiel bietet sich das Mobiliar aus Otto Wagners 1898/99 eingerichtetem »Absteigequartier« in der Köstlergassse an,[278] da Loos diese 1898 auf der »Kaiser-Jubiläums-Ausstellung« präsentierten Möbel selbst als Journalist kommentiert hat. Die Schlafzimmerkästen *(Abb. 140)* weisen an den Seiten ähnliche Rillen auf wie die Turnovskyschen Damenzimmerkästen. Doch handelt es sich dabei nicht, wie bei Loos, um eine Rahmenkonstruktion, sondern um Motive zur Tektonisierung des Möbels, die Wagner auch an der Fassade beziehungsweise bei der Speisezimmerdecke verwendete, nämlich um stilisierte Triglyphen der dorischen Ordnung. Otto Wagners Anliegen war es, den Gebrauchsgegenstand als »Kunstform« zu gestalten, die ihre eigene Konstruktionsform und Funktionalität symbolisiert. Noch viel deutlicher wird dies etwa bei den Speisezimmermöbeln derselben Wohnung mit ihren scheinbar konstruktiv notwendigen, konstruktive Schrauben jedoch nur symbolisierenden Perlmutteinlagen, ein Motiv, das auch an der Fassade der Postsparkasse in ähnlicher Form zu finden ist.[279] Diese Art der »Architektonisierung« des Einrichtungsgegenstandes war Loos gänzlich fremd.

Otto Wagner hat für sich selbst neben diesem »Absteigequartier« noch mehrere Wohnungen und zwei Wohnhäuser eingerichtet, gehörte doch gerade zur Jahrhundertwende das private Ambiente des Künstlers oder Archi-

139. Kasten der Wohnung Theodor von Auspitz, um 1900

140. Otto Wagner, Schlafzimmerkasten für sein »Absteigequartier«

tekten zu den wichtigsten Gestaltungsaufgaben der »Künstler-Entwerfer«.[280] Adolf Loos, der im Sommer 1902 Lina Obertimpfler geheiratet hatte, richtete 1903 mit finanzieller Unterstützung seiner Schwiegereltern, den Inhabern des Kaffeehauses »Casa Piccola«, in der Giselastraße Nr. 3 (heute Bösendorferstraße) eine Wohnung ein, die aus einem Wohnraum mit Kaminecke (Abb. 20, 21 und 141) – er befindet sich heute im Historischen Museum der Stadt Wien –, einem Schlafzimmer sowie Bad, Küche und Vorzimmer bestand. Diese Wohnung sollte für den Rest seines Lebens – trotz seiner vier Ehen im wesentlichen unverändert – sein Heim bleiben.[281]

Das Schlafzimmer seiner ersten Frau, das 1903 in »Die Kunst« vorgestellt wurde (Abb. 143 und 144), war zur Gänze mit weißem Batist rayee drapiert und mit weißen Webfellen auf blauem Spannteppich ausgelegt.[282] Es wäre naheliegend, diesen im Looschen Schaffen vielleicht außergewöhnlichsten Wohnraum ausschließlich als Inszenierung seiner jungen Ehe zu interpretieren; tatsächlich aber setzte sich der Architekt hier auch mit biedermeierlichen Gestaltungstraditionen (Abb. 142) auseinander, nämlich mit dem Typus des Toilette- oder Ankleidezimmers, einem speziell der Dame des Hauses zugeordneten Raum, der gänzlich vom Tapezierer gestaltet, häufig zeltartig auspaliert war und gewöhnlich einen ebenfalls drapierten Toilettetisch aufwies. In diesem Sinne hat Ludwig Hevesi den Raum auch ein »appetitliches Schlummerzelt« genannt.[283] Obgleich das Schlafzimmer mit einem Doppelbett, zwei Nachtkästchen, zwei Kleiderkästen und einem Toilettetisch komplett eingerichtet war, beschäftigte sich Loos hier nicht, wie im Damenzimmer Turnovsky oder im Schlafzimmer Auspitz, mit der Gestaltung von Behältnismobiliar, denn Möbel im traditionellen Sinn gibt es hier gar nicht: sie sind Teile der Wand, einer textilen Wand. Auch das nur aus zwei übereinanderliegenden Matratzen gebildete Bett »verfließt« mit dem weichen Bodenbelag, so daß der Raum als Ganzes von einer textilen Hülle umschlossen scheint.

Jenes Einrichtungskonzept, das Loos im Wohn/Eßzimmer Haberfeld durch die Art der Möbelpositionierung

141. Kaminecke in der Wohnung von Adolf Loos, 1903

142. Biedermeierliches Toilette-Kabinett, Wien um 1825

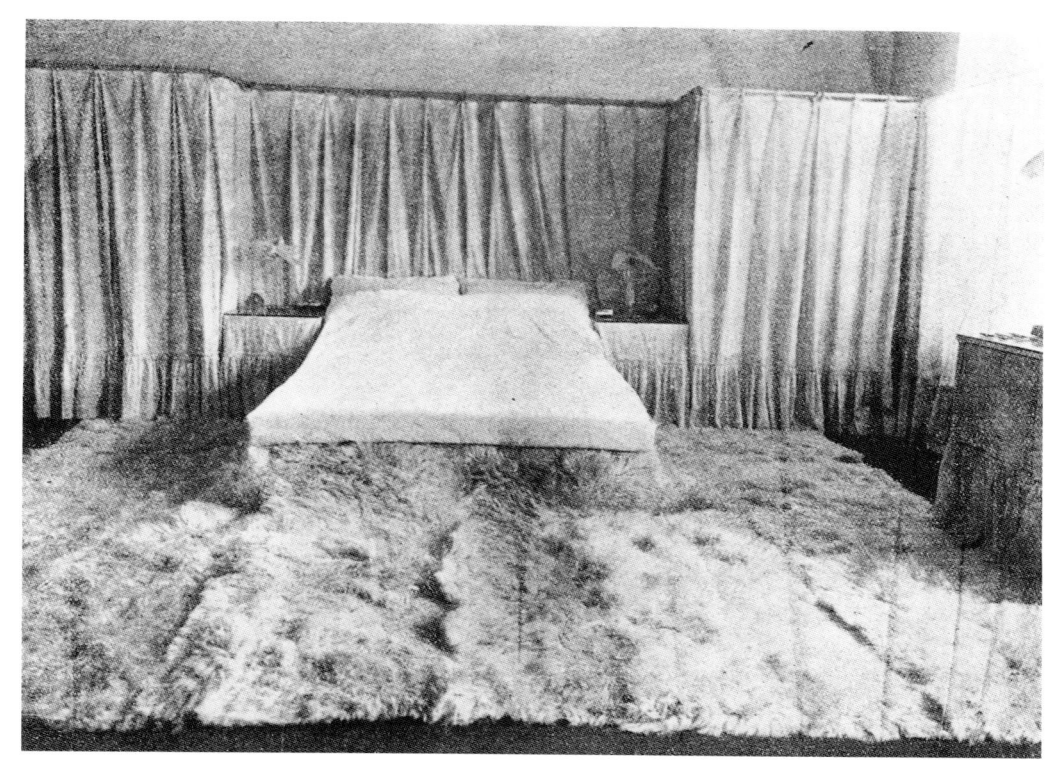

143.

143–144. Schlafzimmer in der Wohnung von Adolf Loos, 1903

145. Sitzecke im Wohnhaus Gustav und Helene Scheu, 1912

146. Musikzimmer der Wohnung Georg und Else Weiss, 1904

erstmals gültig umgesetzt hat, ist in seinem eigenen Wohnzimmer nun »wandfest« geworden. Während die Eckbank mit dem Eßtisch in einer Raumecke erhalten blieb *(Abb. 20 und 21)*, hat sich die Sitzecke zu einer an den Wohnraum angeschlossenen Kaminnische, also einem »Inglenook« nach englischem Vorbild, mit eingebauten Bücherstellagen gewandelt. Und an die Stelle der von Loos bisher unorthodox verwendeten Tapezierung und Zimmermalerei traten eine Balkendecke und eine halbhohe Wandvertäfelung.

War die textile Bekleidung der Wand der intimen, weiblichen Sphäre des Schlafzimmers zugeordnet, so vermittelt die hölzerne Wandverkleidung, die den gesamten auch Gästen zugänglichen Wohnbereich umzieht, den Eindruck privaten Komforts. Jenes Einrichtungskonzept, das Loos bereits 1898 in »Das Prinzip der Bekleidung« theoretisch formuliert hat, konnte er also bei der Gestaltung des eigenen Heims erstmals auf radikale Weise verwirklichen.

## WAND UND RAUM

> Die Urform allen Wohnens ist das Dasein nicht im Haus, sondern im Gehäuse. (Walter Benjamin)

Adolf Loos hat mit dem 1902 für Dr. Hugo Haberfeld gestalteten Wohn/Eßzimmer und dem Wohnzimmer mit angeschlossener Kaminnische in seiner eigenen, 1903 eingerichteten Wohnung einen Wohnraumtyp geschaffen, der auch durch eine spezielle Art der Einrichtung – nämlich wandfeste Sitzbänke in den Zimmerecken abseits der Durchgangswege und leichtes Beistellmobiliar – charakterisiert wird. »Der Zimmergrundriß ist heute«, vermerkt Loos dazu, »zentrifugal. Die Möbel stehen in der Zimmerecke (aber nicht schräg, sondern gerade). Die Mitte bleibt frei (Bewegungsraum) ... Eine betonte Mitte gibt es nicht.«[284] Dieser Raumtyp fand für unterschiedliche Wohnfunktionen Anwendung, denn auch im Herrenzimmer der Wohnung Turnovsky gab es eine fix montierte, raumgreifend gestaltete Sitzecke *(Abb. 49 und 131)*, und das Musikzimmer der von Loos 1903 eingerichteten Wohnung von Georg und Else Weiss wurde sogar in drei Sitzecken gegliedert. *(Abb. 146)* Varianten dieses Einrichtungsschemas wurden in später von Loos eingerichteten Wohnungen auch für Bibliothekszimmer und Arbeitszimmer des Hausherrn verwendet. In den von Loos entworfenen Wohnhäusern wurde dieser Raumtyp schließlich zur »Hall«, also zum zentralen Wohn- und Erschließungsraum des Hauses, der gleichfalls mit einer peripher angeordneten Sitzecke oder Kaminnische ausgestattet ist.[285] *(Abb. 145)*

Ergänzend zu diesem Wohnraum entwickelte Loos den Repräsentationsbedürfnissen seiner großbürgerlichen Auftraggeber entsprechend um 1903/05 als weiteren Raumtyp das getäfelte Speisezimmer mit zentralem Eßtisch, um den sich zumeist Kopien englischer Stuhlklassiker gruppierten. *(Abb. 147 und 148)* Zwar ist es – nach Loos – »mit der Garnitur zu Ende«, und der »einzelne Sessel hält seinen Einzug in unsere Wohnräume. Nur eine Ausnahme gibt es: das Speisezimmer. Dieser Raum führt alle Angehörigen zu einer ganz gleichen Tätigkeit auf kurze Zeit zusammen. Da gibt wohl jeder einzelne gerne etwas von seiner individuellen Bequemlichkeit auf, um ein gleichartiges Speisen zu ermöglichen. Denn das kann man von guter Gesellschaft verlangen. Und so hat dieser Raum noch am ehesten das Recht, von ein und demselben Kunsthandwerker, sei es nun Architekt, Tapezierer oder Tischler, eingerichtet zu werden ... Das Schwergewicht liegt natürlich in der Wandverkleidung, dem Kamin und den Wandschränken, also Dingen, die *nicht* zum *Meublement*, sondern *zum Haus* gehören, Dinge, die der Besitzer stets von einer Person auf Bestellung wird anfertigen lassen müssen.«[286] Im Speisezimmer lag also – im Gegensatz zum Salon – das repräsentative Schwergewicht einer von Loos eingerichteten Wohnung. Dies entspricht jenem Wandel der Wohnfunktionen, der sich in der zweiten Hälfte des 19. Jahrhunderts parallel zum Stilwandel von der Formenwelt des »Zweiten Rokoko« zum »deutschen Renaissance-Styl« vollzogen hat. So bemerkt Jakob von Falke noch 1871 in seiner »Kunst im Hause«: »Dagegen mag man im *Salon* entfalten, was man an Glanz und Pracht, an elegantem Scheine zur Repräsentation des Hauses für nöthig hält«[287], während Cornelius Gurlitt 1888 »Im Bürgerhause« festhält: »Das Esszimmer ist der Festraum des deutschen Hauses ... Ein stattlicher Raum ist eines der ersten Erfordernisse, um ein Esszimmer zweckentsprechend zu gestalten ... Schon lange hat sich reichliche Verwendung von Holzverkleidungen als für das Speisezimmer bevorzugt eingebürgert.«[288] *(Vgl. Abb. 9)*

Die Gestaltung der Wohn- und Eßräume variierte in den von Loos eingerichteten Wohnungen und Wohnhäusern zwar, die einmal entwickelten Raum(funktions)typen blieben jedoch konstant. Innerhalb der Loosschen Interieurgestaltung gibt es daher auch keine geraden Entwicklungslinien, vielmehr werden bestimmte Gestaltungsweisen der jeweiligen Gestaltungsaufgabe entsprechend angewandt, und neue Qualitäten treten bei geänderten Aufgabenstellungen hinzu; dies ist insbesondere bei den

147. Eßzimmer im Wohnhaus Hugo und Lilly Steiner, 1910

148. Eßzimmer der Wohnung Paul Mayer, 1913

Wandverkleidungen zu beobachten. Unter dem unmittelbaren Einfluß der angelsächsischen Wohnkultur verwendete Loos halbhohe, durch Rahmen und Füllung oder andere Binnengliederungen strukturierte hölzerne Wandverkleidungen. Zusammen mit der Kaminnische und der Balkendecke findet sich eine derartige Wandverkleidung bereits auf einer um 1900 datierten Entwurfszeichnung des Architekten *(Abb. 149)*; in seiner eigenen Wohnung wurden diese Gestaltungselemente dann erstmals ausgeführt. *(Abb. 20, 21 und 141)*

Angeregt durch die Motivik des Klassizismus, insbesondere durch die neoklassizistische Architektur der USA, benutzte Loos für besonders repräsentative Wohnräume, wie die Speisezimmer der Wohnungen Bellak (1907) und Löwenbach (1913) oder des Hauses Strasser (1918, *Abb. 150),* und Lokale, wie das Café Capua (1913), marmorne, von Friesen oder Gesimszonen bekrönte Wandverkleidungen.

Als dritte Art der Wandgestaltung bekleidete Loos schließlich Wandflächen zur Gänze mit Marmor oder Holzfurnieren ohne jegliche Zonung oder Binnengliederung und betonte dabei die natürliche Wirkung des verwendeten Materials. Eine erste radikale Anwendung dieser Gestaltungsweise finden wir im 1910 am Wiener Michaelerplatz errichteten Geschäftshaus Goldman & Salatsch *(Abb. 5),* häufiger wird diese Art der Wandgestaltung jedoch im Spätwerk des Architekten verwendet, etwa in der Pariser Kniže-Filiale, dem Wiener Haus Moller 1927, der Wohnung Brummel in Pilsen und dem Haus Müller in Prag 1928. *(Abb. 154–157)*

Im Gegensatz zur Interieurgestaltung der »Künstler-Architekten« des Jugendstils, die bemüht waren, mit einer modernen Formensprache auch ihren individuellen Entwurfsstil auf die gesamte Wohnkultur zu übertragen und solcherart ein Gesamtkunstwerk zu schaffen, werden in einer von Loos eingerichteten Wohnung, was die Wandgestaltung und den Raumtyp anlangt, unterschiedliche Ausstattungsformen nebeneinander angewandt. Ein anschauliches Beispiel dafür ist die 1907 eingerichtete Wohnung für Arnold und Julius Bellak mit einem »klassischen« marmorverkleideten Speisezimmer und einem »englischen« Wohnraum mit Holzvertäfelung. *(Abb. 151)* Waren im Historismus zufolge der damals praktizierten »Ikonologie« des Wohnens Speisezimmer im »Renaissance-Styl« und Salons im »Rococo-Styl« einzurichten, so entwickelte nun Loos für seine Wohnräume eine Gestaltungsskala von öffentlich-repräsentativ (Speisezimmer), privat (Wohn-, Herren-, Musik- und Bibliothekszimmer) und intim (Schlafzimmer), die in unterschiedlichen *Gestaltungs-Modi*

149. Entwurf einer Sitzecke, um 1900

150. Speisezimmer im Wohnhaus Karl und Hilda Strasser, 1918

151. Wohn- und Eßzimmer der Wohnung Arnold und Julius Bellak

152. Henry H. Richardson, Bibliothek im Glessner House/Chicago, 1886

153. Henry H. Richardson, Hall im Glessner House/Chicago, 1886

ihre Darstellung fand.[289] Adolf Loos hat den Schritt über die »Wiener Moderne« hinaus und zurück zu Wohnqualitäten der Vätergeneration gleichermaßen gemacht, ohne jedoch von »Wohn-Stilen« belastet zu sein. Indem er die bürgerliche Wohnkultur des 19. Jahrhunderts analysiert und umgewandelt hat, ist es ihm gelungen, einen gleichsam klassischen Kanon des Wohnkomforts für seine Zeit und seinen Kundenkreis zu schaffen.[290]

Die Wirkung der Loosschen Wohnraumgestaltung auf seine Zeitgenossen vermittelt uns Ludwig Hevesi in seinem 1907 erschienenen Bericht zur »Wohnungswanderung«, in dem er insbesondere die vielfältigen Gestaltungsmöglichkeiten hervorhob, wenn er schreibt: »Ich habe nun viele von Loos ausgestattete Wohnungen gesehen. Billige und kostbare, für Bewohner von sehr verschiedenen geistigen und physischen Bedürfnissen ... Er rechnet jedoch mit den Marotten eines Hausherren ... Er ist der Schlichtheit wie der Pracht gewachsen, wird mannigfachen Bedürfnissen auf seine Weise gerecht. Selbst die lyrische Note ist ihm nicht versagt.«[291] Bei den von Loos eingerichteten Wohnräumen ergaben sich die Anwendung jeweils unterschiedlicher *Gestaltungs-Modi* und die Materialwahl vor allem aus den jeweiligen Bedürfnissen des Auftraggebers, seinen räumlichen und finanziellen Möglichkeiten und seinen spezifischen Repräsentationswünschen. Die Tatsache, daß er den Wünschen der Benutzer größere Bedeutung beimaß als gestalterischem Purismus, erklärt auch den alles andere als avantgardistischen Eindruck, den viele Interieurphotos Loosscher Wohnräume auf den heutigen Betrachter machen. Loos selbst war »stolz, daß die innenräume, die ich geschaffen habe, in der photographie vollständig wirkungslos sind. Daß die bewohner meiner räume im photographischen bilde ihre eigene wohnung nicht erkennen.«[292]

Als das Spezifikum Loosschen Einrichtens betont Hevesi jedoch folgende Fähigkeit des Architekten: »Den Raum als solchen gestaltet er ganz nach Bedarf, nützt Winkel aus, ... *baut Möbel aus dem Grundriß*.«[293] Die Kastenmöbel sind tatsächlich zu einem Teil der Architektur geworden, und Loos erhält damit »gleichsam durch die Hintertüre« gestalterischen Zugriff auf das ansonsten dem Tischler überlassene Mobiliar. Beim Übergang von einer Gestaltungsebene – der Wohnung – zum dreidimensionalen Entwurf – dem (Wohn-)Haus – wurde die Raumorganisation immer komplexer, und es entstanden schließlich gleichsam *hölzerne Wände*, die Raumhülle und Behältnismöbel zugleich waren. Der zweiseitig benutzbare Raumteiler *(Abb. 46 und 47)* erweist sich als freistehende Vorstufe dieser Entwicklung. Ein Vergleich der Wandverkleidung mit »dahinterliegender« aufklappbarer marmorner Etagere *(Abb. 20)* in Loos' eigener Wohnung mit dem »Zimmer der Dame« *(Abb. 154 und 155)* im Haus Müller in Prag von 1928 zeigt das Konstante und die Radikalisierung dieser Auffassung von Wand im Œuvre des Architekten.

Loos hat damit die Furnieroberfläche des biedermeierlichen Kastenmobiliars auf die Wandgestaltung übertragen, und dabei wird auch seine ambivalente Vorstellung von der Wand als umhülltem Behälter und dem Behältnismobiliar als Teil der Wand sichtbar. Außerdem wird bei Kastenmöbeln und Wandverkleidungen das Bekleidungsmaterial zur glatten Fläche, bei der ausschließlich die natürliche Oberflächenstruktur des Werkstoffes zur Wirkung gelangt. Mit dieser neuen, über die reine »Materialgerechtigkeit« hinausreichenden sinnlichen Qualität ist es Loos gelungen, die in seiner Ornamenttheorie gestellte Forderung nach der Ästhetik des Materials einzulösen.[294]

Ein wichtiges Experimentierfeld zur Entwicklung dieser Identität von Wand und Fach innerhalb des Loosschen Œuvres war die Einrichtung von Geschäftslokalen, insbesondere von Schneidersalons und Herrenausstattungsgeschäften.[295] Diese Einbauten in bestehende Gebäude verlangten einen ökonomischen Umgang mit dem vorhandenen Raum.[296] Die funktionale Trennung zwischen dem ebenerdigen »Outfitters«-Verkaufsraum und der Maßschneiderei im Mezzanin, wie sie 1898 im ersten Salon für Goldman & Salatsch *(Abb. 6)*, aber auch bei Knize *(Abb. 7 und 8)* 1905–1910[297] praktiziert wurde, nimmt die Raumdisposition des 1909/11 von Loos am Wiener Michaelerplatz für Goldman & Salatsch neu errichteten Geschäftshauses vorweg, die hier auch an der Fassadengestaltung deutlich ablesbar ist.

Herrenmodegeschäfte verlangen keine andersartig organisierten Behältnismöbel als die private Kleidung. »Die Wiener Herrenmode hat die freundschaftlichen Beziehungen mit England schon lange vor der neuen Kunstgewerbe-Ära angeknüpft … Der Wiener Herrenmodesalon [= Goldman & Salatsch, 1898] … zeigt unverkennbar das Streben des Schöpfers [Adolf Loos] … nach englischer Eleganz, ohne dass auf ein bestimmtes Vorbild hingewiesen werden könnte«[298], erläutert ein zeitgenössischer Kritiker. Michael Goldman selbst vermerkt im Ansuchen für den Hoftitel, daß er »in letzter Zeit seinem Atelier ein Herrenmodegeschäft angereiht [habe], welches im vornehm Styl angelegt ist und an Vielseitigkeit und Eleganz von keinem anderen derartigen Unternehmen übertroffen wird«[299].

Nach dem Beispiel von Schiffskabinen oder jenem der – übrigens in Chicago erzeugten – Pullman-Waggons oder des eingebauten Aufbewahrungsmobiliars der Shaker verschwanden die Kästen in der Wand. Die Ursache für Loos' sparsamen Umgang mit dem vorhandenen Raum liegt im Ökonomiebegriff des Architekten begründet, der bereits in der Ornament-Diskussion angesprochen wurde.[300]

Nicht nur Behältnismöbel des historistischen Interieurs, wie Kleiderkästen oder Speisezimmerbuffets *(Abb. 147 und 148)*[301], sondern auch der »Decorationsdivan« im »deutschen Renaissance-Styl«, waren ein Teil der Wand. Es stellt sich daher die Frage, in welchem Verhältnis das von Loos in die Wandverkleidung integrierte Mobiliar zur historistischen Innendekoration steht. Hat etwa die hölzerne Wandverkleidung für den Architekten noch eine ebenso große Bedeutung wie für die Generation vor ihm? Der für die Loossche Formgebungstheorie vielfach stichwortgebende Kunstgewerbetheoretiker Jakob von Falke, der in bezug auf die Wiederbelebung alter Vorbilder und die Ablehnung des Innenraumkunstwerks bei der Ausstattung von Wohnräumen eine ähnliche Haltung vertrat wie Loos selbst, sah in der traditionellen Wandverkleidung tatsächlich auch ein Mittel zur Schaffung von Behaglichkeit, wenn es heißt: »Einzelne Kunststile, man kann wohl sagen alle, haben unter größeren und reicheren Verhältnissen auch die Innenwand architektonisch behandelt … Ein Anderes ist es mit der eigenen Wohnung. Hier müssen wir uns zunächst hüten, daß wir sie nicht zu einem monumentalen Kunstwerk machen … Solche Zimmer machen trotz der warmen und wohnlichen Farbe des alten Holzes nicht den Eindruck der Wohnlichkeit … Das Motiv, das in dieser Decoration liegt, die holzgetäfelte und gegliederte Wand, ist keineswegs für die moderne Wohnung unzulässig; im Gegentheil, diese Wand vereinigt so viele künstlerische und praktische Vorzüge, daß nur die Kostbarkeit derselben, die einer allgemeinen Wiederaufnahme Hindernisse setzt, zu bedauern bleibt. Der braune Ton des Holzes … vereinigt den Eindruck der gemüthlichen Wärme mit dem Gefühl des Physischen. Er gibt einen vortrefflichen Hintergrund für das Mobiliar und beweglichen Schmuck aller Art … [Die Decke] ist allerdings, namentlich wenn sie aus dunklem Holz besteht, nicht ohne den Eindruck der Schwere, dafür gewähren die Balken, die wir offen daliegen sehen, wieder das Gefühl der Sicherheit. Zu holzgetäfelten Zimmern ist diese … Decke schwer zu entbehren; trotz ihrer dunklen Farbe vollendet sie den Eindruck der *Behaglichkeit,* eines ernsten und soliden Geschmacks, den solche Zimmer zu machen pflegen.«[302]

154–155. Damenzimmer im Wohnhaus Dr. Frantisek und Milada Müller in Prag, 1928

Vergleicht man einen Wohnraum von Loos mit einem historistischen *(Abb. 9)*, so findet man einen Unterschied darin, daß das gründerzeitliche Interieur durch Stilelemente der Außenarchitektur – wie zum Beispiel Säulen – »tektonisiert« wurde. Die beiden gemeinsame Bedeutung der Wandverkleidung für die Atmosphäre stellt demnach keine formale Verwandtschaft her, denn bei Loos gibt es zwischen der Balkendecke und der hölzernen Wandverkleidung eine neutrale Wandfläche, die nicht zwischen den Holzelementen vermittelt.

Diese Art des Wandaufbaus konnte Loos während seines Aufenthaltes in den USA ebenso kennenlernen wie bei seinen London-Besuchen. Es handelt sich dabei nämlich, wie auch beim Inglenook und der Balkendecke, um ein gebräuchliches Ausstattungselement angelsächsischer Interieurs des ausgehenden 19. Jahrhunderts, das mit dem »Queen-Ann-Revival« aktuell wurde.[303]

Konkrete und gut erhaltene Beispiele privater Wohnhäuser, wie sie Loos 1893 in Chicago gesehen haben könnte, sind etwa Henry H. Richardsons (1838–1886) Glessner House von 1886[304] und die erste, 1889 datierte Ausbauphase von Frank Lloyd Wrights (1869–1959) eigenem Haus in Oak Park. In beiden finden sich Standardmotive der angelsächsischen Wohnkultur, wie halbhohe Wandverkleidungen, Kaminnischen und Einbaukästen. Wrights Haus weist im Detail erstaunliche Parallelen zu Looschen Interieurs auf, beispielsweise die Verwendung eines klassischen Gips-Frieses in der Eingangshalle, doch zeigt die weitere Entwicklung der beiden Architekten grundverschiedene Auffassungen vom Bauen.[305] Im wenig älteren Glessner House manifestiert sich ein auf Komfort anstelle von Prestige und Kunstwerkanspruch basierendes Wohnkonzept, das zwar für Loos nicht als konkretes Vorbild wirkte, wohl aber beispielhaft für den angelsächsischen Wohnstandard der Zeit ist. *(Abb. 152 und 153)* Die besondere Bedeutung, die der emotionalen Funktion des privaten Heimes bei der Planung und dem Bau dieses Hauses von Architekt und Auftraggeber beigemessen wurde, schildert John J. Glessner in einem Bericht an seine Kinder, der mit den Worten beginnt: »Mankind is ever seeking its comforts and to achiev its ideals. The Anglo-Saxon portion of mankind is a home-making, home-loving race.«[306] Diese Dimension des Atmosphärischen im privaten Wohnraum war es, die Loos mit der Kaminnische,

156. Speisezimmer im Wohnhaus Dr. Frantisek und Milada Müller in Prag, 1928

157. Salon im Wohnhaus Dr. Frantisek und Milada Müller in Prag, 1928

der hölzernen Wandverkleidung und anderen Elementen der für ihn vorbildlichen angelsächsischen Wohnkultur in seinen Wiener Interieurs zu verwirklichen suchte.

Sein Rezeptionsinteresse war nicht auf formale Details gerichtet, sondern – wie schon beim Möbeldesign – auf vollständige Lösungen. Er war dabei von großer Neugier gegenüber fremden Kulturtechniken und Lebensgewohnheiten geprägt, die vielfach noch *unter* dem Wahrnehmungsniveau der zeitgenössischen »Künstlerarchitekten« und der Kunstwissenschaft gleichermaßen lagen.[307]

Nach diesem Versuch, Loos' Interieurgestaltung gegen Vorbildtraditionen des Historismus und der angelsächsischen Wohnkultur abzugrenzen, stellt sich nun die Frage nach der Bedeutung seines Konzepts für die nachfolgende österreichische und internationale Architektengeneration. Am Beispiel von Le Corbusier und Josef Frank soll eine Antwort versucht werden.

Le Corbusier, auf dessen theoretische Übereinstimmungen mit Adolf Loos – insbesondere auf dessen Interesse an fertigen Industrieprodukten, den »objets types« – bereits mehrfach hingewiesen wurde, wollte den Innenraum ebenso wie Loos aus den funktionellen und formalen Einschränkungen der »kompletten Einrichtung« lösen. Le Corbusiers Intention ging dabei jedoch – im Gegensatz zu Loos – von einer Standardisierung auch des privaten Wohnraumes aus; 1927 erläuterte er dies in »Die Innenausstattung unserer Häuser auf der Weißenhof-Siedlung« folgendermaßen: »Was heißt Möblierung? ... Antwort: In einem Haus schläft man, man wacht auf, man arbeitet, man tut dies und das, man ruht sich aus, man plaudert, man ißt, und schließlich schläft man wieder ein. Worin besteht der logische Zusammenhang dieser Funktionen mit den überlieferten Möbeln? Worin besteht die Übereinstimmung? Das Bett, der Tisch, die Stühle behalten ihre Funktion prinzipiell ... Es ist uns selbstverständlich, daß wir im Büro, im Klub, im Auto, auf dem Ozeandampfer neue Gewohnheiten im Sitzen angenommen haben. Was ist nun näher verwandt, der Klub mit meinem Wohnzimmer oder mein Wohnzimmer mit einem Salon Louis XV? ... Wir haben [aber auch] allerhand Dinge aufzubewahren ... Es sind lauter Gegenstände des täglichen Gebrauchs, die infolgedessen schon längst standardisiert sind. Wir könnten also die betreffenden Schränke entsprechend dimensionieren, d. h. *standardisieren*.«[308] Le Corbusier, der bereits von der Industrie standardisiertes Mobiliar, wie zum Beispiel Bugholzmöbel, auch in Wohnräumen verwendet hat, entwickelte daher selbst entsprechende Kastenmöbel, die »cassiers standards«, die zum Vorbild für alle nachfolgenden Kasten-Systeme werden sollten.[309]

Loos war hingegen zeitlebens von einem individuellen Auftraggeber ausgegangen, und die von ihm eingerichteten Wohnräume blieben letztlich an den Bewohner gebunden. Es ist hier nicht der Ort, die vielfältigen Wohnkonzepte des »Neuen Bauens« zu diskutieren, anhand zweier Aspekte werden die Grundsatzunterschiede jedoch deutlich. Im Gegensatz zur inhumanen Verarmung des Wohnens »für das Existenzminimum« (Ferdinand Kramer) und zum latenten Gesamtkunstwerksanspruch, der sich im »befreiten Wohnen« (Sigfried Giedion) manifestiert,[310] hat Loos in seinen Wohnräumen die Nutzerbedürfnisse stets mitüberlegt, ohne die Lebensgewohnheiten der Bewohner reglementieren zu wollen. Während Walter Benjamin in Ablehnung des bourgeoisen Lebensstils der Gründerzeit feststellt, »daß Wohnen im alten Sinne, bei dem die Geborgenheit an erster Stelle stand, die Stunde geschlagen hat«[311], galt es für Loos, das Ideal von »privacy« und »comfort« in den eigenen vier Wänden gegen die »Unwirtlichkeit der Städte« zu verteidigen.

Josef Frank, der dem pathetisch propagierten Purismus des »Neuen Bauens« gleichfalls skeptisch gegenüberstand, hat sich, wie schon erwähnt, mit dem Möbeldesign von Loos (zum Beispiel ägyptischer Hocker) und Loos' theoretischen Positionen auseinandergesetzt; er sah das Wohnen in der Folge als einen von der Standardisierung der Arbeitswelt unabhängigen Bereich, den des privaten Lebens nämlich. Als Erklärung vermerkt Frank 1927 im Begleitessay »Die moderne Einrichtung des Wohnhauses« zur Werkbundsiedlung Stuttgart/Weißenhof: »Die äußere Form der Häuser, die wir heute anstreben, soll wieder deren Einheitlichkeit auf einfachster und knappster Grundlage herstellen. Eine derartige Einheitlichkeit im Inneren ist nicht einmal wünschenswert und noch dazu auf Grund eines Anpassens an das Äußere doppelt sinnlos. Nur ein Beispiel: In früheren Zeiten versah man Kästen mit Säulen und Gesimsen, um sie der Palazzofassade anzugleichen; wer heute einen Sessel mit quadratischem Sitz und gerader Lehne macht, um ihn mit der Form des kubischen Hauses in Einklang zu bringen, schafft im gleichen Geist wie jener Kastentischler, nur viel veralteter ... Der moderne Mensch, den seine Berufstätigkeit immer stärker anstrengt und abhetzt, braucht eine Wohnung, die viel behaglicher und bequemer ist als die alter Zeiten, weil er sich seine Ruhe in kürzerer Zeit konzentrierter verschaffen muß. Die Wohnung ist deshalb das absolute Gegenteil der Arbeitsstätte ... Er weiß auch, daß sein Zeitalter nicht nur das Jahr 1927 ist und daß eine Anzahl von häuslichen Geräten, wie Besteck, Geschirr, Sessel usw., sich schon vor hunderten Jahren zum vollendeten Typus entwickelt haben.«[312]

In bezug auf das Kastenmöbel unterscheidet sich Frank in der Zwischenkriegszeit von Loos; Franks konsequenter Ansatz lautet nämlich: »Zur Architektur gehört der Raum selbst, aber *nur* dieser. Die Möbel dagegen nicht, sie werden ohne direkten Zusammenhang mit dem Raum aufgestellt. Man muß sich hüten, mit Möbeln Architektur schaffen zu wollen und damit die klare Form des Raumes zu zerstören ... Deshalb müssen die Möbel auf Füßen stehen, die hoch genug sind, daß man die Begrenzungslinie zwischen Boden und Wand unterscheiden oder wenigstens erahnen kann. Ein Kasten, der auf seiner Bodenfläche ruht, stört die Begrenzungslinie und die Bodenfläche und damit jede Raumwirkung. Der Schreibtisch, der ohne Füße auf dem Teppich steht, schneidet ein Loch aus dessen Fläche aus und macht den Raum unklar.«[313] Für die Gestaltung der »Wiener Möbel«[314] der Zwischenkriegszeit, wie sie für das Einrichtungshaus »Haus und Garten« entstanden waren, bedeutete dies, alle Behältnismöbel konsequent auf Beine zu stellen, was dem Loosschen Verständnis vom Kasten als Teil der Wand grundsätzlich widerspricht.

Aber auch die Innenräume von Loos' späten Wohnhäusern haben sich gewandelt. Zwar finden wir im Haus Müller in Prag ein Speisezimmer mit zentralem Eßtisch und repräsentativer Holzdecke *(Abb. 156)*, wie wir es als Raumtyp im Schaffen von Loos seit 1903/05 kennen, aus der eingebauten Sitzecke ist hier jedoch ein komplexer Raum im Raum geworden, nämlich das »Zimmer der Dame«. *(Abb. 154 und 155)* Die Wohnhalle *(Abb. 157)* hat sich schließlich zu einem »Salon« entwickelt,[315] in dem die Möbel – als etwas von der Wand tatsächlich gänzlich Unabhängiges – hineingestellt sind. Die Architektur ist damit zum Hintergrund und zum komplexen Erlebnisraum für die Bewohner geworden.

Frank und Loos gemeinsam ist der Gedanke, den Wohnraum als Zentrum der architektonischen Gestaltung zu begreifen. »Das Wohnzimmer ist«, stellt Frank 1958 in »Akzidentismus« fest, »für uns sozusagen das Endziel der Architektur, denn es ist derjenige Bestandteil des Hauses, der uns am wichtigsten ist; ich finde es deshalb für mehr geeignet, von diesem beweglichen Detail auszugehen und dessen Prinzipien zu erweitern, als den umgekehrten Weg einzuschlagen ... Die Voraussetzungen, die für Wohnzimmer gelten, um sie angenehm zu machen, gelten auch für die Häuser, Straßen und Städte, deren gegenwärtige starre Formen ihre Einwohner heimatlos machen.«[316] Loos hatte schon 1898 – es sei hier wiederholt – festgehalten, daß es die erste Aufgabe des Architekten sei, »einen warmen, wohnlichen raum herzustellen«[317], das Gerüst dafür sei erst die zweite Aufgabe. Der Konflikt zwischen Architektur und Mensch, zwischen formal-ästhetischen Werten und dem konkreten Nutzwert für den Bewohner scheint also lösbar, wenn das Interieur zum Ausgangspunkt und Ziel des (Wohn)Baus wird. Das Haus »ist nämlich nicht zum Kochen, Essen, Arbeiten und Schlafen da, sondern zum Wohnen. Zwischen den Begriffen Kochen, Essen, Schlafen, Arbeiten und dem des Wohnens liegt das, was wir Architektur nennen.«[318]

# Katalog der »mobilen« Möbel

Adolf Loos hat Kästen und anderes Aufbewahrungsmobiliar der jeweiligen Raumsituation entsprechend als Architekturteile gestaltet, die Formgebung von tatsächlich mobilen Einrichtungsgegenständen, wie Sitzmöbeln und Tischen, betrachtete er jedoch als Aufgabe ihrer Hersteller, der Tischler und Tapezierer. In den vom Architekten eingerichteten Interieurs gibt es aber immer wieder Modelle und Möbeltypen, die Loos während seines ganzen Schaffens verwendet hat.

Im folgenden Katalog soll nun der Versuch unternommen werden, zwischen den tatsächlich von Loos entworfenen Möbelstücken, von ihm vorgenommenen Veränderungen an vorhandenen Möbeltypen und den von ihm bewußt aus dem Warenangebot ausgewählten Modellen zu unterscheiden.

Diese Unterscheidung läßt sich heute – ausgehend von der Analyse erhaltener Möbelbeispiele und authentischer Bildquellen Loosscher Innenräume – nur mehr mit Vorbehalt treffen. Als Orientierungshilfe können Loos' Angaben im Begleittext zu seiner 1907 veranstalteten »Wohnungswanderung« dienen:

»Sämtliche Speisesessel nach Originalen des österreichischen Museums.

Sämtliche übrigen Sitzmöbel nach englischen Originalen von F. O. Schmidt.

[...]

Alle übrigen modernen Möbel und Beleuchtungskörper von mir.«

Die Informationen zu den einzelnen Möbeltypen sind sehr unterschiedlich; während sich die Formgenese einiger Möbelstücke lückenlos bis zum unmittelbaren Vorbild zurückverfolgen läßt, kann bei anderen Beispielen nur auf mögliche Auswahlkriterien geschlossen werden, gestand doch gerade Loos den Benutzern große Eigenständigkeit beim Einrichten ihrer Wohnräume zu.

Anregungen für die von ihm entwickelten oder ausgewählten Einrichtungsgegenstände fand Loos vor allem in der facettenreichen angelsächsischen Möbelkunst und in der Formenwelt des heimischen Biedermeier, in Kulturräumen und Zeiten also, deren Einrichtungspraxis auch seinen »synkretistischen« Wohnvorstellungen entsprach.

Sucht man nach den Gemeinsamkeiten bei den »Loos-Möbeln«, so liegen diese – funktionell betrachtet – in ihrer Eigenschaft, mobile, frei gruppierbare Einzelstücke zu sein. Ihrer Formgebung liegt jedoch keine ästhetische Darstellung von Funktionalität als »Kunstwollen« im Sinne der Warenästhetik der »Moderne« zugrunde, sondern sie ist auf tatsächlich taktile Praktikabilität und Bequemlichkeit ausgerichtet.

Anders als die Architekten-Möbel des Klassizismus, Historismus und Jugendstils zeigen diese Einrichtungsgegenstände auch keine »optische Tektonik«, keine Visualisierung von Tragen und Lasten in der gerade aktuellen Formensprache beziehungsweise im individuellen »Stil« des Entwerfers. Die Gesamtform wird vielmehr – wie im Biedermeier – von der Möbel(furnier)oberfläche zu einem organischen Ganzen zusammengefaßt, das die Dualität von Kunst- und Werkform nicht kennt und statt dessen die Wirkung der Werkstoffes in den Vordergrund rückt.

Zugleich ist eine unvoreingenommene Übernahme traditioneller Formen und bereits gültiger Lösungen zu beobachten, mit der Loos den »Künstler-Entwurf« seiner Zeit ebenso ironisiert wie – quasi vorausschauend – den heutigen Umgang mit »Loos-Möbeln«.

Adolf Loos ist es solcherart gelungen, einen zeitunabhängigen, also »klassischen« Wohnstandard zu schaffen. Gerade dieses Einswerden von Komfort und interessanter Form macht den Reiz der Einrichtungsgegenstände für den Benutzer aus und stimuliert zu einer eher sinnlich-haptischen als intellektuell-analytischen Rezeption. Dem Möbel ist damit ein eigenständiger Bereich, der nicht mehr der architektonischen Ästhetik unterliegt, zugewiesen.

## DER DREIBEINIGE ÄGYPTISCHE HOCKER

Claire Loos berichtet in ihren 1936 verfaßten Erinnerungen »Adolf Loos privat« über den von Loos häufig verwendeten dreibeinigen ägyptischen Hocker: »Ich will wenigstens für die Stockerl, die sehr originell sind, den Musterschutz erwerben. Loos lacht mich aus. Das Modell stammt nämlich aus einem ägyptischen Königsgrab.«[319]

Tatsächlich ist das Vorbild für dieses Modell ein Hockertyp des »Neuen Reiches«, seine Integration in den abendländischen Wohnraum hat jedoch schon vor Loos in England begonnen. 1883 hat Sir Arthur Liberty im 1875 gegründeten Londoner Warenhaus Liberty's ein eigenes »Furnishing and Decoration Departement« unter der Leitung Leonard F. Wyburds eingerichtet, zu dessen ersten Modellentwicklungen ein 1884 patentierter »Thebes Stool« (Patent Nummer 16.673) zählt, der nach dem Vorbild eines dreibeinigen altägyptischen Hockers im British Museum (Inventar Nummer 2481) aus der Zeit um 1300 v. Chr. entstanden ist. Dieses Modell wurde von Liberty's bis etwa 1907 in Mahagoni und Eichenholz angeboten und um 1900 beispielsweise auch von Samuel Bing in Paris vertrieben.[320]

Im Gegensatz zum vierbeinigen ägyptischen Hocker (vgl. Kap. Der »ägyptische« Hocker – eine Rezeptionsgeschichte), der bereits um 1900 in den Wohnungen Haberfeld und Stoessl zu sehen ist, dürfte Loos – zeitgenössischen Bildquellen zufolge – diesen Hockertyp erstmals 1903 in seiner eigenen Wohnung verwendet haben.[321] Diese von Loos' berühmtem »Sesseltischler« Josef Veillich gefertigte Variante *(Abb. 16)* unterschied sich vom Liberty-Modell durch gedrungenere Proportionen. Sie wurde in Mahagoni, Eiche und Kirschbaumholz hergestellt und findet sich auf Interieuraufnahmen der Villa Karma (1903), den Wiener Häusern Steiner (1910), Duschitz (1915), Mandel (1916), Strasser (1918) und Rufer (1922), sowie im Pariser Kniže-Salon (1927) und der Pilsner Wohnung Brummel (1929) als ein leichtes, bewegliches Beistellmöbel.

Nach Veillichs Tod 1929 fertigte auch Friedrich Schnabel, der Mann von Loos' langjähriger Haushälterin »Mitzi«, diesen Hockertyp, die Ausführung entsprach jedoch nicht den Qualitätsvorstellungen des Architekten. Auch der Loos-Mitarbeiter Zlatko Neumann entwickelte eine leicht veränderte Variante des »Veillich-Hockers«. *(Abb. 14)* Außerdem setzte sich Josef Frank mit diesem Hockertyp auseinander und entwarf in den frühen zwanziger Jahren eine Variante mit höheren Beinen, die in zahlreichen von der 1925 gemeinsam mit Oskar Wlach gegründeten Einrichtungsfirma »Haus & Garten« ausgestatteten Interieurs zu finden ist. Außerdem ließ Frank die Beinkonstruktion des Hockers in einen Tischentwurf einfließen. *(Abb. 14)*

158. Dreibeiniger ägyptischer Hocker-Typ, um 1300 v. Chr.

159. Wohnzimmer in der Wohnung Otto und Olga Beck in Pilsen, 1908/1928

160. Dreibeiniger »ägyptischer« Hocker aus der Wohnung von Adolf Loos, 1903

161. Dreibeiniger »Thebes Stool«, Liberty's, 1884

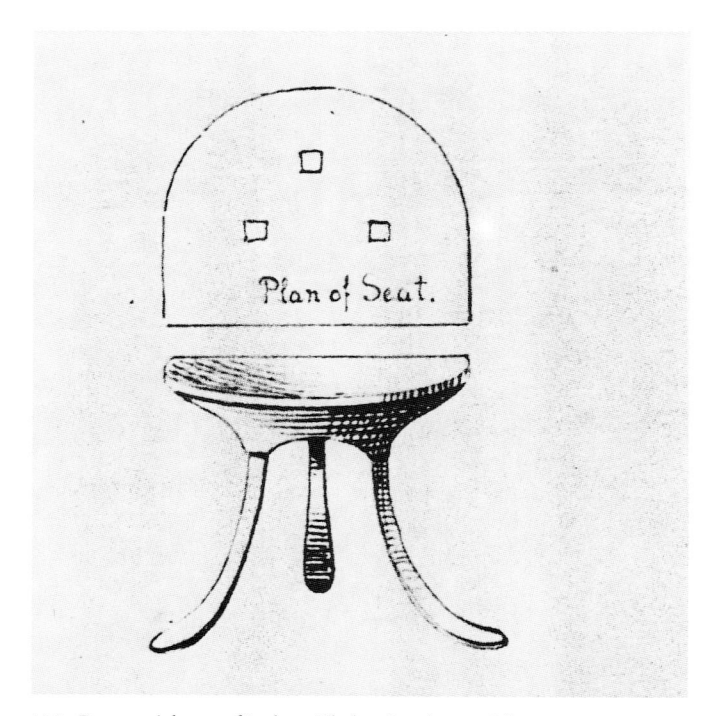

162. Josef Frank, Interieur mit dem dreibeinigen »ägyptischen« Hocker, um 1925

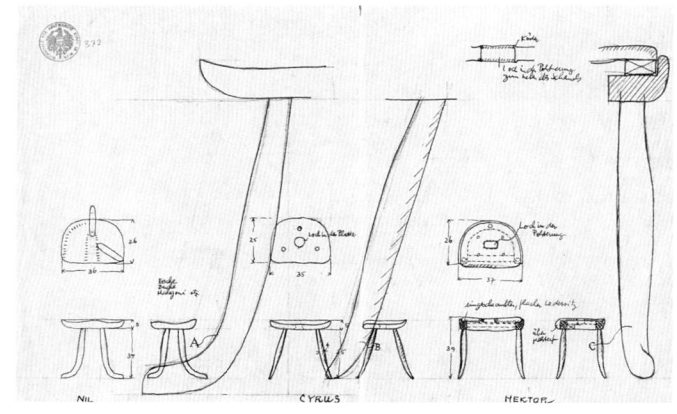

163. Patentzeichnung für den »Thebes Stool« von Liberty's, 1884

164. Josef Frank, Hocker-Entwürfe für »Haus und Garten«, um 1925

## CAFÉ MUSEUM UND CAFÉ CAPUA

Als Innenraumgestalter konnte Adolf Loos 1899 mit der Einrichtung des Café Museum seine bis dahin nur journalistisch artikulierte Opposition zur gestalterischen Opulenz des Wiener Späthistorismus und Jugendstils erstmals einer breiten Öffentlichkeit auch faktisch vor Augen führen. Er griff dabei auf einen traditionellen Raumtyp mit zentraler Sitzkassa zurück. Diese wurde ebenso wie vom k. k. Hoflieferanten Richard Seifert hergestellte Billardtische aus Mahagoniholz mit »Messingschuhen« gefertigt. Zur übrigen Einrichtung gehörten die seit den 1850er Jahren – als das Café Daum mit dem Thonet-Stuhl Nr. 4 ausgestattet worden war – für Wiener Kaffeehäuser klassisch gewordenen Bugholzmöbel.

Der Wiener Journalist Ludwig Hevesi hat diese Interieurgestaltung folgendermaßen kommentiert: »In diesem Erstlingswerk geht er [Loos] allem, was Kunst heißt, in weitem Bogen aus dem Wege. Er will den reinen Gebrauchsgegenstand machen. Schön ist ihm, was handlich ist; Stil, wenn das gebogene Holz so gebogen als möglich ist.«[322]

Loos, der nach seinen eigenen Worten begriffen hatte, daß der Thonet-Stuhl der modernste Stuhl sei, führte 1898 zum Bugholzmöbel aus: »Wurde seit Äschylos' tagen hellenischer gedacht? Siehe den Thonetsessel! Ist er nicht aus demselben geiste herausgeboren, aus dem der griechische stuhl mit den gebogenen füßen und der rückenlehne entstanden ist, schmucklos das sitzen einer zeit verkörpernd?«[323] 1929, im Nachruf für seinen »Sesseltischler« Josef Veillich, hielt Loos schließlich fest: »Die nachfolge des holzsessels wird der thonetsessel antreten, den ich schon vor einunddreißig jahren als den einzigen modernen sessel bezeichnet habe.«[324]

Der Stuhl für das Café Museum läßt Loos' Verständnis von der Gestaltung eines Gebrauchsgegenstandes als die Optimierung von Vorhandenem sichtbar werden. *(Abb. 23)* Der Bugholzstuhl wurde von der Firma Jacob & Joseph Kohn hergestellt, die 1867 als bedeutendster Konkurrent der »Gebrüder Thonet« im mährischen Wsetin von Vater Jacob und Sohn Joseph Kohn gegründet worden war. Im Gegensatz zu Michael Thonet, der die Bugholzmöbelproduktion aus handwerklichen Anfängen zu einem Industriezweig mit Weltgeltung gemacht hat, begannen die Kohns gleich als Fabrikanten; ihr Verdienst und Anliegen war es, das Möbel aus gebogenem Holz »salonfähig« gemacht und gleichzeitig das Herstellungsverfahren verbessert zu haben. Auf der Pariser Weltausstellung 1900 konnte die Firma Kohn mit ihren vom Josef-Hoffmann-Schüler Gustav Siegel entworfenen Modellen einen großen Erfolg erzielen und damit das Bugholzmöbel, bisher ein anonymes Industrieprodukt, zu einer interessanten Designaufgabe für führende Wiener Architekten und Entwerfer, wie Otto Wagner, Josef Hoffmann und Kolo Moser, machen.

Der Café-Museum-Stuhl weist eine Verwandtschaft zum berühmten Thonet-Modell Nr. 14 auf, jenem einfachsten und billigsten aller Bugholzserienmöbel; tatsächlich aber entstand er aus den beiden Kohn-Modellen Nr. 248 und Nr. 30. Loos reduzierte die ästhetisch unbefriedigenden drei Rückenlehnenbögen des Modells Nr. 248 auf zwei, behielt jedoch die Verbindungsbögen zwischen den Stuhlbeinen – eine Verfestigung der Konstruktion, die von J. & J. Kohn entwickelt worden war – bei. Diese Elemente werden mit dem »Winkelschluß« des Modells Nr. 30 kombiniert, einer in den 1870er Jahren ebenfalls von Kohn entwickelten Verbindung zwischen dem äußeren Holzbogen der Rückenlehne und dem Sitzrahmen, durch die die Form des Thonet-Modells Nr. 14 eine neue konstruktive Lösung erhielt. Der Querschnitt der Holzstäbe ist beim Café-Museum-Stuhl nicht, wie bei Bugholzmöbeln sonst üblich, rund, sondern elliptisch; damit gewinnt der Stuhl an Leichtigkeit, ohne dabei an Stabilität zu verlieren, da der Querschnitt des Holzes an konstruktiv wichtigen Punkten verstärkt ist.

Wesentlich für die Gesamtwirkung des Stuhles ist auch seine Farbigkeit; das Buchenholz wurde nämlich rot gebeizt und zeigt damit nicht die beim Bugholzmöbel sonst übliche Mahagoni- oder Palisandertönung. Dieser Rotton war ein wichtiger Akzent in der Farbkomposition des Kaffeehausinterieurs mit seinen dunklen, messingbeschlagenen Mahagonimöbeln, dem Dunkelgrün der Billardbespannung und den hellgrünen Tapeten.

Der Café-Museum-Stuhl hat in den von J. & J. Kohn herausgegebenen Serienmodell-Katalogen keine Aufnahme gefunden. Dennoch wurde dieser von Loos entwickelte Bugholzstuhl nicht nur für das Café Museum produziert, sondern findet sich auch auf einem 1902 in »Das Interieur«[325] veröffentlichten Photo eines vom Architekten Hans Mayr eingerichteten Restaurants in der Wiener Kärntner Straße. Im Kunsthandel tauchten außerdem Café-Museum-Stühle auf, die nicht rot gebeizt sind beziehungsweise Sperrholz- anstelle von Flechtsitzen haben; bei diesen fällt eine ungewöhnliche, jedoch praktische Sitzrahmenleiste zur Stabilisierung des Sperrholzsitzes auf. *(Abb. 24)*

Auch die Tische des Café Museum *(Abb. 22)* stellen eine Umgestaltung eines Serienprodukts von J. & J. Kohn dar. Ausgangspunkt ist das Modell 908a, ein vierbeiniger Tisch mit runder Platte, dessen Beine aus drei gebündelten Bugholzstäben zusammengefaßt sind; das Vorbild dafür, der Thonet-Tisch Nr. 8, findet sich erstmals im Thonet-Katalog von 1884. Das hier verwendete Modell Nr. 908/1a verfügt nur mehr über zwei Bugholzstäbe pro Bein; Loos hat diese Konstruktion im Café Museum jedoch durch Messingbänder verstärkt.

Bei den im 1913 von Loos eingerichteten Café Capua in der Wiener Johannesgasse verwendeten Bugholzstühlen handelt es sich gleichfalls um Serienmodelle, und zwar um den Sessel Nr. 461A (mit Sperrholzsitz, Flechtsitz: Nr. 461) und den Armlehnstuhl 1661 A (Flechtsitz: Nr. 1661) der Gebrüder Thonet. *(Abb. 25)* Diese bewußt konservativ gestalteten Stühle rezipieren die Formen des klassischen Windsorstuhles; Vorbilder finden sich hauptsächlich in für den angelsächsischen, speziell den amerikanischen Markt zusammengestellten Bugholzmöbelkatalogen. Die Modelle könnten im Vergleich mit den zeitgleichen Wiener Designer-Entwürfen als historisierend empfunden werden, doch der hohe Abstraktionsgrad der Detailformen, wie der Sattel oder die Sprossen der Rückenlehne, die im Gegensatz zur Konstruktion des Vorbilds bis unter die Sitzfläche gezogen wurden, macht Loos' Wahl dieses Modells, das sich ausgezeichnet in den klassizistischen, mit Onyxplatten verkleideten Raum des Konzertcafés einfügte, verständlich. Ein Vergleich mit dem damals aktuellen Angebot der Heywood Brothers & Company, die um 1900 als größte Sesselproduzenten der Vereinigten Staaten gleichfalls Bugholzmöbel fertigten, zeigt die Vorbildtraditionen und die unterschiedlichen Details gleichermaßen.

In beiden Kaffeehaus-Interieurs verwendete Loos – im Gegensatz zu seinen Wohnräumen, in denen »alle arten von sitzgelegenheiten« zur Auswahl stehen[326] – nur einen Sitzmöbeltyp, hier halte sich der Besucher nämlich, so argumentiert Loos, nur eine begrenzte Zeit auf, und alle Gäste führten, im Unterschied zu den Benutzern eines Wohnzimmers, ähnliche Tätigkeiten mit verwandten Sitzhaltungen aus. Insbesondere das Café Capua weist eine deutliche Verwandtschaft mit zeitgleichen Speisezimmereinrichtungen auf, bei denen Loos Stuhlkopien aus der »Zeit um Chippendale herum« verwendete, hier ist es ein vom Windsortyp abgeleiteter Bugholzstuhl.

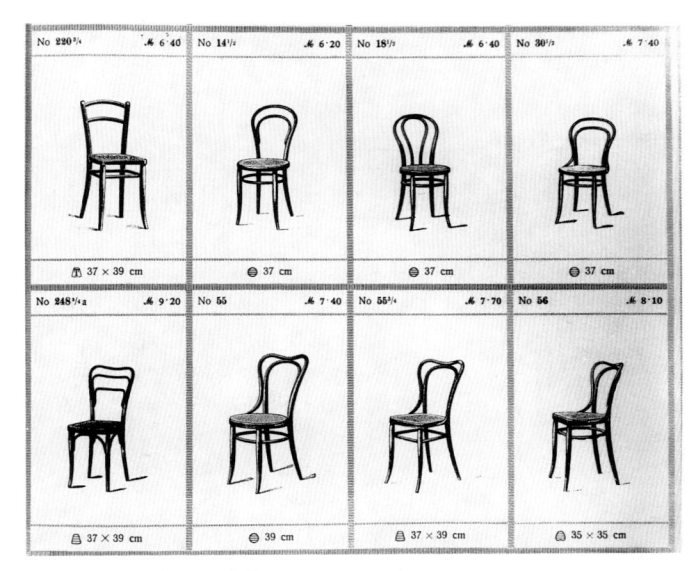

165. J. & J. Kohn-Modelle Nr. 14, 30 und 248

166. Interieur des Café Museum, 1899

167. Bugholzstuhl für das Café Museum, 1898

168. Restaurant-Einrichtung von Architekt Hans Mayr mit Stuhl-Modell aus dem Café Museum

169. Stuhl-Modell von Heywood Brothers & Co., 1899

170. Interieur des Café Capua, 1913

171. Thonet-Modelle Nr. 461 A und 1661 A

## DER »STÖSSLER-STUHL«

Adolf Loos entwarf für die 1899 eingerichtete Wohnung von Eugen Stössler das Speise- und Schlafzimmermobiliar aus Nußbaum- und Ahornholz, das 1900 im ersten Jahrgang der Wiener Kunstgewerbezeitschrift »Das Interieur«[327] vorgestellt wurde. *(Abb. 117)* Die von der Firma J. Bohn ausgeführten Möbel tragen als einzige im Werk von Loos die Entwerfersignatur »A L«, was der zur Jahrhundertwende üblichen Praxis entspricht. Die Speisezimmerstühle in den Wohnungen Haberfeld und Turnovsky waren Kopien englischer Klassiker des 18. Jahrhunderts beziehungsweise bei Otto Stoessl eine Variante des traditionellen »Ladder-back«-Typs, den Stössler-Stuhl jedoch hat Loos selbst entwickelt. *(Abb. 29)*

Das Vorbild beziehungsweise der formale Ausgangspunkt für den Stösslerschen Speisezimmerstuhl ist ein englischer Armlehnsessel, der 1897 in Scalas Ausstellung »Englische Möbel« im Österreichischen Museum zu sehen war. *(Abb. 27)* Es handelt sich dabei um ein Modell der 1870 gegründeten Londoner Möbelfirma Collison & Lock[328], das 1892 für das Handelsmuseum angekauft worden war. Das Modell fand Aufnahme in das Programm von F. O. Schmidt und wurde von Loos 1899 als Schreibtischstuhl im Arbeitszimmer Haberfeld, 1906 bei Friedmann und 1912 im Büro der Manzschen Universitäts- und Verlagsbuchhandlung verwendet. *(Abb. 28)*

Bei dem Armlehnsessel handelt es sich um eine Mitte des 19. Jahrhunderts entwickelte Variante des traditionellen englischen Windsorstuhls, wie sie in Büros, Bibliotheken, aber auch in Pubs Verwendung fand.[329] Ludwig Hevesi berichtete 1891 aus England über diesen »Smoker's Bow«: »An der Bar desselben [Wirtshauses] steht einer jener alten Mahagonistühle, die es nur in England gibt. Sie haben lauter abgerundete Kanten, sodaß man sich nirgends stossen und drücken kann, und sie sind nicht gepolstert, aber nach streng anatomischen Maßstäben rund ausgeführt, sodaß man darin sitzt wie hineingewachsen.«[330] Der Erfolg dieses Sitzmöbeltyps führte in der zweiten Hälfte des 19. Jahrhunderts auch zu einem Aufschwung der Windsor-Stuhl-Produktion, und Firmen wie C. & R. Light, Heal & Sons, Maple's boten Varianten des »Smoker's Bow« an. Auch der Architekt E. W. Godwin hat sich mit diesem Sitzmöbeltyp auseinandergesetzt *(Abb. 85)*, und nicht zuletzt handelt es sich auch bei Charles Dickens' berühmtem »Empty Chair«, dargestellt 1870 von S. L. Field, um einen »Smoker's Bow«.

Das Stössler-Modell erhielt anstelle der ledergepolsterten Lehne des Wiener Ausstellungsstücks eine hölzerne, während der Sattelsitz im Unterschied zum englischen Vorbild tapeziert wurde. Glatte anstelle von gedrechselten Beinen in Messingschuhen komplettieren das Sitzmöbel, das Loos auch im 1900 eingerichteten Frauenclub und – versehen mit zusätzlichen Armstützen – 1912 im Büro Manz verwendet hat.

Beide Varianten wurden von F. O. Schmidt gefertigt. Die Stössler-Version findet sich aber nicht nur in Loos-Interieurs, sondern ist auch in einer 1902 von der Firma Niedermoser eingerichteten Baukanzlei zu sehen.[331] Eine gedrungenere Variante dieses Entwurfs, die im Kunsthandel zu finden ist, deutet darauf hin, daß die Firma Schmidt verschiedene Versionen des Stössler-Modells gefertigt hat. *(Abb. 30)*

Dieser Stuhl wurde, wie schon die beiden ägyptischen Hocker, auch von Josef Frank bei seiner Entwerfertätigkeit für Svenskt Tenn aufgegriffen und variiert, dabei setzte sich Frank jedoch wieder mehr mit dem englischen Vorbild auseinander.

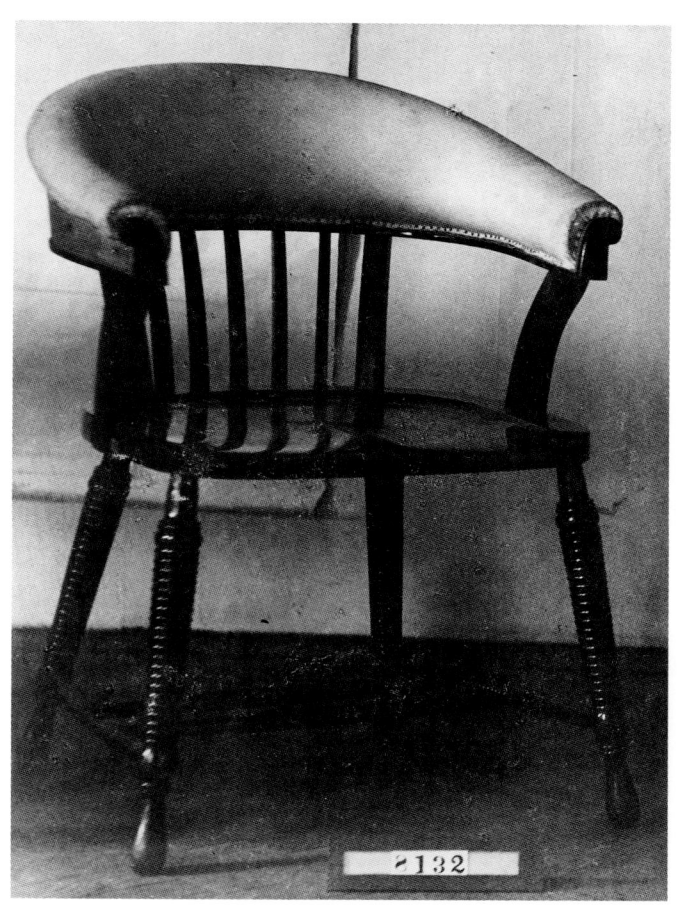

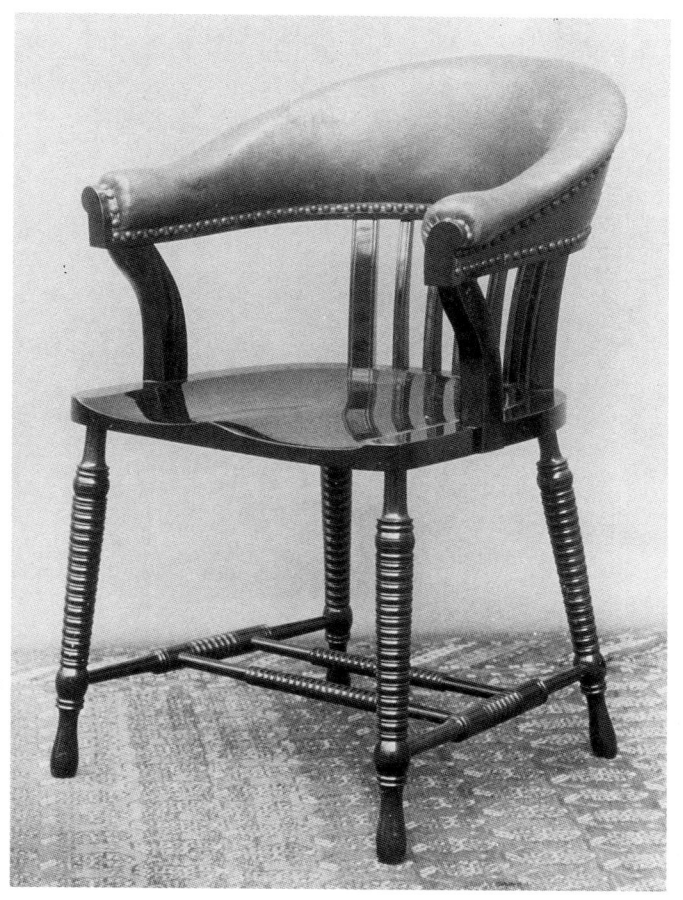

172. Kopie des Collison & Lock-Modells im Katalog von F. O. Schmidt

173. Stuhlmodell der Firma Collison & Lock, London

174. »Manz«-Stuhl im Katalog von F. O. Schmidt

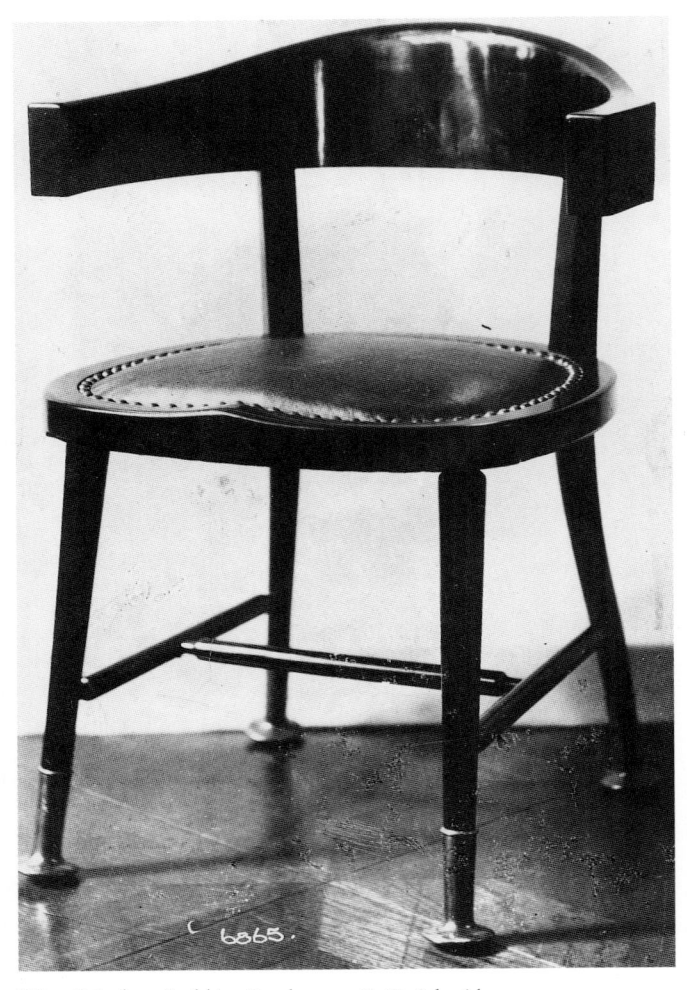

175. »Stössler«-Stuhl im Katalog von F. O. Schmidt

176. Windsor-Stuhl des »Smoker's Bow«-Typs, 2. Hälfte des 19. Jahrhunderts

177. Josef Frank, Stuhlmodell für Svenskt Tenn

178. Arbeitszimmer von Charles Dickens mit seinem leeren Schreibtischstuhl

## HOTEL-STUHL

In der Zeitschrift »Wohnungskultur« berichtet der Mailänder Architekt und Loos-Schüler Giuseppe de Finetti 1925 über »Möbel, Geräte und hygienische Einrichtungen auf der 1. Hotelausstellung des italienischen Touristenklubs«, die im April 1924 im Rahmen der »Mailänder Mustermesse« abgehalten wurde. »Die grundlegendste Eigenschaft einer Hoteleinrichtung heisst: modern sein (d. i. in Mode)!«, stellt de Finetti fest und setzt fort: »Wir bemerken vorwegnehmend, dass unserer Ansicht nach überflüssige Dinge in einem Hotel nichts zu suchen haben. Unanfechtbar ist wohl sicher der Satz, dass Gegenstände, die ›in Mode‹ sind, zugleich auch die allernützlichsten sind.«[332] Ganz in diesem Sinne weiß er über den von Loos für diese Ausstellung entwickelten »Hotel-Stuhl«, der in der »Wohnungskultur« auch abgebildet wurde, zu berichten: »Die Erwägungen eines hervorragenden Architekten sind ferner dem Stuhl gewidmet, der fast immer neben dem Bett zu stehen pflegt. Die Beobachtung, dass dieser Stuhl neben seiner Bestimmung zum Sitzen in unzähligen Fällen auch zum Ablegen des Rockes dient, brachte ihn darauf, die Lehne derart zu verändern, dass sie zum Kleiderbügel wurde und durch ihre Höhe und Gestalt ihrer besonderen Funktion entsprach. Und dieser scharfe Geist, der in dieser Angelegenheit etwas geleistet hat, was dem ›Ei des Kolumbus‹ ähnelt, verlangt nur, dass solch ein Sessel seinen Eigennamen trage: Loos.«[333]

Sucht man nach den gestalterischen Anregungen für diesen Entwurf, so ist festzustellen, daß Loos hier neben Entwicklungen der angelsächsischen Wohnkultur auch auf die chinesische Möbelkunst zurückgegriffen hat, die als einzige im ostasiatischen Raum für die gesamte in der europäischen Einrichtungspraxis verwendete Möbeltypenpalette exemplarische Lösungen bot.

Loos hat die sehr praktikabel in Form eines Kleiderbügels gestaltete Rückenlehne dieses Stuhls nämlich nach dem Vorbild des chinesischen Sesseltyps Guam Mao Shi – des »Stuhls in Form einer Gelehrtenmütze« – entwickelt, der gleichfalls diesen kleiderbügelartigen oberen Abschluß der Rückenlehne sowie ein schmales, bequem gebogenes Rückenbrett als Lehnfläche aufweist. Diese Lehnenform findet sich aber auch häufig bei englischen Stühlen aus der Regierungszeit von Königin Ann, wie sie Loos zum Beispiel 1911 für das Speisezimmer des Wohnhauses Goldman kopieren ließ.

179. Speisezimmer des Wohnhauses Leopold Goldman mit Stuhlkopien der Queen-Ann-Zeit, 1911

180. Hotel-Stuhl, entworfen für die Hotelausstellung in Mailand 1924

181. Rekonstruktion des Hotel-Stuhles

182. Englischer Speisezimmerstuhl der Queen-Ann-Zeit

183. Chinesischer Stuhltyp »Guam Mao Shi«

KORBSTÜHLE

Am Beginn seiner Arbeit als Innenarchitekt – im Gibson-Zimmer des 1899 eingerichteten Café Museum und im gleichzeitig ausgestatteten Frauenclub – hat Adolf Loos, angeregt durch angelsächsische Interieurs, in denen vor allem im ausgehenden 19. Jahrhundert Korbfauteuils zur Selbstverständlichkeit geworden waren, Korbmöbel aus der zeitgenössischen Wiener Serienproduktion zur Möblierung verwendet.

Als nach 1900 das Korbmöbel mit den von Wiener Künstlerarchitekten entworfenen Modellen der »Prag Rudniker Korbwarenfabrikation« mit einem Schlag zur Manifestation des Avantgardedesigns geworden war, schien Loos jedoch das Interesse an Korbmöbeln verloren zu haben. Erst als 1929 sein langjähriger »Sesseltischer« Josef Veillich starb, stellte er im Nachruf fest, daß »die nachfolge des holzsessels der thonetsessel antreten wird ... Und dann der korbsessel. In Paris, in einem schneidersalon [Knize], habe ich rotlackierte korbsessel« [verwendet].[334]

Tatsächlich begann Loos in den späten zwanziger Jahren die bisher von Veillich gefertigten Kopien Chippendalescher Speisezimmerstühle durch geflochtene Sitzmöbel zu ersetzen. Wir finden solche Korbstühle im Haus Müller in Prag ebenso wie in den Pilsner Wohnungen Brummel und Vogl.

Eine Anekdote in Claire Loos' Buch »Adolf Loos privat« zeigt uns, daß es sich bei diesen Modellen um Eigenentwürfe Loos' handelt; hier heißt es nämlich: »Wir sind in Hall. Loos sitzt vor dem Hotel. Plötzlich wird er unruhig – springt auf –, betrachtet genau den Korbsessel, setzt sich prüfend nieder – steht wieder auf! Auf der Rückenlehne ist ein Schild: Herlitz, Scharnstein. Loos winkt ein Auto heran. ›Lerle, steig ein.‹ Wir fahren nach Scharnstein. Herr Herlitz ist ein einfacher Mann. Loos sieht sich alle seine Sachen an. ›Gut, gut‹, sagt er. Er zeichnet auf die Tischplatte den neuen Sessel – ohne Armlehne. Ein Modell wird gemacht. Loos ist nicht zufrieden. Erst das dritte oder vierte Modell ist gut; Sitz und die Rückenlehne läßt er mit farbiger Wachsleinwand polstern. Die Polsterung schließt mit eng aneinandergereihten Kopfnägeln ab, wie eine feine Goldkette. Diesen Sessel aus Rohrgeflecht, jeder in einer anderen Farbe gepolstert, stellt Loos in ein Speisezimmer aus gelbem Travertinmarmor.«[335] Gemeint ist hier das 1929 eingerichtete Speisezimmer der Wohnung Vogl in Pilsen.

184. Korbstühle in der Pariser Kniže-Filiale, 1927

185. Speisezimmer mit geflochtenen Stühlen in der Wohnung Leo und Trude Brummel, Pilsen, 1929

## »ENGLISCHE« STÜHLE

Ludwig Hevesi hat sich 1907 in einem Bericht über Adolf Loos' »Wohnungswanderung« über das Verhältnis des Architekten zum Möbeldesign folgendermaßen geäußert: »Und Sessel kann auch heute keiner machen. Richtige Sessel wurden in jedem Jahrhundert nur ein paar erfunden, die sind aber auch ewig. Heute will jeder Architekt jedes Jahr mehrere neue Sessel erfinden, für die nächste Ausstellung; diese totgeborenen Saisonsessel sucht jeder gleich wieder loszuwerden. In der Tat hat Loos noch *nie* einen Sessel gebaut; er zieht es vor, die englischen Originale des Österreichischen Museums vorzüglich kopieren zu lassen.«[336] Zwar über- beziehungsweise untertreibt der Wiener Journalist, wenn er sagt, Loos hätte selbst niemals Stühle entworfen, doch bestätigt er auch Loos' Vorstellung von Möbeldesign, die dieser 1929 im bereits mehrfach zitierten Nachruf für seinen »Sesseltischler« Josef Veillich artikuliert hat. Darin bezeichnet Loos nämlich den »speisezimmersessel aus der zeit um Chippendale herum« als »vollkommen«; er passe daher »auch in jeden raum von heute«.[337]

Loos' Position stimmte dabei mit den Reformideen Arthur von Scalas im Österreichischen Museum für Kunst und Industrie überein, und er ließ – wie bereits erwähnt – englische Originale des Museums von F. O. Schmidt und Josef Veillich kopieren. Das besondere Verhältnis Loos' zu seinem »Sesseltischler« beschreibt Elsie Altmann-Loos folgendermaßen: »Der alte Veillich war sein Sesseltischler, er war auch taub, aber die beiden verstanden einander ohne viele Worte. Bei Veillich befanden sich alle Sesselmodelle aus dem Victoria & Albert Museum. Sie waren entweder aus Eiche, Mahagoni oder Kirschholz. Ein Modell, das im Original in Eiche gearbeitet war, kann auch in Mahagoni hergestellt werden, aber nicht in Kirschholz. Ein Mahagonimodell kann jedoch in Kirschholz hergestellt werden. Das war ein unabwendbarer Grundsatz. Wer ein Speisezimmer von Loos haben wollte, mußte sich darauf gefaßt machen, auf jeden Sessel ungefähr ein Monat warten zu müssen. Nach 6 Monaten hatte er ein Speisezimmer für 6 Personen, nach einem Jahr für 12. Loos hatte es nie gewagt, den alten Veillich zur Eile anzutreiben. ›Er weiß genau, wann er das Holz bearbeiten kann, ob es genügend trocken ist, ob man den Sessel zusammenfügen kann, ob man ihn beizen kann. Er ist der Meister, nicht wir.‹«[338]

Das von Loos am häufigsten verwendete Modell »aus der Zeit um Chippendale herum« scheint nicht in den überlieferten Vorlagewerken Thomas Chippendales (1718–1779) auf, dürfte aber kein Produkt des englischen Chippendale-Revivals sein. Das Vorbild im »Österreichischen Museum« (WI 176) könnte aus einer Bank des 18. Jahrhunderts aus dem Besitz der Familie Bury in Kateshill entwickelt worden sein.[339] Beispiele dieses Typs finden wir in den Wohnungen Hirsch (1907), Kuhner (1907) sowie in den Häusern Steiner (1910) und Mandel (1916) *(Abb. 147 und 148)*; aber auch die Armlehnstuhl-Version ist auf zeitgenössischen Bildquellen, etwa in der Wohnung Grete Hentschels (1914), zu sehen.

Außerdem gibt es auch eine Version mit gepolsterter Rückenlehne und Haltegriff, die bereits die Umwandlung der Chippendaleschen Formen zeigt; diese fand beispielsweise in den Wohnungen Langer (1903) und Boskovits (1913) Verwendung und stammt aus dem Angebot von F. O. Schmidt. *(Abb. 42 und 43)* Ein ähnlicher Stuhltyp mit ledergepolsterter Rückenlehne und Sitzfläche sowie »capriole legs« ist schließlich in den Wohnungen Kraus (1907) und Kuhner (1907) zu sehen und wurde gleichfalls von der Firma Schmidt produziert.

Die Formen George Hepplewhites (gest. 1786) wurden hingegen 1901 bei einem Eßstuhl der Wohnung Haberfeld aufgegriffen *(Abb. 126)*, wie er 1912 auch in der Wohnung Rosenfeld und 1914 in der Wohnung Hentschel zu finden ist. Er stammt aus dem Angebot von F. O. Schmidt. Aber auch die für Hepplewhite so typischen »Shild-back«-Stühle verwendete Loos in mehreren Einrichtungen, etwa 1902 in der Wohnung Turnovsky, 1905 in der Wohnung Schwarzwald *(Abb. 226)* und 1922 im Haus Rufer, während die »Fan-back«-Version 1913 in der repräsentativen Wohnung Halban-Kurz oder 1918 im Haus Strasser Verwendung fand. *(Abb. 150)* In der Wohnung Löwenbach (1913) ist ein Stuhl mit maschenförmigem Rückenlehnenmotiv zu finden, dessen Vorbild im Österreichischen Museum (H 1299) bereits 1892 für das Handelsmuseum von Gillow's in London angekauft wurde.

Auf die Kopien nach Modellen aus der Zeit Queen Anns im Speisezimmer des Hauses Goldman *(Abb. 179)* wurde bereits beim »Hotel-Stuhl« verwiesen. Nach einem weiteren Vorbild aus dem Österreichischen Museum (H 1296) wurde der Stuhl für das Schloß von Ritter von Bauer (1923) kopiert, und in den späten Pilsner Interieurs Brummel und Vogl findet sich auch ein »Ladder-back«-Speisezimmerstuhltyp aus der Mitte des 18. Jahrhunderts, während der traditionelle, von Vertretern der Arts-and-Crafts-Bewegung vielfach variierte »Ladder-back-Chair«-Typ nur in der Wohnung Otto Stoessls um 1901 Verwendung fand. *(Abb. 123)*

Ähnliche Wertschätzung wie den Stühlen der Chippendale-Zeit brachte Loos auch dem um 1700 in England entwickelten Windsor-Stuhl entgegen, der ja Vorbild für den Stössler-Stuhl war. Dieses aus einem massiven sattelförmigen Sitzbrett mit Holzsprossen bestehende Sitzmöbel ist aufgrund seiner aus einem einzigen Holzstab gebogenen Lehne nicht nur ein bedeutendes Vorbild für Michael Thonets Bugholzmobiliar geworden, sondern erfreute sich gerade wegen seiner ökonomischen Fertigungsweise im angelsächsischen Raum diesseits und jenseits des Atlantiks besonderer Beliebtheit und war daher im 19. Jahrhundert in fast jedem Wohnraum zu finden. *(Abb. 21)*

Loos verwendete den klassischen Windsor-Typ erstmals wohl 1903 in seiner eigenen Wohnung, aber auch in der Wohnung Grete Hentschels (1914) und in den späten Interieurs Vogl und Kuhner.

Ebenfalls in den Interieurs seiner letzten Schaffensjahre – etwa in den Pilsner Wohnungen Beck (1908/1928) und Vogl (1929) – findet sich auch eine Variante des traditionellen Windsor-Stuhles, nämlich der »Fan-back-Windsor-Chair«, bei dem jene Holzsprossen, die sonst den halbrunden Arm- und Rückenlehnenbogen tragen, fächerartig – daher die Bezeichnung – aus einem der Sitzfläche angefügten Fortsatz herausragen. *(Abb. 26 und 159)* Dieses Modell wurde von den in Brünn, Prag und Preßburg beheimateten U.-P.-Werken ausgeführt, deren Pariser Repräsentant Loos während seines Frankreichaufenthalts von 1924 bis 1928 war[340]; sie standen unter der Leitung von Bohuslav Markolaus, des Herausgebers der bereits erwähnten Zeitschrift »Wohnungskultur«, in der auch das Angebot des Unternehmens vorgestellt wurde.

186. Speisezimmerstuhl-Modell der Firma F. O. Schmidt nach einem englischen Vorbild, um 1900

187. Englisches Vorbild des Speisezimmerstuhl-Modells aus dem Österreichischen Museum

188. »Haberfeld«-Stuhl im Katalog von F. O. Schmidt

189. Stuhl aus dem Wohn/Eßzimmer der Wohnung Dr. Hugo Haberfeld, 1902

190. Thomas Chippendale, Sofa für die Familie Bury in Kateshill/Bowdley

191. Speisezimmer der Wohnung Dr. Josef Kurz – Selma Halban mit Hepplewhite-Stühlen, 1913

192. Speisezimmer im Wohnhaus Josef und Marie Rufer mit Hepplewhite-Stühlen, 1922

193. Speisezimmer der Wohnung Leopold Langer mit Stühlen »nach Chippendale«, 1903

194. Wohn/Eßzimmer der Wohnung Paul Kuhner mit ledergepolstertem Stuhlmodell von F. O. Schmidt, 1907

195. Speisezimmerstuhl-Modell der Firma F. O. Schmidt

196. Englisches Vorbild für Stuhlmodell im Schloß Victor Ritter von Bauer

197. Speisezimmer der Wohnung Emil Löwenbach mit englischen Stuhl-Modellen des 18. Jahrhunderts, 1913

198. Englisches Vorbild für den Speisezimmerstuhl der Wohnung Löwenbach

199. Speisezimmer im Wohnhaus Hans und Johanna Brummel in Pilsen mit »Ladder-back«-Stühlen, 1928

200. »Fan-back«-Windsor-Stuhltyp im Wohnzimmer der Wohnung Dr. Josef und Stephanie Vogl in Pilsen, 1929

## DER »KNIESCHWIMMER«-FAUTEUIL

Der für Loos wohl wichtigste Möbeltyp aus dem Programm von F. O. Schmidt waren klassische englische Clubfauteuils, die zu bestimmenden Requisiten seines Einrichtungskonzepts wurden. Er stellte immer verschiedene Modelle in einen Raum und begründete diese Vorgangsweise mit dem Hinweis auf die angelsächsische Wohnkultur folgendermaßen: »Gegenwärtig wird von einem sessel nicht nur verlangt, daß man sich auf ihm ausruhen kann, sondern, daß man sich *schnell* ausruhen kann. *Time is money*. Das ausruhen mußte daher spezialisiert werden ... Haben sie noch nie das bedürfnis gehabt, besonders bei großer ermüdung, den einen fuß über die armlehne zu hängen? An sich ist das eine sehr unbequeme stellung, aber manchmal eine wahre wohltat ... Die Engländer und Amerikaner, die von einer so kleinlichen denkungsweise frei sind, sind denn auch wahre virtuosen des ausruhens. Im laufe dieses jahrhunderts haben sie mehr sesseltypen erfunden als die ganze welt, alle völker mit eingeschlossen, seit ihrem bestand. Dem grundsatz gemäß, daß jede art der ermüdung einen anderen sessel verlangt, zeigt das englische zimmer nie einen durchgehend gleichen sesseltyp. Alle arten von sitzgelegenheiten sind in dem selben zimmer vertreten. Jeder kann sich seinen ihm am besten passenden sitz aussuchen.«[341]

Loos, der sich als Einrichtungstheoretiker gegen das »Garnitur-Denken« und das »stilvolle Zimmer« ausgesprochen hat, ersetzt in seiner Einrichtungspraxis daher die Sitzmöbel-Garnitur durch Einzelmöbel, die vom Benutzer seinen jeweiligen Bedürfnissen gemäß ausgewählt und umgestellt werden können.

Der interessanteste von Loos aus dem Schmidt-Programm verwendete Lederfauteuiltyp ist der sogenannte »Knieschwimmer«. *(Abb. 48)* Dieses in der Literatur lange Zeit nur vage als »ein von Loos entworfener (?) Liegefauteuil mit zwei Rollen«[342] bezeichnete Möbel findet sich auf zeitgenössischen Interieuraufnahmen erstmals in der 1906 eingerichteten Wohnung Friedmann, 1911 im Haus Goldman *(Abb. 45)* und schließlich auf zeitgenössischen Photos der späten Einrichtungen für Vogl in Pilsen und Müller in Prag *(Abb. 157)* sowie der Villa Khuner auf dem Kreuzberg.

Doch bereits 1901 hatte die deutsche Kunstgewerbezeitschrift »Dekorative Kunst«[343] diesen Fauteuil als ein vom Münchner Einrichtungshaus Ludwig Bernheimer für das Haus A. W. Heymels geliefertes englisches Polstermöbel präsentiert. Und tatsächlich wurde im selben Jahr das englische Vorbild, nämlich ein »New Shaped Easy Chair« des Londoner Möbelproduzenten Hampton & Sons, in der Zeitschrift »The Studio« (1901/XXI) vorgestellt; diese 1830 gegründete Möbelfirma am Pall Mall produzierte auch das Vorbild für den »Elefantenrüsseltisch«.

Interessant ist die Ähnlichkeit zwischen diesem Liegefauteuil und der 1929 von Le Corbusier und Charlotte Perriand entwickelten Stahlrohrliege »Basculant«; Le Corbusier dürfte den »Knieschwimmer« wohl aus dem 1927 von Loos eingerichteten Pariser Kniže-Salon gekannt haben. *(Abb. 184)*

Die grundlegenden Unterschiede liegen jedoch nicht nur im Werkstoff – hier traditionelle Tapeziererarbeit, dort eine Stahlrohrkonstruktion –, sondern vor allem in der strukturellen Trennung von tragendem Gestell und der Liegefläche, von »Necessarium« und »Commodum« (Gottfried Semper) bei Le Corbusier.

Diese Trennung zwischen Tragen und Lasten ist bei einem anderen von Loos verwendeten Sitzmöbeltyp zu finden. »Ein englischer Klubfauteuil ist eine absolut vollkommene Sache. Solche vollkommenen Typen gibt es in England und Amerika viele«, hielt Loos 1924 in »Von der Sparsamkeit« fest. Tatsächlich hat er im ersten Jahrzehnt seines Schaffens nicht nur englische Lederfauteuils, sondern auch den amerikanischen »Kanadier«-Typ variiert. Die Armlehnstühle im Schneidersalon Goldman & Salatsch 1898/99 erinnern etwa an amerikanische »Mission-Oak«-Modelle, und im Vorzimmer der Wohnung Kraus (1907) fand eine Variation des »Morris Chair« Verwendung.

201. Herrenarbeitszimmer der Wohnung Arthur und Leonie Friedmann mit »Knieschwimmer«-Fauteuil, 1907

202. »Easy Chair« von Hampton & Sons, London, 1901

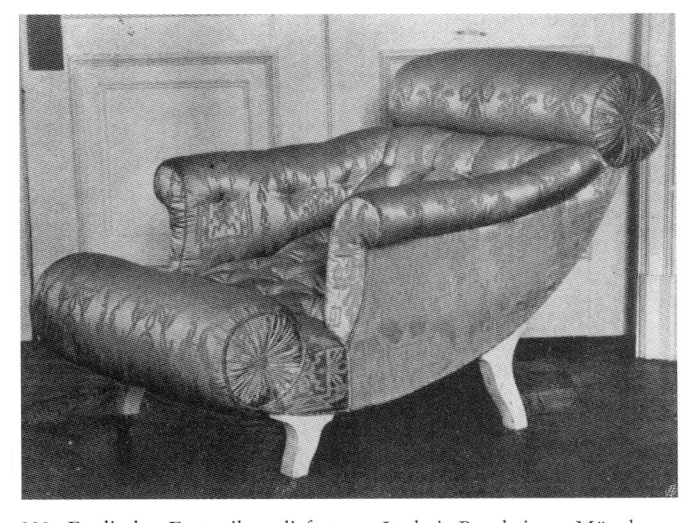

203. Englischer Fauteuil, »geliefert von Ludwig Bernheimer, München«

204. Fauteuil-Modell aus dem Katalog von F. O. Schmidt

205. »Knieschwimmer«-Fauteuil aus dem Katalog von F. O. Schmidt

206. »Chesterfield«-Fauteuil aus dem Katalog von F. O. Schmidt

207. Vorzimmer der Wohnung Rudolf Kraus mit »Adjustible«-Fauteuil, 1907

208. Warteraum im Herrenmodesalon Goldman & Salatsch mit »Kanadier«-Fauteuils, 1898–1903

209. »Morris Chair«, um 1861

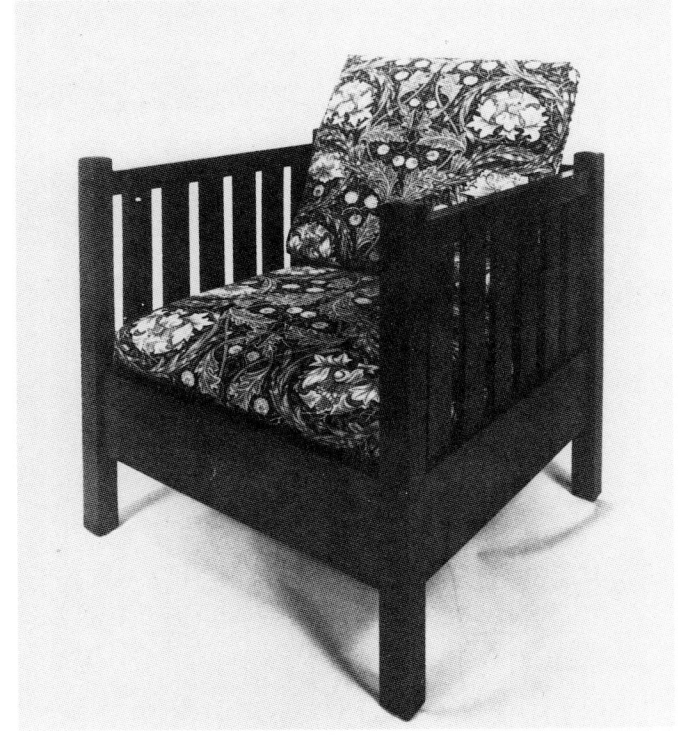

210. Gustav Stickley, »Kanadier«-Fauteuil

## DER »RÖMISCHE« TISCH

Loos hat 1914 bei der Einrichtung einer Atelier-Wohnung für Grete Hentschel einen »römischen« Tisch verwendet, der in der Literatur bisher als »Kopie eines pompejanischen Originals« bezeichnet wurde.[344]

Dieses Möbel war – mit etwas anderen Ornamentdetails – aber bereits in einem Raum zu sehen, den der Münchner Jugendstilarchitekt Emanuel von Seidl für die Münchner Glaspalastausstellung 1898 »im römischen Stil« gestaltet hat; noch im selben Jahr wurde der Tisch in Karl Rösners Buch »Das deutsche Zimmer des 19. Jahrhunderts« (München 1898) als »entworfen von E. Seidl« vorgestellt. 1900 ist er in der »Zeitschrift für Innendekoration« abermals publiziert worden, diesmal als Einrichtungsgegenstand des Gesellschaftszimmers in Seidls eigenem Münchner Wohnhaus, dessen Mobiliar von den beiden Münchner Firmen W. Till und Rudl & Behring ausgeführt worden ist. Wer von ihnen den Tisch gefertigt hat, bleibt jedoch unklar. Erst kürzlich konnte ein derartiger Tisch aus dem Münchner Kunsthandel übrigens von der Wolfsonian Foundation in Miami Beach erworben werden.

1900 stellte die Wiener Firma F. O. Schmidt bei der Winterausstellung des Österreichischen Museums für Kunst und Industrie die Kopie eines 1806 von Pierre Fontaine gestalteten Raumes im Schloß Compiègne aus, zu dessen Ausstattung auch ein solcher Tisch gehört[345]; eine Variante findet sich um 1810 im ebenfalls von diesem französischen Architekten ausgestatteten Schloß in Neapel. Im Programm von F. O. Schmidt finden sich neben einer Kopie nach dem Original auch mehrere Abwandlungen dieses Tischtyps mit ovaler statt rechteckiger Platte und mit Holzfurnier anstelle der Marmor imitierenden Fassung.

211. Wohnraum in der Wohnung Grete Hentschel mit dem »römischen« Tisch

212. »Römischer« Tisch aus der Wohnung Grete Hentschel, 1914

213. Emanuel von Seidl, »römischer« Tisch, um 1900

214. Raum aus Schloß Compiègne mit »römischem« Tisch von F. O. Schmidt, 1900/01

215. »Römischer« Tisch im Wohnhaus von Emanuel von Seidl, München, 1900

## DER »ELEFANTENRÜSSELTISCH«

Loos verwendete im Arbeitszimmer der 1902 eingerichteten Wohnung Dr. Hugo Haberfelds erstmals den sogenannten »Elefantenrüsseltisch«, einen Tee- oder Beistelltisch mit in die Tischplatte eingelassenen Kacheln und gelapptem messingumrahmtem Rand und sechs – beziehungsweise in Varianten acht – elefantenrüsselartig geschweiften Beinen in Messingschuhen. *(Abb. 38 und 39)*

Zum Entwurf dieses Tisches stellt Loos 1907 im Begleittext zu seiner »Wohnungswanderung« fest: »Der Elefantenrüsseltisch ist aus der Werkstätte F. O. Schmidt nach Angaben des Herrn Max Schmidt (Ausführung und Detaillierung Werkmeister Berka) hervorgegangen. Kacheln darauf von Bigot, Paris.«

Der Tisch wurde von der Firma Schmidt erstmals 1900 als Einrichtungsgegenstand einer vom Unternehmen bei der Winterausstellung des Österreichischen Museums präsentierten Ecke vorgestellt. *(Abb. 75)* Ein Jahr später verwendete Kolo Moser diesen Tisch bei der Ausstattung der XIII. Ausstellung der Vereinigung bildender Künstler in der Wiener Secession;[346] zudem existiert eine fragilere, Joseph Maria Olbrich zugeschriebene Variante,[347] die übrigens ebenfalls von F. O. Schmidt stammt. Für Loos wurde der »Elefantenrüsseltisch« bis zum Ersten Weltkrieg zu einem Fixpunkt seiner Wohnräume. Das Modell findet sich beispielsweise in den Wohnungen Turnovsky (1902), Weiss (1904), Friedmann (1906) und Rosenfeld (1912), wobei anstelle der Kacheln auch Versteinerungen zu finden sind.

Auch dieses Modell hat seine Vorbilder im angelsächsischen Raum, nämlich einem 1899 im »Cabinet Maker« vorgestellten »Occasional Table« der Londoner Firma Hampton & Sons, dem Produzenten des »Knieschwimmer«-Fauteuils. Ein ähnliches Modell findet sich auch im Angebot von Lucraft Cabinet Work. Die Anregung für derartige elefantenrüsselartig geschweifte Beine dürfte von chinesischen Möbeln ausgegangen sein, wo diese Beinformen bei kleinen Lacktischchen häufig zu finden sind. Diese waren dann Vorbilder für Blumen- und Beistelltischchen des späten 19. Jahrhunderts.

Loos verwendete auch Varianten dieses Typs, etwa 1911 im Wohnhaus Goldman einen Tisch mit sechs geschwungenen zoomorphen Beinen *(Abb. 45)* und 1913 in der Wohnung Boskowits einen an die Formen Chippendales erinnernden Beistelltisch mit eingelegtem Metalltablett.

217. »Elefantenrüsseltisch« bei der von Kolo Moser gestalteten XIII. Secessions-Ausstellung, 1902

216. Arbeitszimmer von Dr. Hugo Haberfeld mit »Elefantenrüsseltisch«, 1902

218. Tischmodell von Lucraft Cabinet Work, London

219. Joseph Maria Olbrich zugeschriebene Variante des »Elefantenrüsseltisches«

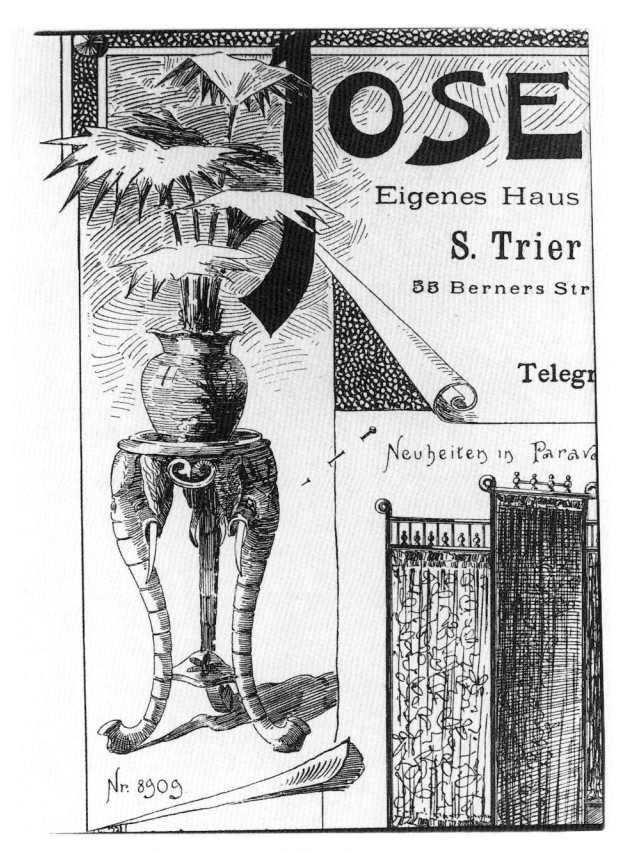

220. Anzeige der Firma Josef Trier, Darmstadt, mit »Elefantenrüssel«-Blumentischchen, 1897

221. Tischmodell der Firma Hampton & Sons, London, 1899

## ESS- UND BEISTELLTISCHE

Aus dem Angebot von F. O. Schmidt stammt auch der mehrbeinige Typ eines Beistelltisches mit runder messinggerahmter Platte und eingelegten Kacheln, den Loos 1902 in der Sitzecke des Haberfeldschen Wohnzimmers und 1901 in der Wohnung Dr. Otto Stoessls verwendet hat. *(Abb. 17 und 40)* F. O. Schmidt fertigte sechs- und achtbeinige Versionen dieses Modells, dem auch die achtbeinigen Tische im Pariser Kniže-Salon (1927) zuzuordnen sind, obgleich bei diesen anstelle der Diagonalstreben zwischen den Beinen eine Abstellplatte angebracht ist.

Sucht man nach dem gestalterischen Ausgangspunkt für diesen Möbeltyp, so kann auf runde Biedermeiertische mit sechs oder acht Beinen auf einer gemeinsamen Fußplatte verwiesen werden. Ein biedermeierlicher beziehungsweise klassizistischer Typ ist auch der dreibeinige, auf einer dreieckigen Fußplatte stehende Beistelltisch, der 1905 in der Wohnung Kraus und 1912 in der Manzschen Universitäts- und Verlagsbuchhandlung Verwendung fand. *(Abb. 41)* Gleichfalls der biedermeierlichen Formenwelt entstammen die runden Tische mit vasen- oder balusterförmigen Beinen, wie sie in der Wohnung Löwenbach (1913) und im Haus Rufer (1922) zu sehen sind; möglicherweise handelt es sich dabei überhaupt um Kopien originaler Biedermeiermöbel, die ja zur Jahrhundertwende eine neuerliche Wertschätzung erfahren haben.

Die Kombination von runder Tischplatte mit einem vielbeinigen Gestell stellt auch eine Auseinandersetzung mit orientalischen Beistelltischchen mit runder Messingplatte dar, wie sie häufig in angelsächsischen Interieurs des ausgehenden 19. Jahrhunderts zu finden waren. Loos hat diesen Tischtyp mehrfach, etwa in der Kaminnische seiner eigenen Wohnung, in den Wohnungen Weiss (1904), Sobotka (1904), Friedmann (1906) und in den Häusern Strasser (1918), Rufer (1922) und Müller (1928) verwendet. In der Kaminnische des Hauses Scheu (1922) findet sich schließlich eine Variante mit vier geschweiften, durch Kreuzstreben verbundenen Beinen. *(Abb. 145)*

Diese immer wiederkehrenden Modelle lassen auf eine bewußte Auswahl schließen, sind doch derartige Beistelltische zusammen mit leichten Sitzgelegenheiten, wie den ägyptischen Hockern und verschiedenen englischen Clubfauteuils, Standardelemente Loosscher Wohnräume.

Bei den von Loos verwendeten Speisezimmertischen dominieren im wesentlichen drei Typen: zum einen die zu den Kopien nach englischen Stühlen passenden Modelle mit Chippendale- oder Queen-Ann-Beinen, wie sie bei Langer (1903), Hirsch (1907), Kuhner (1907), Goldman (1911) *(Abb. 179)* oder Löwenbach (1913) zu finden sind, zum anderen ein massiver rechteckiger, oft ausziehbarer Eßtisch, wie er beispielsweise im Speisezimmer des Hauses Steiner 1910 *(Abb. 147)* verwendet wurde. Auch der Stössler-Tisch ist diesem Typ zuzuordnen. *(Abb. 117)*

Der letzte und zugleich variantenreichste Typ verfügt über eine runde Tischplatte auf einem zentralen, gleichfalls runden oder polygonalen Mittelfuß, der seinerseits auf einer eckigen Fußplatte ruht. Dieser Tischtyp wurde in der Wohnung Schwarzwald (1905) verwendet; die interessanteste Variante dieses Modells mit gitterartig durchbrochener Fußkonstruktion, in kleinerer Form auch als Beistelltisch zu finden, zeigen zeitgenössische Interieuraufnahmen der Wohnung Hirsch von 1929. Die 1913 von der Firma F. O. Schmidt eingerichtete Wohnung Boskovits illustriert, daß es sich bei diesem Tischtyp ebenfalls um ein Modell dieses Ausstattungsunternehmens handelt. *(Abb. 42 und 43)*

222. Tisch im Herrenzimmer der Wohnung Alfred Kraus, 1905

223. Herrenzimmer der Wohnung Emil Löwenbach mit biedermeierlichem Sofa-Tisch, 1913

224. Halle im Wohnhaus Karl und Hilda Strasser mit »orientalischem« Beistelltischchen, 1918

225. Speisezimmer der Wohnung Aufricht, 1905

226. Speisezimmer der Wohnung Dr. Hermann und Dr. Eugenie Schwarzwald, 1905

227. Speisezimmer der Wohnung Wilhelm und Martha Hirsch in Pilsen, 1929

## METALL-GLAS-DESIGN
## (BELEUCHTUNGSKÖRPER, UHREN ETC.)

In den von Loos eingerichteten Wohnräumen setzen Beleuchtungskörper, Uhren und Vitrinen aus Glas und Messing neben dem Holzmobiliar und den Wandverkleidungen aus Holz oder Marmor wesentliche Akzente.

Bereits im Sitz/Eßzimmer der Wohnung Dr. Hugo Haberfelds *(Abb. 125)* findet sich ein Silberkasten aus Metall und Glas, der im Typ an biedermeierliche Glaskästen aus Holz erinnert und in seiner Gesamtform dem hölzernen Silberkasten der Wohnung Stössler entspricht. In seiner eigenen Wohnung verwendete Loos eine Hängevitrine aus Messing und Glas, auf der Theke der »Kärntner Bar« von 1908 wurde gleichfalls eine Messing-Glas-Vitrine gesetzt, und im Haus Strasser sowie im »Zimmer der Dame« des Hauses Müller in Prag *(Abb. 155)* erfüllt die Metall-Glas-Vitrine schließlich die Funktion eines Raumteilers. Aber auch in Geschäftseinrichtungen, wie den Verkaufsräumen von Knize oder Goldman & Salatsch finden sich Behältnismöbel aus Metall und Glas. So wie die eingebauten Kastenmöbel wurden also auch die Metall-Glas-Vitrinen für den jeweiligen Verwendungsort entwickelt.

Unklar ist hingegen die Autorschaft des Servierwagens und des Beistelltischsets aus Holz und Glas mit Metallteilen bei ersterem aus der Wohnung Turnovsky. Die Praktikabilität dieses Servierwagens und sein handwerkliches Raffinement entsprechen jedenfalls Loos' Qualitätsvorstellungen, so daß es sich bei diesem Möbel möglicherweise um eine Adaption eines vorhandenen Handwerksentwurfs handelt.

Eine ähnliche Materialkombination von Holz, Metall und dem Glas der von innen beleuchteten Tischplatte weisen die Tische der 1908 eingerichteten »American Bar« auf. Die unterschiedliche Formgebung und Wirkung dieser Möbel erklärt sich aus den gestalterischen Voraussetzungen; die Bar-Tische sind nämlich keine Wohnmöbel, die nach Belieben umgestellt werden können, sondern mit dem Boden fest verschraubte Bestandteile des Raumkonzeptes. *(Abb. 67)*

»Alle übrigen modernen Möbel und Beleuchtungskörper von mir«, erklärt Adolf Loos in seiner »Wohnungswanderung«, und tatsächlich erweisen sich Beleuchtungskörper als bestimmende Elemente seiner Raumgestaltung, wobei auch hier, ebenso wie beim Mobiliar, immer wiederkehrende Formtypen festzustellen sind.

Die von Loos in Geschäftslokalen, wie Knize in Wien und Paris, aber auch Wohnungen wie Friedmann und Hirsch etc., häufig verwendeten Metall-Glas-Lampen scheinen in vier Varianten im Angebot von F. O. Schmidt auf. *(Abb. 7, 8, 64, 65, 184, 201)* Ein zweiter häufig verwendeter Typ sind höhenverstellbare Hängelampen mit vielfältig variierten Stoffschirmen, die über Eßtischen und Sitzecken Verwendung fanden. Ein derartiges Modell wurde als von den U.-P.-Werken ausgeführter Loos-Entwurf in der Zeitschrift »Wohnungskultur«[348] vorgestellt. *(Abb. 131, 132, 146, 150, 154, 159)* Weiters verwendete Loos mehrfach hängende Mattglasschalen und einzelne an einem Messingring hängende Glühbirnen sowie eine Kombination aus diesen Elementen als Luster. *(Abb. 66)*

Gemeinsam ist all diesen Beleuchtungskörpern das Prinzip der hängenden Lichtquelle. Durch die Einführung des elektrischen Lichtes und die Erfindung der Glühbirne war es im späten 19. Jahrhundert erstmals in der Geschichte der künstlichen Beleuchtung möglich, die Lichtquelle als unterstes Element einer Hängekonstruktion anzubringen und sie damit direkt auf den zu beleuchtenden Raum wirken zu lassen. Alle bis dahin verwendeten Lichtquellen – Kerzen, Öl, Gas etc. – brannten ja tatsächlich, den Naturgesetzen gemäß, nach oben hin. Trotz dieser Weiterentwicklung der Beleuchtungstechnik wurden vielfach tradierte – auf das »Verbrennen« nach oben ausgerichtete – Lusterformen beibehalten. Loos hingegen machte die Möglichkeiten des elektrischen Lichts gleichsam zum Gestaltungsprinzip. Lampen für elektrisches Licht wurden für ihn zur neuen Designaufgabe, wobei auf keine Vorbilder mehr Rücksicht zu nehmen war. Somit wurde es möglich, in diesem Bereich radikal neue Formen zu entwickeln, wie es etwa die Kombination eines Metallringes mit offen herunterhängenden Glühbirnen zeigt, die im Raum eine starke Wirkung als »Designobjekt« ausüben. Zugleich nahm Loos durch die vielfältige Verwendung textiler Elemente aber auch auf das bürgerliche Wohnambiente Rücksicht. Ganz in diesem Sinne bemerkte er zur Hängung: »Künstliches Licht gehört dorthin, wo man es braucht.«

Auch seine Uhren-Typen hat Adolf Loos schon zur Jahrhundertwende entwickelt und später nur noch variiert. Die Kommodenuhr im Salon Ebenstein 1897/98 mit einem Gehäuse aus einer Messingrahmung und geschliffenem Glas auf Doppelpyramiden-Füßen und einem scheinbar freischwingenden Zifferblatt enthält bereits alle Gestaltungselemente einer »Loos-Uhr«. *(Abb. 63)* Loos hat Uhrgehäuse und Beleuchtungskörper häufig vom Wiener Gürtler Johannes Heeg fertigen lassen, das Uhrwerk stammte meist von der Freiburger Uhrenfabrik Gustav Becker.[349]

228. Metall-Glas-Lampe aus dem Katalog von F. O. Schmidt, um 1900

229. Pariser Kniže-Filiale mit Metall-Glas-Lampe, 1927

230. Kaminuhr im Wohnhaus Rufer, 1922

231. Kaminuhr

232. Servierwagen aus der Wohnung Gustav und Marie Turnovsky, 1902

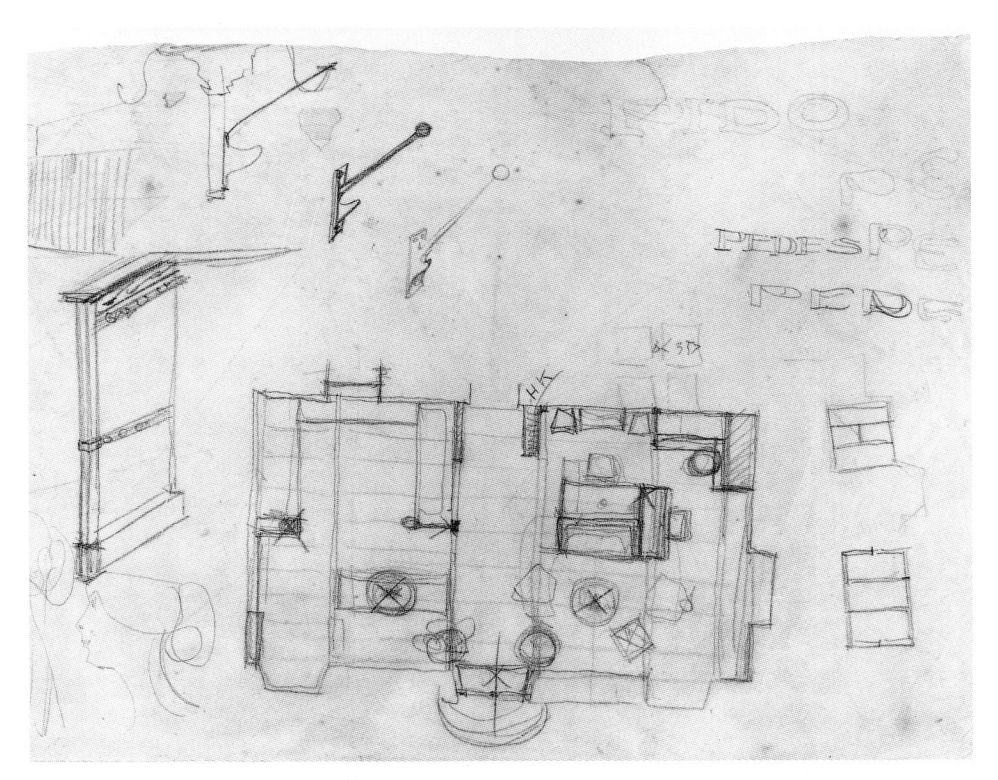

233. Entwurfszeichnung für Wandhaken

# Nachwort

Das Interesse an Adolf Loos galt zuerst dem »Werk des Architekten«.[350] Als in den frühen achtziger Jahren »Wien um 1900« zum Thema zahlreicher Ausstellungen geworden war,[351] wurden die »ägyptischen« Hocker, der »Elefantenrüsseltisch«, der Café-Museum-Stuhl und der Stössler-Stuhl – trotz ihrer unterschiedlichen Entstehungsgeschichte – als »Loos-Möbel« zu »Künstler-Entwürfen« der Wiener Moderne, womit ihre Musealisierung begann.[352]

Die von Loos entworfenen Kastenmöbel hatten hingegen ihre eigene (Benutzungs-)Geschichte, die schon zu seinen Lebzeiten ihren Anfang nahm und nicht nur die ästhetische »Haltbarkeit« seiner Möbel illustriert, sondern auch die (Lebens-)Geschichte ihrer Benutzer. Über die Nußbaumholz-Möbel für das 1899 eingerichtete Speisezimmer von Eugen Stössler berichtet Loos selbst 1917: »... einfache möbel, die ich vor zwanzig jahren geschaffen habe, [leben] heute noch und sind in gebrauch (so ein speisezimmer in Buchs in Aarau).«[353] Auf Vermittlung von Genia Schwarzwald kamen diese Möbel nämlich bei der Hochzeit des Mathematiklehrers Dr. Karl Matter und der Sprachlehrerin Freifrau Barbara von Wartenberg, die beide in der Schwarzwald-Schule in Wien unterrichteten, als Aussteuer an das Paar, das sie in seine Schweizer Heimat mitnahm, wo sich die Möbel noch heute im Familienbesitz befinden.[354] Und jenes Speisezimmer-Mobiliar, das Loos 1901 für die Wohnung von Dr. Otto und Augustine Stoessl entworfen hat, wurde 1911 in das ebenfalls von Loos geplante Wohnhaus mitübersiedelt.[355] Auch die Einrichtung der Wohnung von Gustav und Marie Turnovsky in der Wohllebengasse ist um 1912 beim Umzug des Ehepaares in die Gußhausstraße gebracht und von Loos erweitert worden.[356] Heute befinden sich Teile dieser Einrichtung im Österreichischen Museum für angewandte Kunst in Wien, im Victoria & Albert Museum in London, im Musée d'Orsay in Paris und in einer Wiener Privatsammlung.

Aber nicht nur Einzelmöbel und Ensembles sind auf diese Weise erhalten geblieben, sondern auch ganze Räume; bereits 1958 wurde das Wohnzimmer mit der Kaminnische aus Loos' eigener Wohnung in das Historische Museum der Stadt Wien übertragen,[357] und seit 1991 ist das Speisezimmer der Wohnung Friedrich Boskovits, in der sich jetzt die Musiksammlung der Wiener Stadt- und Landesbibliothek befindet, der Öffentlichkeit zugänglich.[358] In das 1989 restaurierte Geschäftshaus von Goldman & Salatsch am Wiener Michaelerplatz wurde schließlich vor kurzem die Kaminnische aus dem Wohnhaus Leopold Goldmans übertragen.

Eine »Wohnungswanderung« würde heute also nicht nur in Loos' eigene Interieurs und Bauten führen, sondern auch in Museen und Ausstellungen, zu privaten Sammlern und in den Kunsthandel.

# Anmerkungen

Der Erstdruck der Loos-Schriften erfolgte in Tageszeitungen oder Zeitschriften, soweit es sich nicht um Vortragstexte handelte.
Die *bis* 1900 erschienenen Texte wurden unter dem Titel »Ins Leere gesprochen« 1921 im Verlag Georges Crès, Paris/Zürich, herausgegeben; 1932 erneut vom Brenner Verlag, Innsbruck.
Die *nach* 1903 erschienenen Texte wurden unter dem Titel »Trotzdem« 1931 vom Brenner Verlag, Innsbruck, herausgegeben.
Unter dem Titel »Sämtliche Schriften«, 1. Bd., Hg. Franz Glück, erschien in Wien 1962 die verbesserte Neuauflage von »Ins Leere gesprochen« und »Trotzdem« = G
Die derzeit zugänglichsten Ausgaben der Schriften sind:
A. Loos, Ins Leere gesprochen, unveränderter Nachdruck von 1921, Hg. A. Opel, Wien 1981 = I
A. Loos, Trotzdem, unveränderter Nachdruck von 1931, Hg. A. Opel, Wien 1982 = II
A. Loos, Die Potemkinsche Stadt, Verschollene Schriften 1897-1933, Hg. A. Opel, Wien 1983 = III
Bei den nachfolgenden Zitaten aus den Loos-Schriften wurden zur besseren Zugänglichkeit sowohl die Seitenangaben der Glück-Ausgabe von 1962 (= G) als auch die der von A. Opel herausgegebenen Nachdrucke (= I, II, III) angeführt.

ABKÜRZUNGEN:

ALA = Adolf-Loos-Archiv, Graphische Sammlung Albertina, Wien
Rukschcio / Schachel = B. Rukschcio, R. Schachel, Adolf Loos, Leben und Werk, Salzburg/Wien, 2. Aufl. 1987
WV = Werkverzeichnis in Rukschcio / Schachel

1 Loos, Heimatkunst (1914), II, S. 129 / G, S. 339
2 Loos, Das Prinzip der Bekleidung (1898), I, S. 139 / G, S. 105
3 Loos, Das Andere (1903), II, S. 45 / G, S. 243 f.
4 Loos, Mein erstes Haus (1910), II, S. 109 / G, S. 294 f.
5 G. Simmel, Die Großstadt und das Geistesleben (1903), in: ders., Brücke und Tor, Stuttgart 1957, S. 227 f.; schon in der Einrichtungstheorie des Historismus findet sich diese Beobachtung: C. Gurlitt, Im Bürgerhause, Dresden 1888, S. 2: »Ist keine Rettung gegen das Aufgehen in die Gleichmacherei der Stadt, kein Mittel, wenn nicht sich zu erheben über die stumpfe Menge, so doch sich von ihr zu sondern und für uns eine Einrichtung zu schaffen ...«
6 W. Benjamin, Paris. Die Hauptstadt des XIX. Jahrhunderts, in: ders., Illuminationen, Frankfurt 1977, S. 177 f.
7 A. Loos, Mein Auftreten mit der Melba (1900), I, S. 192 / G, S. 194; zu Loos in Amerika vgl.: R. L. Schachel, Angabe einer Loos-Biographie, in: Adolf Loos, Ausst. Kat., Wien 1989, S. 17 - 24; E. F. Sekler, Adolf Loos, Josef Hoffmann und die Vereinigten Staaten, ebenda, S. 251–267
8 Der sendungsbewußte Ton findet sich auch bei den amerikanischen Schriftstellern Walt Whitman, Ralph Waldo Emerson und Henry David Thoreau in »Walden« (1854)
9 Loos, Das Andere (1903), II, S. 38 f. / G, S. 235 f. und Vom Nachsalzen (1933), III, S. 231; vgl. ähnliche Erfahrungen eines Deutschen in England in: H. Pückler-Muskau, Briefe eines Verstorbenen (1826–1829), Frankfurt/Leipzig 1991, S. 121: »Unter allen Verstößen gegen englische Sitten jedoch, die man begehen kann, und wofür einem wahrscheinlich der fernere Eintritt ganz versagt werden würde, sind folgende drei die größten: das Messer wie die Gabel zum Munde zu führen, Zucker oder Spargel mit den Händen zu nehmen, oder vollends gar irgendwo in der Stube auszuspucken.«
10 Loos, Wohnen lernen (1924), II, S. 167 / G, S. 385
11 Loos, Die Frau und das Haus (1898), III, S. 72
12 Loos, Die Herrenmode (1898), I, S. 55 / G, S. 19
13 Loos, Die Plumber (1989), I, S. 101 und 104 / G, S. 70 und 74
14 Loos, Wäsche (1898) I, S. 150 / G, S. 117
15 Loos, Der Silberhof und seine Nachbarschaft (1898), I, S. 51 / G, S. 15; übrigens wurden bereits die deutschen Exponate auf der Weltausstellung von Philadelphia 1876 als »cheap and nasty« abgetan. Vgl.: F. Reuleaux, Briefe aus Philadelphia, Braunschweig 1878, S. 12 f.
16 Loos, Das Sitzmöbel (1898) I, S. 87 / G, S. 54, Glas und Ton (1898), I, S. 92 / G, S. 59
17 Loos, Weihnachtsausstellung im Österreichischen Museum (1897), I, S. 34 / G, S. 152, Kunstgewerbliche Rundschau 1 (1898), I, S. 36 f. / G, S. 165 f.
18 Loos, Architektur (1909), II, S. 99 / G, S. 312
19 Bereits im Rokoko gab es eine rege Diskussion über »guten Geschmack« in allen Lebensbereichen (z. B. über Essen, Mode und Einrichten).
20 Vgl.: E. H. Gombrich, Ornament und Kunst, Stuttgart 1982, S. 30–32. Zur Metapher der Einfachheit in der Kunsttheorie vgl.: E. H. Gombrich, Wertmetaphern der bildenden Kunst, in: ders., Meditation über ein Steckenpferd. Von den Wurzeln und Grenzen der Kunst, Frankfurt 1978, S. 42–50
21 N. Pevsner, Design und Industrie im Laufe der Geschichte, in: ders., Architektur und Design, München 1971, S. 226
22 Die Arts-and-Crafts-Bewegung wandte sich gegen die moderne Stadt, gegen die Industrie und die damit verbundene Verarmung der Arbeiter und befaßte sich mit aktuellen Umweltproblemen; vgl.: G. Naylor, The Arts and Crafts Movement, London 1971; E. Cumming / W. Kaplan, The Arts and Crafts Movement, London 1991
23 Hier übertrug John Ruskin jene Erfahrungen, die er bei seiner Auseinandersetzung mit der Naturwiedergabe bei Turner (»Modern Painters«) gewinnen konnte, nämlich die Erkenntnis vom Detailreichtum der sichtbaren Welt, auf die Architekturbeobachtung und Analyse; zusätzlich brachte er den moralischen Aspekt einer wahrhaften Kunstproduktion und den sozialen nach ihren Entstehungsbedingungen ein. Er wandte sich daher gegen die Maschinenproduktion und befürwortete die Freude (»Joy«) an der Handwerksarbeit, zugleich lehnte er die Materialfälschungen bzw. Surrogate ab und forderte »echte«, d. h. materialgerechte Fertigung. Vgl.: W. Kemp, John Ruskin. Leben und Werk, München 1983
24 William Morris gründete diesen Grundsätzen folgend 1859 die Firma Morris, Marshall, Faulker & Co »Fine Arts Workmen«, Ruskin selbst rief 1871 die »St. George's Guild« ins Leben, A. H. Macmurdo gründete 1882 die »Century Guild«, W. R. Lethaby 1884 die »Art Work Guild« und schließlich C. R. Ashbee 1886 die »Guild of Handicraft«, die letzlich zu Vorbildern für die »Wiener Werkstätte« (1903) bzw. die »Deutschen Werkstätten« in München und Dresden-Hellerau werden sollten.
Der Begriff »Arts and Crafts« kam erst 1880 mit Walter Cranes »Arts and Crafts Exhibition Society« auf, doch soll er hier die gesamte Bewegung benennen.
25 W. Morris, The Lesser Arts (1877), in: ders. Hopes and Fears for Art, Coll. Works, vol. XXII, London 1914, S. 3–27
26 Gemeint ist das heutige »Victoria and Albert Museum«, das 1857 im Londoner Stadtteil South Kensington ein eigenes Haus erhalten hatte, nachdem die Institution ab 1852 vorübergehend in Somerset House untergebracht war.
Vgl. B. Mundt, Die deutschen Kunstgewerbemuseen in 19. Jahrhundert, München 1974
27 Vgl. A. Boe, From Gothic Revival to Functional Form. A Study in Victorian Theory of Design, New York 1979; Ausgangspunkt dieser Reformbewegung war die Kritik an der zeitgenössischen Kunstgewerbeproduktion.

28 E. B. Ottillinger, Jakob von Falke (1825–1897) und die Theorie des Kunstgewerbes, in: Wiener Jahrbuch für Kunstgeschichte, 1989, S. 205–223
29 J. Falke, Kunstgewerbe, Wien 1860, S. 6
30 L. Pfau, Die Kunst im Gewerbe, in: ders., Freie Studien, Stuttgart 1866, S. 427 f.
31 Ebenda, S. 423; diese Feststellung ist unmittelbar I. Kants »Kritik der Urteilskraft« entnommen, ohne jedoch im allgemeinen seine Ästhetik auf das Kunstgewerbe zu übertragen. Kant schreibt (Frankfurt 1989, S. 126 / § 14): »... ein jeder hat seinen besonderen Geschmack. Dieses würde so viel heißen, als: es gibt gar keinen Geschmack, d. i. kein ästhetisches Urteil, welches auf jedermanns Beistimmung rechtmäßigen Anspruch machen könnte.«
32 Vgl. dazu allg.: H. Amanshauser, Untersuchung zu den Schriften von Adolf Loos, phil. Diss., Salzburg 1981; zum Ornament vgl.: M. Müller, Die Verdrängung des Ornaments. Zum Verhältnis von Architektur und Lebenspraxis, Frankfurt/M. 1977; ders., »Seien wir auf der Hut vor jedem Ornament«, in: ders., Schöner Schein. Eine Architekturkritik, Frankfurt/M. 1987, S. 103–123; zur Datierung vgl.: B. Rukschcio, Ornament und Mythos, in: Ornament und Askese im Zeitgeist der Jahrhundertwende (Hg. A. Pfabigan), Wien 1985, S. 57–68; zum Tätowieren vgl.: S. Oettermann, Zeichen auf der Haut. Die Geschichte der Tätowierung in Europa, Frankfurt/M. 1985
Als Quelle für Adolf Loos war Cesare Lombrosos 1876 erschienenes Buch »L'Uomo Delinquente« wesentlich, das 1887 bis 1896 in drei Bänden unter dem Titel »Der Verbrecher in anthropologischer, ärztlicher und juridischer Beziehung« (Hamburg/Leipzig) auch in Deutsch erschienen war.
Eine Anregung zur Verwendung anthropologischer Beispiele kann für Loos auch der Besuch der Chicagoer Weltausstellung gewesen sein; hier wurde nämlich zum einen im »Anthropology Building« die umfangreiche Sammlung von »native Americans« des Anthropologen und Harvard-Professors Fredrick W. Putman ausgestellt, zum anderen waren es »Midway« Dörfer bzw. Gebäude von Eingeborenen-Kulturen der ganzen Welt zu sehen, die zu einem Vergleich der Kulturniveaus anregen sollten. Gleichzeitig war ein (abgemessenes) Paar des »ideal American man and woman« zu sehen.
33 Loos, Ornament und Verbrechen (1908), II, S. 78 / G, S. 276; Loos bezieht sich bei seiner Entwicklungsidee unmittelbar auf den Darwin-Schüler Ernst Hacker und seine »Anthropologie und Entwicklungsgeschichte des Menschen« (Leipzig 1874), die um 1900 in mehreren Auflagen erschienen war. Darin argumentiert Hacker, daß alle Etappen der Artenevolution in der vorgeburtlichen Entwicklung des Menschen wiederholt würden. Weitere wichtige Entwicklungsstadien würden dann im ersten Lebensabschnitt durchschritten; damit werden auch die »Wilden« auf die Entwicklungsstufe der Kindheit gestellt.
Mit dem Ornament der »Wilden« beschäftigte sich Loos bereits 1898 in den Aufsätzen »Das Luxusfuhrwerk« und »Damenmode«, I, S. 97 und 130 / G, S. 65 und 162
In der für Loos auch sonst anregenden »Theory of Leisure Class« von Th. Veblen, 1899, findet sich der Vergleich zwischen Wilden und Kindern und Kriminellen, die eben unreife, infantile Phasen ausleben (dt.: München 1981, S. 187).
34 Falke, Kunstgewerbe (zit. Anm. 29), S. 72
35 Loos, Weihnachtsausstellung im Österreichischen Museum (1897), I, S. 34 / G, S. 152
36 O. Wagner, Die Baukunst unserer Zeit, Wien 1914/IV, S. 44; vgl. auch: Die Shaker, Ausst. Kat., München 1974: S. 51: » jeder Gegenstand kann vollkommen genannt werden, wenn er genau den Zweck erfüllt, für den er bestimmt ist ... Schönheit beruht auf Zweckmäßigkeit.«
Parallel dazu ist auch Louis Sullivans Maxime »Form follows Function« zu verstehen, vgl.: Louis Sullivan – The Function of Ornament, Ausst. Kat., St. Louis 1986
37 Falke, Kunstgewerbe (zit. Anm. 29), S. 5 f.
38 J. Falke, Die Kunst im Haus und im Gewerbe, in: Westermanns Monatshefte, 1862, S. 440
39 G. Semper, Der Stil in den technischen und tektonischen Künsten oder Praktische Ästhetik, Braunschweig 1860–1863
40 Loos, Das Prinzip der Bekleidung (1898), I S,.140 / G, S. 104
41 Wagner, Die Baukunst unserer Zeit (zit. Anm. 36), S. 39
42 Ebenda, S. 40
43 J. Frank, Der Gschnas fürs G'müt und der Gschnas als Problem (1927), in: Josef Frank 1885–1967, Ausst. Kat., Wien 1981, S. 190
44 Loos, Josef Veillich (1929), II, S. 215 / G, S. 438 f.
45 Loos, Der neue Stil und die Bronzeindustrie (1898), I, S. 64 / G, S. 28
46 Loos, Ornament und Verbrechen (1908), II, S. 84 / G, S. 284
47 Loos, »Ein Wiener Architekt« (1898), III, S. 53 f.
48 Loos, »Aus meinem Leben« (1903), II, S. 54 / G, S. 252; tatsächlich dominierten unter den in Chicago gezeigten österreichischen Möbeln die Bugholzmöbel von Thonet und Kohn, vgl. Amtlicher Special-Catalog der österreichischen Abteilung auf der Weltausstellung in Chicago 1893, Wien 1893, Gruppe 90
49 Loos, Josef Veillich (1929), II, S. 216 / G, S. 439 f.
50 Loos, Die Überflüssigen (1908), II, S. 73 / G, S. 270
51 Bereits um 1900 entwickelten Richard Riemerschmid und Bruno Paul für die »Deutschen Werkstätten« in München und Dresden ein »Typenmöbelprogramm«; aktuell wurde diese Frage jedoch anläßlich der Werkbundausstellung in Köln 1914 durch einen Streit zwischen Hermann Muthesius und Henry van de Velde zur Frage Typenbildung oder individuelles Gestalten; vgl. Zwischen Kunst und Industrie. Der deutsche Werkbund, Ausst. Kat., München 1875, S. 85–115
52 Loos, Kulturentartung (1908), II, S. 74 / G, S. 271
53 Zit. nach Gombrich (zit. Anm. 20), S. 44
54 Vgl. Frank, Die moderne Einrichtung des Wohnhauses (1927), in: Josef Frank (zit. Anm. 43), S. 86, und Zum Formproblem (1931), in: ebenda (zit. Anm. 43), S. 212
55 Loos, Das Sitzmöbel (1898), I, S. 84 f. / G, S 51; vgl. Pückler-Muskau (zit. Anm. 9), S. 118/9: »Fürs erste muß der Fremde die raffinierte Bequemlichkeit bewundern, mit der die Engländer zu sitzen verstehen, so wie man auch gestehen muß, daß wir die genialen englischen Stühle aller Formen, und für alle Grade der Ermüdung, Kränklichkeit und Konstitutions-Eigentümlichkeit berechnet, nicht kennt, wirklich einen guten Teil irdischen Lebensgenusses entbehrt. Es ist schon eine wahre Freude, einen Engländer nun in solchem bettartigen Stuhl am Kaminfeuer sitzen, oder vielmehr liegen zu sehen.«
56 Auch J. v. Falke geht auf die Industrieproduktion nicht ein, vgl. dazu Anm. 28, S. 214, FN 57
57 J. Frank, Handwerks- und Maschinen-Erzeugnis. Die Abgrenzung beider Gebiete (1923), in: Josef Frank, Möbel und Geräte und Theorie, Ausst. Kat., Wien 1981, S. 6 f.
58 Loos, Über die Sparsamkeit (1924), III, S. 215 f.
59 Loos, Kunstgewerbliche Rundschau (1989), I, S. 35 / G, S. 165
60 Loos, Wohnungswanderung, Privatdruck, Wien 1907
61 Loos, Josef Veillich (1929), II, S. 218 / G, S. 442
62 Chicago wurde nach dem Großbrand von 1871 nach der neuesten Bautechnik und mit der neuesten Installationstechnik wiederaufgebaut; vgl. Chicago Architektur 1872–1922, Die Entstehung der kosmopolitischen Architektur des 20. Jahrhunderts, Hg. J. Zukowsky, München 1987
63 Loos, Die Plumber (1898), I, S. 105 / G, S. 74
64 Vgl.: E. B. Ottillinger, Vom Waschtisch zum Badezimmer. Aspekte des privaten Bades in Wien, in: Das Bad. Körperkultur und Hygiene im 19. und 20. Jahrhundert, Ausst. Kat., Wien 1991, S. 71–85 (darin Druckfehler »Der Plumber« statt »Die«, passim)
65 Loos, Die Interieurs in der Rotunde (1898), I, S. 78 / G, S. 43
66 Vgl. G. Semper, Der Stil (zit. Anm. 39)
67 Loos, Josef Veillich (1929), II, S. 215 / G, S. 439
68 Vgl. Le Corbusier, L' Art décoratif d'aujourd'hui, Paris 1925; vgl.: St. v. Moos, Loos und Le Corbusier, in: L'Esprit Nouveau; Le Corbusier und die Industrie 1920–1925, Ausst. Kat., Zürich 1987, S. 122–133; A. Rüegg, Der Pavillon de L'Esprit Nouveau als Musée Imaginaire, in: ebenda, S. 134–151; Le Corbusier verbinden grund-

sätzliche theoretische Parallelen mit Loos, so nennt Le Corbusier in »Vers une architecture« 1923 auch das moderne Leben als vorbildlich für das Bauen und Wohnen (Schiffe, Autos, Maschinen), zugleich ist für ihn auch die Antike ein wichtiges Vorbild. Er sieht jedoch in der Architektur, im Gegensatz zu Loos, eine Kunst, trennt diese aber, wie auch Loos, vom Kunstgewerbe. 1921 hat Loos »Ornament und Verbrechen« in Le Corbusiers Zeitschrift »Esprit Nouveau« auf französisch veröffentlicht.
69 E. van der Nüll, Andeutungen über die kunstmäßige Beziehung des Ornaments zur rohen Form, in: Österr. Bl. f. Kunst u. Literatur, 1845, S. 401; dieser Dualismus zwischen Kunstform und Werkform findet sich bereits 1841 in C. Böttichers »Tektonik der Hellenen«.
70 Loos, Ornament und Verbrechen (1908), II, S. 79 / G, S. 277; diese Aussage zeigt einen starken Bezug zu Friedrich Nietzsche in seinem »Also sprach Zarathustra«, wo es heißt: »Ich habe mit ihm [dem Buch] der Menschheit das größte Geschenk gemacht, das ihr bisher gemacht worden ist.« Zit. nach: B. Maldoner, Gegenüberstellung von Zitaten zu einigen Schwerpunkten im schriftstellerischen Werk von Adolf Loos und Friedrich Nietzsche, in: Adolf Loos, Ausst. Kat., Wien 1989, S. 269–278, Anm. 22.
71 Zur Naturalismuskritik siehe auch: R. Wornum, The Analysis of Ornament, London 1856; J. Falke, Kunstindustrielle Entdeckungsreise nach dem guten Geschmack, in: Der Wanderer, vom 4. I. bis 9. II. 1861
72 R. Wornum, The Exhibition as a Lesson in Taste, London 1851, S. 21 (Ü. d. A.)
73 Ch. Dresser, Studies in Design, London 1876, S.1
74 R. Redgrave, A Manual of Design, London 1876, S. 55
75 Zu Natur als Vorbild vgl. Ch. Dresser, Botany as adopted to the Art and Art Manufactures, veröffentlicht 1857 im Art Journal und 1862 in Buchform als Art of Design
76 O. Jones, The Grammar of Ornament (1856), dt. London 1868, S. 14; dabei traten nicht nur primitive Kulturen, wie die der Südseevölker, ins Blickfeld europäischer Kunstgewerbler, sondern zugleich mit dem »Aesthetic Movement« auch Japan und der Orient.
77 Hier bezieht sich Loos auf Aristoteles, vgl.: K. Thomas, Vergangenheit, Zukunft, Lebensalter. Zeitvorstellungen im England der frühen Neuzeit, Berlin 1988, S. 39: »Gebildet oder ungebildet, jedermann folgte nach Aristoteles' Ansicht, die in der Entwicklung des menschlichen Individuums eine langwierige Entwicklung der Vernunft sah, ausgehend vom tiernahen Stadium der Kindheit über Leidenschaft und Tollheit der Jugend hin zur Weisheit und zum Urteilsvermögen des Alters«, S. 42 und 47: analog dazu wurden die unteren Klassen und die überseeischen Wilden mit kindlichen Kreaturen verglichen.
78 J. Ruskin, The Seven Lamps of Architecture, London 1903, S. 16 (Ü. d. A.)
79 W. Morris, Hopes and Fears for Art (zit. Anm. 25), S. 5 (Ü. d. A.)
80 Zit. nach: A. Vallance, William Morris, his art, his writing and his public life, London 1897, S. 437 (Ü. d. A)
81 Lit. zu den Shaker: Die Shaker, Ausst. Kat., München 1974; J. Spring, Shaker Design, Ausst. Kat., New York, 1986; J. Spring und D. Larkin; Shaker, Life, Work and Art, New York 1987, S. 110 f.: »Trifles makes perfection, but perfection is no trifle«.
82 Hier gibt es eine interessante Affinität zu den Ideen Frank Lloyd Wrights, der 1901 in »Die Kunst und die Fertigkeit der Maschine« (in: ders., Humane Architektur, Berlin 1969) die Maschinenproduktion zwar im Sinne der Arts-and-Crafts-Ideen als Werkzeug der »Aufwendigkeit, die aus Habgier entsteht« erkennt, darin jedoch einen mißbräuchlichen Einsatz der Maschine sieht: »Die Maschine ist [vielmehr] der Verstand, der die Plackerei auf Erden meistert, ... damit die Zeitspanne von Muße und Kraft unermeßlich erweitert ...« (S. 26). Nicht nur darin entspricht er Loos' Utopie von einer ornamentfreien Welt, Wright sieht gerade in der Maschine die Voraussetzung für diese neue Ästhetik: »[Die Maschine] lehrt uns, daß die Schönheit des Holzes in erster Linie in seiner Eigenschaft als Holz liegt, ... daß gewisse einfache Formen und Behandlungen geeignet sind, die Schönheit des Holzes ans Licht zu bringen, ... von denen die schöne Maserung eine ist ...« (S. 32)

83 Loos, Ornament und Verbrechen (1908), II, S. 83 / G, S. 282
84 Th. Veblen, Theorie der feinen Leute, München 1981, S. 90: »Wenn infolge der zunehmenden industriellen Produktivität die für den Lebensunterhalt notwendige Arbeit eingeschränkt werden kann, so versuchen tüchtigere Mitglieder der Gesellschaft nicht etwa das Tempo der Arbeit zu mäßigen, sondern ganz im Gegenteil, den Aufwand zu steigern. Die Anspannung läßt keinesfalls nach, sondern vermehrte Produktivität wird zur Befriedigung dieses unbegrenzt ausgedehnten Bedürfnisses verwendet.« Ebenda: S. 122: »Das Handwerk stellt eine höchst verschwenderische Produktionsmethode dar, weshalb sich handwerkliche Güter besser für Prestigezwecke eignen; deshalb gelten auch die Merkmale der Handarbeit als ehrenvoll, und die entsprechenden Güter nehmen einen höheren Rang ein als ihre maschinellen Brüder.«
85 Vgl. D. M. Cathers, Furniture of the American Arts and Crafts Movement, Stickley and Roycroft Mission Oak, New York 1981; vgl.: R. G. Wilson, Chicago und die internationale Arts and Crafts-Bewegung, in: Chicago Architektur (zit. Anm. 62), S. 210–229
86 J. Frank, Architektur als Symbol, Wien 1931, S. 150; vgl. auch: ders., Der Gschnas fürs G'müt und der Gschnas als Problem (1927), (zit. Anm. 43), S. 189: »Je reicher etwas geschmückt ist, desto ruhiger wirkt es, vorausgesetzt, daß wir es lange genug anschauen können, denn wir haben das Gefühl, daß ein jedes Ding in der Zeit des sich damit Befassens auch vollständig erfaßt werden muß.«
87 H. van de Velde, Renaissance im heutigen Kunstgewerbe, Leipzig 1902, S. 117
88 Ebenda, S. 36 f.; auch die Kunstwissenschaft interpretiert das Schmuckbedürfnis primitiver Kulturen ähnlich wie O. Jones und H. van de Velde. So schreibt etwa der Wiener Kunsthistoriker Alois Riegl in »Stilfragen. Grundlegungen zu einer Geschichte der Ornamentik« (1893, S. 22): »Das Schmuckbedürfnis ist eben eines der elementarsten Bedürfnisse des Menschen, elementarer als dasjenige nach Schutz des Leibes ... Sehen wir doch heute noch manche polynesischen Stämme jedwede Kleidung verschmähen, d. i. mit linearen Verzierungen schmücken«. Riegl beruft sich bewußt auf Gottfried Semper, lehnt jedoch dessen Interpretation, bei den verwendeten Motiven handle es sich um »typisches Metallornament« (= Drahtspiralen) mit dem Hinweis ab, daß die Steinzeitmenschen bislang keine Metallbearbeitung kannten und daher die Ornamentmotive einer anderen Erklärung bedürften, die keineswegs technisch-materieller Natur ist. (S. 78 f.)
1894 verweist Riegl in »Volkskunst, Hausfleiß und Hausindustrie« (Berlin 1894, S. 9 f.) nochmals auf das Tätowieren: »Es darf wohl jetzt als erwiesene Tatsache gelten, daß das Schmuckbedürfnis eines der elementarsten Bedürfnisse des Menschen gewesen ist. Das Verlangen nach Schutz des Leibes erscheint nach zahlreichen Zeugnissen namentlich von polynesischen Inselbewohnern als nicht so dringend als dasjenige nach Schmuck des Leibes: wir kennen Beispiele von Wilden, die jedwede Kleidung verschmähen, aber ihre ganze Hautoberfläche tätowieren, d. h. mit Zierformen bedecken, wozu noch der Schmuck der Farbe hinzutritt. Gerade bei niedrig kultivierten Völkern begegnet uns noch heute so oft jener künstlerische horror vacui, der keine leere Fläche duldet, alle von der menschlichen Hand künstlich bereiteten Flächen mit Ornamente bedeckt.«
Doch während Riegl dieses Schmuckbedürfnis als Zeichen primitiver Kultur versteht und in diesem Punkt mit Loos übereinstimmt, sieht Wölfflin (Kleine Schriften, S. 41, zit. nach: Müller, Verdrängung des Ornaments, zit. Anm. 32, S. 104) Ornament, wie R. Wornum und E. van der Nüll, als Beweis der »Reife einer Kultur«.
Das Ornament war in der zweiten Hälfte des 19. Jahrhunderts Thema der Kunstwissenschaften und der Designtheorie, wobei die historische Stilentwicklung ebenso untersucht wurde wie die Bildungsgesetze des Ornaments, das in Mustersammlungen daher als historisches Dokument und als Gestaltungsvorbild gleichermaßen ausgestellt wurde.
Ein interessanter Beitrag in diesem Zusammenhang ist auch W. Worringers 1908 erschienene Dissertation »Abstraktion und Einfühlung. Ein Beitrag zur Stilpsychologie«, in der das »Kunstwollen«

der Naturvölker mit dem »Abstraktionsdrang« gleichgesetzt wird, der ein »Urtrieb« sei. Ausgehend von evolutionistischem Gedankengut und wohl angeregt durch englische Designtheoretiker sieht Worringer in der Ornamententwicklung eine Verwandtschaft mit den Bildungsgesetzen der anorganischen und organischen Natur, setzte sich die Ornamentkunst doch zuerst mit abstrakten, »kristallinen« Formen und dann erst mit pflanzlichen Motiven auseinander.

Loos sieht in der Entwicklung des Kindes die Entwicklungsgeschichte der Menschheit nachvollzogen. Doch während für Worringer weder »Kinderkritzeleien« noch Produkte der Naturvölker »eigentliche Kunst« und daher einer »ästhetischen Würdigung« auch unzugänglich sind, betrachtet Loos Ornamentik ausschließlich als Produkt von Kindern und Wilden.

89 Stephan Oettermann verweist in seinem Buch »Zeichen auf der Haut« auf die Aktualität des Tätowierens im späten 19. und frühen 20. Jahrhundert in Europa, nachdem das Abendland im späten 18. Jahrhundert durch Cooks Südseereisen mit tätowierten Naturvölkern in Berührung gekommen war und deren Begriff für diesen Körperschmuck übernommen hatte. Einher ging diese vor allem auf Jahrmärkten und in den »unteren Bevökerungsschichten« präsente Tätowiermode in Europa mit einem kritischen Diskurs, bei dem es zu einer Umbewertung des bislang gültigen Gegensatzpaars: hier zivilisierte Welt, dort »edle Wilde« einerseits, hin zu gesellschaftlichem Wohlverhalten im Gegensatz zu Kriminalität (des Tätowierten) andererseits. Seinen Höhepunkt erreichte diese Denkrichtung mit Cesare Lombrosos »L'Uomo delinquente« (zit. Anm. 32), in dem der Tätowierte zum Typ des Verbrechers schlechthin gestempelt wird; Adolf Loos übernimmt diese Argumentation in »Ornament und Verbrechen«.

Oettermann (zit. Anm. 32, S. 72) deutet hingegen die Tätowierlust der europäischen Arbeiterschaft als deren Möglichkeit, sich eine persönliche Identität und Geschichte trotz ihrer Lebensumstände zu geben. Der Tätowierung – und dabei trifft sich deren Entwicklung mit der Ornamentdiskussion – kommt also ähnliche Bedeutung zu wie Ruskins »Savageness« der Handwerksarbeit im Gegensatz zur Maschinenproduktion, während das Maschinenornament seinerseits eine Aneignungsmöglichkeit von Luxus durch dessen Massenreproduktion darstellt.

90 Loos, Ornament und Verbrechen (1908), II, S. 81 / G, S. 278; zur Auseinandersetzung mit »Frauenkleidung« vgl. auch Th. Veblen (zit. Anm. 33), Kap. 7, Unpraktische Frauenkleidung als Demonstration von Müßiggang, und Loos, Damenmode (1898), I, S. 130 / G, S. 160

91 Loos, Ornament und Verbrechen (1908), II, S. 81 / G, S. 279

92 H. Greenough, Form and Function, Berkeley 1944, S. 74 (Ü. d. A.); Greenough, dessen Denken einer klassizistischen Tradition verhaftet war, definierte »beauty« um 1850 als »the promise of function« und »embellishment« als »false beauty«.

93 Loos, Ornament und Erziehung (1924), II, S. 177 / G, S. 395: »Ich habe damit aber niemals gemeint, was die puristen ad absurdum getrieben haben, daß das ornament systematisch und konsequent abzuschaffen sei.« Dieser Kommentar von Loos erfolgte anläßlich der Werkbundausstellung »Die Form ohne Ornament«. Theoretische Grundlage dieser neuen Ästhetik war: Ernst Blochs 1918 erschienener »Geist der Utopie«.

Sigmund Freud sah, wie er in »Der Dichter und die Phantasie« festhält, in der Phantasie des erwachsenen Menschen das Resultat seines Lustversagens (Müller, Ornament und Verdrängung, zit. Anm. 32, S. 140, Anm.).

Dieselbe Ablehnung durch Loos traf konsequenterweise auch den Versuch, einen neuen Formenkanon zu entwickeln, wie dies das Bauhaus oder De Stijl taten.

94 Um 1900 wandelte sich die Auseinandersetzung mit dem Ornament von einem Themenbereich der Kunstgewerbe- bzw. Formgebungstheorie zu einem Thema der Kunstwissenschaften. Hatten Ornament-Publikationen der Jahrhundertmitte, wie O. Jones' »Grammar of Ornament« (1856) oder theoretische Texte, wie die Schriften J. v. Falkes, eine unmittelbare Wirkung auf die zeitgenössischen Gewerbe- und Industrieproduktion zum Ziel, steht nun die wechselnde Formgeschichte des Ornaments selbst im Mittelpunkt.

Anschauliches Beispiel für diese Umorientierung ist die Auseinandersetzung Alois Riegls mit Sempers »Stil« in den »Stilfragen« (1893, vgl. Anm. 88).

Semper selbst hält als die im »Stil« gestellte Aufgabe fest, »die bei dem Prozess des Werdens und Entstehens von Kunsterscheinungen hervorgetretenen Gesetzlichkeiten und Ordnungen im Einzelnen aufzusuchen, aus dem Gefundenen allgemeine *Prinzipien*, die Grundzüge einer empirischen Kunstlehre, abzuleiten … Alle ästhetischen Eigenschaften des Formal-Schönen sind daher auch kollectiver Natur, wie Harmonie, Eurythmie, Proportion, Symmetrie« (Bd. 1, München 1878, VIII); diese entsprechen nach Semper aber den »Gesetzen der bildnerischen Natur«, nämlich Symmetrie, Proportion und Richtung (XXII und XXIV)

Alois Riegl lehnte aber gerade diese materiellen Grundlagen des Ornaments und damit die normative Ästhetik ab und geht von einer Evolution des Kunstwollens aus, die die Kunstwissenschaft nicht durch Geschmacksurteile zu beurteilen hätte. In diesem Sinne auch der von Max Dvorak überlieferte Ausspruch Riegls: »Der beste Kunsthistoriker ist der, welcher keinen persönlichen Geschmack besitzt, denn es handelt sich darum, objektive Kriterien der historischen Entwicklung zu finden.« (M. Dvorak, Alois Riegel, Nachruf in: Mitt. d. kunsthistorischen Zentralkommission für Erforschung u. Erhaltung der Kunst- u. hist. Denkmäler, Bd. 4/1905, Sp. 262.

Ebenso radikal, wie Adolf Loos dem Ornament am Gebrauchsgegenstand eine Absage erteilt hat, wendet sich um 1900 also auch die Wiener Kunstwissenschaft von der Ornamentuntersuchung als Kunstgewerbetheorie ab.

95 A. de Tocqueville, Demokratie in Amerika, zit. nach Gombrich (zit. Anm. 20), S. 45: »Heuchelei von Tugend gibt es in jeder Periode, aber Heuchelei von Luxus ist eine Besonderheit demokratischer Zeitalter. Um diese Begierde menschlicher Eitelkeit zu befriedigen, bedienen die Künste sich jeder Art von Betrug.«

96 Ruskin (1849), zit. nach: Gombrich (zit. Anm. 20), S. 50 f.; vgl. Gurlitt, Im Bürgerhause (zit. Anm. 5), S. 53/54: »… durch das Bedürfnis des Menschen, sich und das Seinige zu schmücken. Darwin begründet ja sein ganzes wissenschaftliches System auf den allen Lebewesen eingeborenen Trieb, sich dem anderen Geschlecht durch Schmuck … als wünschenswert zu zeigen. Beim Menschen ist der begehrenswerthe Besitz gewiss eines der stärksten Reizmittel, um sich der Person des Besitzers zu bemächtigen. Nicht nur sich, sondern auch seine Kleider, seine Waffen, seine Geräthe zu verschönern, ist ein sinnlicher Trieb, daher ein berechtigtes, mächtig wirkendes Motiv in unserem Leben … Denn der Schmuck wurde dem Bedürfniss, dessen Wesen die knappste Sachlichkeit ist, beigefügt, widersprach demselben also meist von vornherein … Schmuck und Gebrauch des Gegenstandes stehen ein für allemal im Widerspruch. Die vorzugsweise gebrauchten Gegenstände sind demnach heute noch, auch im Heim der Kunstsinnigen, meist unverziert. Wer schmückt einen Kochlöffel, eine Zahnbürste … Nur die Künstler schauen lüstern danach aus, Alles zu ›verschönern‹ … Das ist der große Irrthum der neuen kunstgewerblichen Bewegung, an dem sie auch ihr Ende erreicht hat oder erreichen wird, dass sie Alles schmücken wollte …«

97 O. Wilde, The House Beautiful (1882), zit. nach: K. O'Brien, The House Beautiful – a Reconstruction of Oscar Wilde's American Lectures, in: Victorian Studies, 17/1974, S. 403 (Ü. d. A.)

98 L. H. Sullivan, Kindergarden Chats, New York 1979, S. 187 (Ü. d. A.); Sullivans eigene Bauten waren gegen den Historismus gerichtet, er verwendete aber sehr wohl Ornamente, vor allem florale Formen; vgl.: Louis Sullivan, The Function of Ornament, Ausst. Kat., Chicago 1986. Die in den »Kindergarden Chats« (1901, publ. 1934) entwickelten Gedanken von »organic ornament« widersprechen gleichfalls der Diktion »Form follows Function«, damit gibt es also keine unmittelbare Verwandtschaft zum Loosschen Ornamentbegriff; vgl.: L. S. Weingarden, Louis H. Sullivan und die Poetik der Architektur, in: Chicago Architektur (zit. Anm. 62), S. 230–251.

99 H. Muthesius, Wirtschaftsformen und Kunstgewerbe, Berlin 1908, S. 11; ders., Kunst und Kultur, Leipzig 1904, S. 48 und 66; Adolf Loos nennt in diesem Zusammenhang (Ornament und Verbrechen, 1908, II, S. 83 f. / G, S. 282 f.) auch das ökonomische Argument, Ornamentlosigkeit verkürze des geringeren Arbeitsaufwandes wegen auch die Arbeitszeit. Dies gilt insbesondere für die handwerkliche Produktion, während industriell produziertes Ornament von den Kunstgewerbetheoretikern des 19. und frühen 20. Jahrhunderts grundsätzlich abgelehnt worden ist. Damit interpretiert Loos die Beobachtung Thorsten Velbens in »The Theory of Leisure Class« (1899) um, Handarbeit sei im Zeitalter industrieller Produktion überhaupt eine Verschwendung – conspicous waste –, die im aufwendigen Dekor als reines Luxusprodukt seinen Ausdruck findet. Der opulente Spätstil der »Wiener Werkstätte« etwa gibt Veblen recht. Interessanterweise kann Loos mit seiner Argumentation jedoch auf Vordenker der Klassizismus und ihre Einstellung dem Rokoko gegenüber zurückgreifen. In J. F. Freiherr zu Racknitz' »Darstellung und Geschichte des Geschmacks der vorzüglichsten Völker in Bezug auf die innere Auszierung der Zimmer« (Leipzig 1796, II/S. 18) heißt es nämlich: »An den Spiegeln, ... ist viel Bildhauerarbeit *verschwendet,* die angebrachten Schnörkel sind aber nicht nur geschmacklos, sondern verursachen auch einen beträchtlichen Kostenaufwand, ... und diese bey den damaligen Tischlern sehr gebräuchliche Form führt den Nachtheil mit sich, dass dadurch der Arbeitslohn vermehrt wird.«

100 L. Hevesi, Kunst auf der Straße (1899), in: ders., Acht Jahre Secession, Wien 1906, S. 175

101 Dies bedurfte jedoch auch einer entsprechenden Warenkenntnis bei den Käufern. Schon J. v. Falke definierte Geschmack als »gebildeten Schönheitssinn« und suchte bewußt den Käufer zu erziehen; Loos richtete seine Vorträge und Zeitungsartikel ebenfalls an das breite Publikum, und der »deutsche Werkbund« forcierte gleichfalls die »Warenkenntnis« der Käufer, letzte ein bürgerlicher Wert, der gegen die aristokratische und proletarische Verschwendung gerichtet ist.

102 Loos, Architektur (1909), II, S. 101 / G, S. 315

103 J. Frank, Architektur als Symbol (zit. Anm. 86), S. 87: »Kunst ist Selbstzweck, Schönheit auch; die Frage ›Wozu ist sie gut?‹, ist daher unberechtigt.

104 Vgl. O. Wilde, The Art of Lying, in: ders., Complete Works, London/Glasgow 1976, S. 976: »As long as a thing is useful or necessary to us, it is outside the proper sphere of art.«

105 J. A. MacNeill Whistler, The Gentle Art of Making Enemies«, London 1890, rep. II/1892, New York 1967

106 John Ruskin hat am 2. Juli 1877 in seiner Zeitschrift »Fors Clavigera« über Whistlers »Nocturne in Black and White« geschrieben, er hätte zwar schon eine Menge Unverschämtheiten gehört und gesehen, aber noch nie diese, für einen Kübel voll Farbe, die in das Gesicht der Besucher geschüttet wird, zweihundert Guineas zu verlangen. 1879 kam es deshalb zum Prozeß zwischen Whistler und Ruskin, in dem der künstlerische Wert des Bildes diskutiert wurde; als Reaktion darauf ist auch Whistlers »Ten O'Clock Lecture« am 20. Februar 1885 zu verstehen. Er erläutert darin den Grundsatz des »Aesthetic Movement«, daß nur der Künstler ein Kunstwerk seiner Sparte beurteilen kann; Oscar Wilde wird diese Vorstellung in seinen »Intentions« weiterführen. John Ruskin, der in »Modern Painters« dem Publikum die Augen für Turners Kunstwelt geöffnet hatte, stand der impressionistischen Malerei und dem »L'Art pour l'Art« nun jedoch verständnislos gegenüber. Whistler gewann übrigens mit großen finanziellen Verlusten den Prozeß.

107 J. A. MacNeill Whistler, Die feine Kunst sich Feinde zu machen, Zürich 1984, S. 24 f.

108 Loos, Architektur (1909), II, S. 102 / G, S. 316

109 Loos, Die Herrenmode (1898), I, S. 56 / G, S. 20

110 O. Wilde, Complete Works (zit. Anm. 104), S. 1203 (Ü. d. A.)

111 Zit. nach: H. Kulka, Adolf Loos – Das Werk des Architekten, Wien 1931, S. 25

112 Charles Darwins »On the Origin of Species by the Means of Natural Selection« (I. 1859, II. 1876) beeinflußte das wissenschaftstheoretische Denken auch außerhalb seiner eigenen Disziplin nachhaltig.

113 A. Conan Doyle, The Complete Sherlock Holmes, ed. Ch. Morley, New York 1938, S. 253 (Ü. d. A.)

114 Vgl. U. Kultermann, Geschichte der Kunstgeschichte, Frankfurt 1981, S. 192–199

115 Kemp, John Ruskin, Leben und Werk (zit. Anm. 23), S. 56–61; Charles Darwin (1809–1882) hat seine »Entstehung der Arten« 1859 veröffentlicht. George Cuvier hatte auch großen Einfluß auf Gottfried Semper: vgl. M. Pollack, Sullivan und die Säulenordnung, in: Chicago Architektur (zit. Anm. 62), S. 253–267, bes. 259–262

116 R. Sennett, Verfall und Ende des öffentlichen Lebens. Die Tyrannei der Intimität, Frankfurt 1986, S. 209–225

117 Loos, Die Herrenmode (1898), I, S. 56 f. / G, S. 21

118 J. A. Barbey d'Aurevilly, Vom Dandytum und von G. Brummel (1844), dt. von R. v. Schaukal (1908), Rep. Nördlingen 1987, S. 71 f. Der Übersetzer und Autor von »Leben und Meinungen des Herrn Andreas von Balthesser, eines Dandys und Dilettanten« (1907), bekennt in seinen Anmerkungen zur Aurevilly-Übersetzung, daß er Brummels Axiom bereits unbewußt und ohne Kenntnis der Quelle in seinem Roman verwendet habe; sein Freund Loos formulierte dieses Axiom bereits 1898.
Vgl. auch: J. Lubbock, Adolf Loos and the Dandy, in: Arch. Review, 174/1983, S. 43–49; H. Czech, Ein Begriffsraster zur aktuellen Interpretation von Josef Frank, in: UmBau, 10/1986, S. 117 f.

119 Ebenda

120 Loos, Architektur (1909), II, S. 98 f. / G, S. 312

121 Vgl. Vortrag von Loos 1926 an der Pariser Sorbonne zum Thema: »Der Mensch mit den modernen Nerven. Vom Gehen, Stehen, Sitzen, Liegen, Schlafen, Wohnen, Essen und Sich-Kleiden.«

122 T. Carlyle, Sartor Resartus (1833/34), Oxford/New York 1987, S. 207: »... ein Mensch, dessen Beruf und Pflicht es ist, Kleider zu tragen ... während die anderen sich anziehen, um zu leben, lebt er, um sich anzuziehen.« (Ü. d. A)

123 Dt.: T. Carlyle, Sartor Resartus, Leben und Meinungen des Herrn Teufelsdröckh, Zürich 1991, S. 56

124 Ebenda, S. 51–53; vgl. Hegels »Weltgeist« und dessen Übernahme in die Kunstgewerbetheorie des 19. Jahrhunderts.

125 J. Falke, Die Kunst im Hause, Wien 1871, zit. nach II/1873, S. 1 f.

126 Loos, Interieurs in der Rotunde (1898), I, S. 81 und 75 / G, S. 46 f. und 40; vgl.: Gurlitt, Im Bürgerhause (zit. Anm. 5), S. 4: »Denn eines kann weder der Architekt, noch der Tapezierer, noch der Decorateur: keiner vermag dem noch so künstlerisch gestalteten Raum jene Beziehung zu seinem Besitzer zu geben, welche dem Zimmer erst das Wesen eines Heimes verleiht ... Schaffe dir ein eigenes, deinem Wesen entsprechendes Nest und es wird dir gefallen, schaffe es in Durchbildung deiner Ansichten über schön und hässlich, unbesorgt um das Streiten der Aesthetiker und es wird schön werden ...«

127 Wagner, Die Baukunst unserer Zeit (zit. Anm. 36), S. 96 f.

128 L. F. Day, Everyday Art, London 1888, S. 2 (Ü. d. A.)

129 Vgl. auch: N. Elias, Die höfische Gesellschaft, Frankfurt 1983, S. 68–101

130 Falke, Die Kunst im Hause, (zit. Anm. 125), S. 271; vgl. auch: J. Frank, Raum und Einrichtung (1934), in: Josef Frank (zit. Anm. 43), S. 96: »Bei primitiven Menschen kommt er [der Geschmack] hauptsächlich in der Wahl der sogenannten Lieblingsfarbe, die überall sich nun überall ausbreiten soll, zum Ausdruck, ausgehend von der Überzeugung, daß alles mit dieser Farbe harmonieren muß.«

131 O. Jones, The Truth and the False (1853), London 1862, S. 88 (Ü. d. A.); vgl. auch: E. B. Ottillinger, Zweites Rokoko: Postmoderne im 19. Jahrhundert, in: Die Kunst, 4/1988, S. 288–295

132 F. Luthmer, Abwege der modernen Möbelindustrie, in: ZS. f. Innendekoration, 1893, S. 50

133 Loos, Interieurs in der Rotunde (1898), I, S. 75 / G, S. 40

134 Frank, Architektur als Symbol (zit. Anm. 86), S. 166 und 132

135 Falke, Die Kunst im Hause (zit. Anm. 125), S. 173 f.

136 Gurlitt, Im Bürgerhause (zit. Anm. 5), S. 56

137 Loos, Von einem armen reichen Mann (1900), I, S. 202 / G, S. 206

138 Loos, Interieurs in der Rotunde (1898), I, S. 75 f. / G, S. 40; vgl. Gurlitt, Im Bürgerhause (zit. Anm. 5), S. 57: »Aber Kunstwerke

haben auch ihren Willen. Oft ist er stärker als der der Besitzer ... Das Zimmer, ein freies Kunstwerk, ging gar nicht in den Besitz seines Besitzers über. Es war nicht sein Zimmer, sondern er war der Angehörige des Raumes. Nicht sein Wille entschied, sondern der seines tyrannischen Eigenthums.«

139 Loos, Interieurs (1989), I, S. 68, G, S. 33 und Interieurs in der Rotunde (1989), I, S. 78 / G, S. 43; vgl. dazu auch die kulturelle Dimension dieser Anschauung in öffentlichen Interieurs: Loos, Der schönste Raum (1906), II, S. 62 / G, S. 261: »Der schönste innenraum: der Stephansdom ... Dieser raum erzählt uns unsere geschichte. Alle generationen haben daran mitgearbeitet, alle in ihrer sprache ...«
Vgl. auch: Loos, Das Andere (1903), II, S. 42 f. / G, S. 239 f.: »Euer heim wird mit euch und ihr werdet mit eurem heim. ... Schildert einmal, wie sich geburt und tod ... in einem Olbrichschen schlafzimmer abspielen und ausnehmen.«

140 Frank, Raum und Einrichtung (1934) (zit. Anm. 43), S. 101
141 Frank, Die Einrichtung des Wohnzimmers (1919), (zit. Anm. 43), S. 56
142 Frank, Raum und Einrichtung (1934) (zit. Anm. 43), S. 97
143 Frank, Akzidentismus (1958) (zit. Anm. 43), S. 242
144 Uvdale Price hat in seinem »Essay on the Picturesque« eine Theorie des Pittoresken im Gegensatz zu Burkes Sublimen und Schönen formuliert; vgl. auch.: A. v. Buttlar, Der Landschaftsgarten, München 1980
145 Vgl.: N. Miller, Strawberry Hill. Horace Walpole und die Ästhetik der schönen Unregelmäßigkeit, München 1986
146 Estrid Ericson. The Founder of Svenskt Tenn, Stockholm 1989, S. 15
147 Vgl.: N. Elias, Die höfische Gesellschaft (zit. Anm. 129)
148 C. Wainwright, Romantic Interior, London/New Haven 1989; C. Hoh-Slodczyk, Künstlerhäuser, München 1985; Interieurs. Künstlerwohnungen 1830 – 1930, Ausst. Kat. Wien 1990
149 Zum 18. Jahrhundert-Revival vgl.: C. Wainwright, The Dark Ages of Art Revived, or Edwards and Roberts and the Regency Revival, in: The Connoisseur, vol. 198, no. 196, 1978, S. 95–105; F. Collard, Regency Furniture, London 1985, S. 234–273
150 Vgl.: H. Treff-Dunn, Recollections of Dante Gabriel Rossetti and his circle, London 1904
151 Vgl.: S. Jervis, »Sussex Chair« in 1820, in: Furniture History 1974, S. 99
Taylor wollte mit dem »Sussex Chair« einen Stuhl entwickeln, den »man mit einer Hand heben kann«, also einen überaus leichten Sessel, wie die Chiavari-Stühle und die Bugholzstühle Michael Thonets.
152 Vgl.: William Morris and Kelmscott, Ausst. Kat., Farnham 1981, F 6, S. 150 f.; Brief von W. Taylor an Webb mit Zeichnung des Modells (Victoria & Albert Museum, London); es handelt sich dabei um einen gepolsterten Armlehnstuhl mit verstellbarer Rückenlehne, wie ihn um 1825 auch der Wiener Biedermeiermöbelproduzent J. U. Danhauser anbot (Zeichnung im MAK, Wien, zwei Beispiele in Bundesmobiliensammlung, Wien), sowie den um 1900 insbesondere in den USA beliebten »Kanadier-Typ«.
153 Vgl.: D. D. Bosomworth, Traditional Furniture and Personal Things from Kelmscott Manor, in: William Morris and Kelmscott (zit. Anm. 152), S. 83–85, 160–164.
154 50th Anniversary Sketch of the Morris Movement, zit. nach: William Morris and Kelmscott (zit. Anm. 152), S. 77 (Ü. d. A.)
155 Zit. nach: Architect, vol. XVI, July 8th 1876, S. 15 (Ü. d. A.)
156 D. Harborn, The Conscious Stone. The Life of Edward William Godwin, London 1949 (Ü. d. A.)
157 C. Eastlake, Hints on Household Taste (1868), London 1872, Vorw. X (Ü. d. A.)
158 Zit. nach: B. Morris, Liberty 1874–1914, London 1989, S. 100 (Ü. d. A.)
159 Eastlake, Hints on Household Taste (zit. Anm. 157), S. 86 mit Abbildung (Ü. d. A.)
160 S. Muthesius, Why do we buy old furniture? Aspects of the authentic antique in Britain 1870–1910, in: Art History, Vol. 11 Nr. 2, June 1988, S. 232–254; W. J. Loftie, Art At Home Series, 1876 ff. (A Plea for Art in the House, by W. J. Loftie, The Drawing Room, by Mrs. Orrinsmith, The Dining Room, by Mrs. Loftie, The Bed Room and Boudoir, by Lady Baker, Suggestions for House Decoration, by R. & A. Garrat); H. R. Haweis, The Art of Decoration, London 1881; R. W. Edis, Decoration and Furniture of Town Houses, London 1881; C. Beecher & H. Beecher-Stowe, The American Women's Home, New York 1869; C. Cook, The House Beautiful, New York 1878; vgl. auch: Loos, Die Frau und das Haus (zit. Anm. 11)

161 H. J. Jennings, Our Homes and how to Beautify them, London 1902, S. 23
162 H. Muthesius, The English House, London 1979, S. 195
163 J. H. Elder-Duncan, The House beautiful and useful, London 1911, S. 123 (Ü. d. A.)
164 Loos, Josef Veillich (1929), II, S. 216 / G, S. 439
165 Interessanterweise verwendeten auch radikale Vertreter des Jugendstils, wie Charles R. Macintosh im »Hill House«, oder der »Moderne«, wie Le Corbusier in der Villa Schwob, Chippendale-Modelle als Speisezimmerstühle.
166 Vgl. dazu: Moderne Vergangenheit. 1800–1900, Ausst. Kat., Wien 1981; auch John Ruskin war, was seine privaten Wohnräume anlangt, vom gediegenen Regency-Mobiliar seiner Eltern, vorzugsweise glatte Mahagoni-Möbel, geprägt; J. Ruskin, Praeterita, Il Orpinton 1887, S. 200: «Everything for service in the house was plain and of the best«. Er hat sich also nicht mit Arts-and-Crafts-Möbeln oder Entwürfen der ebenfalls von seiner Ideenwelt beeinflußten Reformgotik (z. B. W. Burges) eingerichtet, statt dessen merkt er an, daß kein moderner Tapezierer solch einen Komfort schaffen könne wie die gute alte englische Wandverkleidung (J. Ruskin, The Art of England, 1908, S. 351 f., Ü. d. A.); vgl. S. Jervis, Ruskin and Furniture, in: Furniture History, 1973, S. 97–109
167 Die Typenmöbel des deutschen Werkbundes und Le Corbusiers »objets types« sind vergleichbare Konzepte.
168 Arbeiten von Loos wurden nur zu Beginn seiner Tätigkeit in Kunstgewerbezeitschriften publiziert (Das Interieur I/1900, S. 94–96, II/1901, S. 145–151), als seine kontroversielle Haltung zur »Wiener Moderne« immer deutlicher wurde, gab er eine eigene Zeitschrift »Das Andere« heraus, die jedoch seine Ideen, nicht sein Werk verbreiten sollte.
169 L. Hevesi, Wiener Kunstwanderung (1902), in: ders., Altkunst-Neukunst, Wien 1909, S. 53–58; Wiener Kunstwanderungen, Hg. Othon Baron Bourgoing, Wien 15. II. bis 15. IV. 1902.
170 Das österreichische Handelsmuseum war im Anschluß an die Wiener Weltausstellung 1873 als »Orientalisches Museum« ins Leben gerufen worden, um durch Information und andere Förderungsmaßnahmen das Außenhandelsdefizit der Donaumonarchie gegenüber den Kolonialmächten in Asien und dem Nahen Osten abzubauen. Gleichzeitig galt es, sich mit der dortigen Kunstindustrieproduktion als möglichem Vorbild für heimische Hersteller auseinanderzusetzen, woraus sich eine umfangreiche Sammeltätigkeit ergab (die Bestände, vor allem die reiche Teppichsammlung wurden später dem MAK übergeben). Aus seinem Herkommen aus dem Handelsmuseum erklärt sich auch Scalas besonderes Interesse für englische Möbel, denn die britischen Möbelindustrie kam Ende des 19. Jahrhunderts Vorbildcharakter zu.
Vgl.: Das k.k. Österreichische Handelsmuseum 1875–1900, Wien 1901; F. S. Griesmayer, Das österreichische Handelsmuseum in Wien 1874–1918. Eine Darstellung der Förderung von Österreichs Handel und handelspolitischem Einfluß 1874–1918, phil. Diss., Wien 1968
171 Hoftitel in HHStA/Wien, OMeA r 12 /12- 1868
172 Lehmann's Wiener Adressbuch, 1859, Inserat S. XXII
173 Erich Schmidt, Firmen- und Familiengeschichte Friedrich Otto Schmidt, Typoskript, o. J.; an dieser Stelle möchte ich Frau Irene Schmidt herzlich für ihr großes Interesse und ihre Unterstützung danken.
174 HHStA/Wien, OMeA r 128 C 1, 1864; F. O. Schmidt richtete 1899/1900 für Erzherzog Otto und Erzherzogin Maria Josefa, die

Eltern von Kaiser Karl, das Augartenpalais ein; HHStA/Wien, OMeA 24 C 1/1899 & 1900

175 J. v. Falke, Das Kunstgewerbe, in: Denkschrift Wien 1848–1888, Wien 1888, S. 267; vgl.: HHStA/Wien, OMeA r 12 77 – 1888: Hoftitelansuchen von Hans Trinkel
176 Ders., Kunstgewerbe, in: C. Lützow, Kunstgewerbe auf der Wiener Weltausstellung 1873, Leipzig 1875, S. 63, ein von Schmidt ausgestellter Faltstuhl ist auf S. 309 abgebildet; im Gegensatz zu dieser positiven Kritik beschrieb der »Deutsche Bericht der Wiener Weltausstellung 1873« (S. 489) das Schmidt-Interieur folgendermaßen: »Friedrich Otto Schmidt hat versucht ein Wohnzimmer im Stil der Renaissance prächtig auszustatten. Das volle Oberlicht der großen Galerie beeinträchtigte dessen Wirkung um so mehr, als die Herstellung der abschliessenden Balkendecke und Seitenwände nicht ausführbar gewesen. Ein origineller decorativer Effect war der bis zur halben Höhe getäfelten Wand mit gemalten Arabesken auf grünem Seidengrund, dem stattlichen Marmorkamin mit schwerer, von gewundenen Säulen getragener Holzbedachung über einem Landschaftsgemälde, den Sesseln, welche zugleich an den mittelalterlichen Faltstuhl und an die Polsterungsweise des 17. Jahrhunderts erinnern, keineswegs abzusprechen, aber das Alles büsste gar zu viel ein, wenn man näher trat und der flüchtigen Arbeit, der oberflächlichen, selbst rohen Behandlung des Details inne ward. Im ungewissen Licht der Bühnenlampen wird man dergleichen Dingen gerne begegnen, unsere Wohnräume aber heischen Anderes als das Theater.«
177 Loos, Kunstgewerbliche Rundschau II (1898), I, S. 44
178 Loos, Weihnachtsausstellung im Österreichischen Museum (1897), I, S. 27 / G, S. 144
179 Loos, ebenda, I, S. 29 / G, S. 146 f.; A. v. Scala hat bereits als Direktor des Handelsmuseums zeitgenössische englische Möbel angekauft, die sich heute in den Sammlungen des Österreichischen Museums befinden – freundlicher Hinweis von Dr. Witt-Dörring.
180 Loos, ebenda, I, S. 30 / G, S. 147
181 Vgl.: A. Crawford, C. R. Ashbee, Architect, Designer and Romantic Socialist, New Haven/London 1985, S. 411–415
182 Im MAK – Archiv befinden sich die Rechnungen, freundlicher Hinweis Dr. Behal
183 Loos, Weihnachtsausstellung, I, S. 32 / G, S. 149 f.
184 Loos, Interieurs (1898), I, S. 71 / G, S. 37
185 Ueber den gegenwärtigen Zustand der Tischlerei in Wien, in: Journal des österreichischen Lloyd, 1845; vgl. Loos, Interieurs (1898), I, S. 68 / G, S. 33
186 Loos, Der Fall Scala (1898), III, S. 31: Vergleich »cabinetmaker made furniture« und »tailor made costume«
187 Vgl. Loos' Kommentar zum Deutschen Werkbund: Die Überflüssigen (1908), II, S. 73 / G, S. 270
188 Loos, Wanderung durch die Winterausstellung des Österreichischen Museums (1898), III, S. 84/5
189 Veillich ist übrigens im »Inventar des Vorschußfonds« des Österreichischen Museums für Kunst und Industrie im Mai 1908 mit zum Kopieren ausgeliehenen englischen Möbeln vermerkt.
190 Loos, Josef Veillich (1929), II, S. 217 / G, S. 441
191 Loos, Das Scala-Theater in Wien (1898), I, S. 181–191 / G, S. 182–193
192 Loos, Weihnachtsausstellung im Österreichischen Museum (1897), I, S. 27–34 / G, S. 144–152
193 H. Bahr, Der englische Stil. Die Weihnachtsausstellung des österreichischen Museums (Nov. 1899), in: ders., Secession, Wien 1900, S. 182–187
194 Kunstgewerbe Blatt 1898, S. 105 und 109
195 Loos, Wanderungen im Österreichischen Museum (1898), I, S. 178 f. / G, S. 180
196 Zeitschrift für Innendekoration, 1901, S. 41; auf der Winterausstellung 1899 hat F. O. Schmidt eine Jagdhalle gezeigt; vgl.: Kunst und Kunsthandwerk, 1900, Abb. S. 9
197 Kunst und Kunsthandwerk, 1901, S. 3
198 Loos, Wohnungswanderung, Privatdruck, Wien 1907
199 Cabinet Maker, Jan. 1899, S. 173
200 L. Hevesi, Kunst auf der Straße (1899), in: ders., Acht Jahre Secession (zit. Anm. 100), S. 175
201 Ders., Biedermeier und Komp. (1901), in: ders., Altkunst–Neukunst (zit. Anm. 169), S. 190
202 Kunst und Kunsthandwerk, 1902, S. 8
203 E. B. Ottillinger, Loos-Möbel von F. O. Schmidt – Wechselseitige Einflußnahme, in: Antiquitäten-Zeitung, 25/1991, S. 868 f.; 1638. Kunstauktion in Dorotheum am 12. 12. 1991, Kat. Nr. 176–195, und 1646. Auktion, am 20. 3. 1992, Kat. Nr. 246–249; in der erhaltenen Rechnung wird die Kopie des Stössler-Buffets übrigens als »Kredenz a la Loos« bezeichnet und der Elefantenrüsseltisch als »Rauchtisch Modell Loos«.
204 Vgl. Kat. der Wiener Kunst- und Antiquitätenmesse, 1990, S. 184 ; vgl. auch: B. Rukschcio, Speisezimmermöbel von Adolf Loos, in: Alte und Moderne Kunst 176/1981, S. 48/49
205 Hevesi, Biedermeier und Komp. (1901), in: ders., Altkunst – Neukunst (zit. Anm. 169), S. 189
206 Ebenda, S. 190; vgl. auch: J. A. Lux, Biedermeier als Erzieher, in: Hohe Warte, 1904/5, S. 145–155; Moderne Vergangenheit, 1800–1900 (zit. Anm. 166)
207 L. Hevesi, Adolf Loos (1907), in: ders., Altkunst – Neukunst (zit. Anm. 169), S. 287
208 Haus Heymelt, gestaltet nach Architekt R. A. Schröder von Arch. Martin Düfler und P. Troost, vgl.: Dekorative Kunst IV/1901, Abb. 249 und 257; vgl. allg.: H. Ottomeyer, Bruno Paul und die andere Moderne, in: Bruno Paul, Deutsche Raumkunst und Architektur zwischen Jugendstil und Moderne, Ausst. Kat., München 1992, S. 105–110
209 1901 wurde das Modell in einem Inserat der Firma im »The Studio« vorgestellt.
210 Loos, Wohnungswanderung, Privatdruck, Wien 1907
211 Loos, ebenda
212 Die Firma F. O. Schmidt wurde nach Leo Schmidts Tod von dessen Sohn Erich (1910–1980), seiner Frau und deren Tochter und Schwiegersohn geführt.
213 H. S. Baker, Furniture in the ancient World. Origin and Evolution 3100 – 475 BC, London 1966, S. 217; G. Killen, Ancient Egyptian Furniture, Warminton 1980, S. 68
214 C. Sitte, Die Grundformen des Möbelbaus und ihre Entwicklung, Wien 1888, S. 8 f.
215 E. B. Ottillinger, Korbmöbel, Salzburg/Wien 1990, S. 15 f., Abb. 6 und 7
216 N. Pevsner, S. Lang, The Egyptian Revival, in: Architectural Review, Bd. 119, 1956, S. 242–254; S. Curl, The Egyptian Revival. An Introductionory Study of a Recurring Theme in the History of Taste, London 1982
217 C. Musgrave, Regency Furniture, London 1970, S. 59–63; F. Collard, Regency Furniture, London 1987, S. 204–220
218 Vgl. Kapitel I, Ein vernünftiger Geschmack / Die Evolution des Ornaments
219 G. Semper, Der Stil in den technischen und tektonischen Künsten oder Praktische Ästhetik. Ein Handbuch für Techniker, Künstler und Kunstfreunde, Bd. II, München 1863, S. 255
220 The Craces, Royal Decorators 1768–1899, Hg. M. Aldrich, Brighton 1990
221 J. G. Crace, On furniture, its history & its manufactures, in: RIBA Transactions, 1st series, VII, 1856/57, S. 123–24, bes. 113; freundlicher Hinweis von Tim Knox, Drawings Collection des RIBA.
222 Zit. nach: Europa und der Orient, 800 – 1900, Ausst. Kat., Berlin 1989, Nr. 1/177; diese Stühle finden sich auch auf Hunts Gemälde »Il Dolce Far Niente« 1860/66, Forbes Collection, und auf John Everett Millais Bild »Jephtha's Daughters«, 1867, National Museum of Wales.
223 Vgl.: The Artist, May 1898, S. 44 – 51, Abb. S. 50
224 Zit. nach: E. Aslin, E. W. Godwin. Furniture and Interior Decoration, London 1986, S. 7
225 Auf ähnliche Tendenzen Owen Jones wurde bereits im Zusammenhang mit der Ornamentdiskussion verwiesen, damit wird auch eine Entwicklung umgekehrt, die zur Ablöse des Regency durch den

auf rein europäische Vorbilder konzentrierten Frühhistorismus geführt hat.

226 Der Begriff »Art Furniture« wurde erstmals 1868 von Charles Eastlake benutzt; vgl. dazu: N. Pevsner, Art Furniture of the 1870th, in: Arch. Review, 1952, S. 43–50
227 Art Furniture from Designs by E. W. Godwin by W. Watt, London 1877, S. III (Ü. d. A.)
228 P. Asenbaum u. a., Otto Wagner. Möbel und Innenräume, Salzburg/Wien 1984, S. 177; E. B. Ottillinger, Korbmöbel (zit. Anm. 215), S. 69 f.
229 E. Aslin, The Aesthetic Movement, London 1969
230 Vgl. dazu: W. Halén, Christopher Dresser, London 1990, S. 46 f.
231 A. Adburgham, Liberty's. A Biography of a Shop, London 1975
232 Ebenda: Hinw. auf Bambusmöbel für Liberty's; B. Morris, Liberty 1874–1914, London 1989, S. 101
233 Abb. am 28. I. 1878 in »The Illustrated News«
234 Bei der Ausstattung der ägyptischen Abteilung im Berliner Bode Museum findet dieser Hockertyp als Sitzgelegenheit für die Besucher Verwendung.
235 J. Frank, Architektur als Symbol (zit. Anm. 86), S. 33
236 O. Wilde, Complete Works (zit. Anm. 104), S. 996
237 Semper (zit. Anm. 219), S. 256 f.; vgl. dazu auch C. Sitte (zit. Anm. 214), S. 7 f.
238 Heute im Birmingham City Museum and Art Gallery; um 1900 befand sich das Sofa im Besitz von Harold Rathbone in Birnhead – vgl. The Furniture III/1900/1, S. 61–63
239 Illustrated London News, 18. Okt. 1862, S. 424
240 Crace, On Furniture (zit. Anm. 221), S. 113 (Ü. d. A.)
241 Für Webb: A. R. Dufty, Kelmscott: Exoticism and a Chair by Philip Webb, in: The Antiquaries Journal, vol. LXVI71 1986, S. 116–120; für Rossetti: Morris and Kelmscott (zit. Anm. 152), F 4, S. 156
242 C. Dresser, Principles of Decorative Design, London 1873, S. 53 f. (Ü. d. A.)
243 Vgl. Ottillinger, Korbmöbel (zit. Anm. 215), S. 99–114
244 Ebenda, S. 104–108
245 C. Witt-Dörring, Bentwood production and the Viennese avantgarde: Thonet Brothers and J. & J. Kohn 1899–1914: in: Bentwood and Metal Furniture 1850–1946, Ausst. Kat., AFA 1987, S. 95–120
246 Konstruktiv und strukturell kreuzt sich bei der »Sitzmaschine« mit ihrer beweglichen Lehne die »ägyptische Konstruktionsweise« mit jener des »Morris Chairs«, der im »Kanadier«-Typ seine beliebte Weitertradierung erlebte.
247 C.-P. Warncke, De Stijl 1917–1931, Köln 1990, S. 120–126
248 Erich Dieckmann. Praktiker der Avantgarde, Ausst. Kat., Weil am Rhein 1990; in den letzten Jahren hat sich auch der schwedische Architekt Aka Axelsson mit Nachbauten ägyptischer Stühle beschäftigt; freundlicher Hinweis von Dr. Wängberg-Eriksson.
249 A. Loos, Die Abschaffung der Möbel (1924), II, S. 170–172 / G, S. 388–390; vgl. auch: J. Frank, Einzelmöbel und Kunsthandwerk (1923) (zit. Anm. 57), S. 9: »Das Wort Möbel kommt von mobil – was beweglich heißt. Das soll im wörtlichen Sinn genommen werden. Ein Kleiderkasten ist nicht beweglich, er bildet einen Raum im Raum, kann nur an einer bestimmten Stelle stehen und verlangt viel Rücksicht, Ordnung, Symmetrie und dergleichen. Er zerstört die Klarheit des Raumes, wenn dieser nicht im Verhältnis zu ihm unverhältnismäßig groß ist. Deshalb sind derartige Möbel zu vermeiden.« Josef Frank wie auch Oskar Strnad stellten Kastenmöbel daher grundsätzlich auf Beine, die die Raumgrenzen erkennbar machten und das Korpusmöbel auch leichter wirken ließen.
250 Loos, Architektur (1909), II, S. 98 f. / G, S. 311 f.
251 Loos, Hands off (1917), II, S. 133 f. / G, S. 345
252 Die Firma Deyer wurde von Loos 1903 auch in »Das Andere« vorgestellt
253 WV 239
254 Loos, Das Andere (1903), II, S. 50, G, S. 248
255 Vgl. Josef Hoffmann: Ornament zwischen Hoffnung und Verbrechen, Ausst. Kat., Wien 1987, S. 62–65
256 Das Interieur 1900/I , S. 94–96
257 Ebenda

258 Kulka, Adolf Loos (zit. Anm. 111), S. 27
259 Vgl. Anm. 203 und 204
260 Loos dürfte die Möbel der Wohnung Stössler selbst sehr geschätzt haben, denn er erwähnt sie mehrfach in seinen Schriften: Loos, Josef Hoffmann, 1926 (III, S. 218): »… daß derselbe (= J. H.) auf Grund einer Exkursion in die Wohnung Stössler seine Prinzipien über Bord warf …«
261 Das Interieur 1900/I, S. 94
262 Das Interieur 1901/II, S. 151
263 Vgl.: Asenbaum, Otto Wagner. Möbel und Innenräume (zit. Anm. 228), S.178–181
264 Im Wiener Kunsthandel wird ein ähnliches, Leopold Bauer zugeschriebenes Möbel angeboten.
265 Z. B. in dem kürzlich restaurierten Landhaus Khuner am Kreuzberg
266 Die Wohnung Stoessl ist ab 1902 in »Lehmann's Wiener Adressbuch«, wurde also 1901 eingerichtet. WV 10 und 82, diese Möbel waren für die Besitzer also auch nach zehn Jahren noch modern. An dieser Stelle möchte ich Prof. Dr. Franz Stoessl für das freundliche und informative Gespräch 1982 danken. Die Erben des inzwischen verstorbenen Sohnes von Otto Stoessl haben bedauerlicherweise weder einer erneuten Besichtigung noch dem Photographieren der Möbel zugestimmt.
267 Vgl.: D. M. Cathers, Stickley Craftsman Furniture Catalogues, New York 1979; ders., Furniture of the American Arts and Crafts Movement. Stickley and Roycroft Mission Oak, New York 1981; das Stickley-Vorbild aus dem Katalog von 1910 trägt die Modell-Nummer 817 und kostete $ 84.
268 Liberty's in London präsentierte 1894 in »The Studio« (vol. II, S. 35) ein Buffet mit ähnlichem Unterbau und gleichfalls auskragendem, jedoch kompaktem Aufbau.
269 Auch Godwin hat ein dreieckiges Kästchen entworfen; vgl. »Lucretia Cabinet« ausgeführt 1873 von Collison & Lock, vgl.: E. Aslin, E. W. Godwin, Furniture and Interior Decoration (zit. Anm. 224), FT 18
270 Das Photo zeigt wohl das Speisezimmer im Haus, jedoch ist eine ähnliche Konfiguration in der Wohnung wahrscheinlich.
271 Loos, Wohnungswanderung, Privatdruck, Wien 1907
272 Vgl. dazu auch die Wohnung Sobotka: WV 31
273 Marie (1875–1933) und Gustav Turnovsky (1863–1923) wohnten nach »Lehmann« erst 1903 in der Wohllebengasse 19; freundlicher Hinweis von Marc Bascou, Musée d'Orsay, Paris. Die Wohnungseinrichtung wurde um 1912 nach einem Umzug in die Gußhausstraße erweitert: WV 12; Moderne Vergangenheit (zit. Anm. 166) S. 260–263
274 Das Vorbild ist ein Modell der Firma J. S. Henry, London, vgl.: Katalog der Firma im V & A, Modell Nr. 502; von dieser wurde bereits 1882 vom Handelsmuseum Modelle erworben. Auch F. O. Schmidt hat dieses Modell weiterverwendet; vgl. Anm. 203: in der erhaltenen Rechnung wird der Silberkasten als »Lagermodell« von F. O. Schmidt bezeichnet.
Zur Variante Friedmann vgl.: Rukschcio/Schachel, Abb. 110; das Modell von Heal & Sons wurde 1901 im Studio vorgestellt.
275 Das Interieur II/1901, S. 103; vgl.: Moderne Vergangenheit (zit. Anm. 166), S. 228; der Olbrich-Stuhl wurde auch in der 1899 eingerichteten Wohnung Spitzer verwendet, deren Möbel ins 1901/02 von Josef Hoffmann errichtete Haus übertragen wurden.
276 WV 238; Le Arti a Vienna, Venedig 1984, Kat. Nr. 773
277 Vgl. Anm. 203, Dorotheums-Kat. Nr. 188 – 190; in der erhaltenen Rechnung wurde ausdrücklich darauf hingewiesen, daß der Kunde die Wohnung Auspitz besichtigt hat.
278 Asenbaum, Otto Wagner, Möbel und Innenräume (zit. Anm. 228), S. 163–181; C. Witt-Dörring, Otto Wagner Möbel, Ausst. Kat., Wien 1991, S. 12 f.
279 P. Haiko, Otto Wagners Interieurs: Vom Glanz der französischen Könige zur Ostentation der »modernen Zweckmäßigkeit«, in: Asenbaum, Otto Wagner (zit. Anm. 228), S. 28–32
280 Vgl.: Interieurs, Wiener Künstlerwohnungen 1830–1930 (zit. Anm. 148)
281 Der Wohnraum mit Kaminecke befindet sich seit 1958 im Histori-

schen Museum der Stadt Wien; vgl. Akten 694/1951 und 681/1955; WV 18

282 Loos, Möbel für Neuvermählte (1918), III, S. 144: »Ich für meine Person schlafe auf dem Fußboden. Die hohe Sprungfedermatratze steht ohne jede Vermittlung auf dem Fußboden, darauf die Roßhaarmatratze. Das Geld für das Bettgestell habe ich mir erspart. Unbequem? Nein. Während des Schlafens weiß ich nichts vom Fehlen des Bettgestells. Zugegeben, daß ich nichts unter das Bett stellen kann. Aber *den* kann ich ja auch in das Nachtkastel stellen, den Stiefelknecht. (Ein Nachtkastel besitze ich ürigens auch nicht).«

283 Hevesi, Adolf Loos (1907), ders., in: Altkunst – Neukunst (zit. Anm. 169), S. 287; Loos verwendete diese Gestaltungsweise nach Angaben der »Wohnungswanderung« wieder im Schlafzimmer der 1905/6 eingericheten Wohnung Dr. Tünkel in der Wickenburggasse 24; WV 44

284 Zit. nach: Kulka, Adolf Loos (zit. Anm. 111), S. 28

285 Während bei Wohnungseinrichtungen in der vorhandenen Bausubstanz nur geringfügige Veränderungen vorgenommen wurden, stellt sich bei den Wohnbauten die Frage, in welcher Bedeutung Loos diese Raumtypen übernommen bzw. abgewandelt hat. Auf die architektonische Dimension dieser Fragestellung und die Bedeutung des Raumplanes kann in diesem Rahmen jedoch nicht eingegangen werden.

286 Loos, Wanderung durch die Winterausstellung des Österreichischen Museums (1898), III, 1983, S. 85 f.

287 Falke, Die Kunst im Hause (zit. Anm. 125), S. 299

288 Gurlitt, Im Bürgerhause (zit. Anm. 5), S. 100, 102 und 105

289 Vgl. Falke, Die Kunst im Hause (zit. Anm. 125), S. 299: »Empfiehlt sich für das Speisezimmer eine ernst gehaltene Ornamentation … so dürfte der Charakter der Herrenzimmers, des Studier- und Bibliothekszimmers geradezu Einfachheit sein … Im Gegensatz dazu verlangt das Schlafzimmer eher eine heitere Decoration.«
Die Modus-Unterscheidung zwischen repräsentativ und privat gibt es auch in der ersten Hälfte des 19. Jahrhunderts am Wiener Hof zwischen repräsentativem Empire und privatem Biedermeier.

290 Die Hierarchie der Intimität erwies sich ebenso, wie die Sitzecke, der Einbaukasten oder die Verwendung unterschiedlichster Sitzgelegenheiten als vorbildliche Einrichtungs*sprache*; vgl.: C. Alexander, A Pattern Language, New York 1977, § 127 Intimacy Gardient, S. 610–613; § 185 Sitting Circles, S. 857–859; § 198 Closets beetweeen Rooms, S. 913–915; § 251 Different Chairs, S. 1157–1159

291 Hevesi, Adolf Loos (1907), in: ders., Altkunst – Neukunst (zit. Anm. 169) S. 287

292 Loos, Architektur (1909), II, S. 96 / G, S. 309; Loos wandte sich hier gegen die »flotten Darsteller« und das Entwerfen für die Publikation.

293 Hevesi, Adolf Loos (1907), ders. in: Altkunst – Neukunst (zit. Anm. 169), S. 288

294 Vgl. R. Sennett, Civitas. Die Großstadt und die Kultur des Unterschieds (zit. Anm. 118), S. 261–272; Sennett beschreibt hier am Beispiel der Graffiti ein ähnliches Phänomen des sozialen Protestes wie um 1900 die Tätowierung, und beide Verfahrensweisen degradieren den Trägerstoff – Wand oder Haut – zur Mitteilungsfläche, indem sie diesen seiner physischen Eigenart berauben, der jedoch gerade die ästhetische Qualität darstellt.

295 Hier finden im Gegensatz zum Wohnraum die Gestaltungsmodi keine Anwendung, da der Gesamtraum, wie auch bei Lokalen, unmittelbar auf den (flüchtigen) Kunden / Gast zu wirken hat.

296 Vgl.: H. Czech, Der Umbau, in: Adolf Loos (zit. Anm. 70) S. 159–172

297 WV 241

298 Ein Wiener Herrenmodesalon, in: Das Interieur II/1901, S. 145

299 HHStA/Wien, OMeA r 12 G 5 – 1899: Michael Goldman wurde 1843 in Mährisch Krumau geboren, kam nach dem bis 1876 dauernden Militärdienst (er hat am deutsch-österreichischen Krieg 1866 teilgenommen) nach Wien und gründete mit Josef Salatsch 1878 einen Herrenschneidersalon am Graben Nr. 20, der 1883 ins Handelsregister eingetragen wurde. Seit dem 4. Februar 1896 war Michael Goldman Alleininhaber, da Josef Salatsch gemeinsam mit seinem Sohn Adolf in der Goldschmiedgasse 10 ein eigenes Geschäft eröffnet hatte. Als Geschäftsführer fungierte Emil Aufricht (geb. 1870 in Mähren), der Gatte von Goldmans Tochter (geb. 1872). Zum Zeitpunkt des Antrages um den Hoftitel beschäftigte die Firma ca. 100 Mitarbeiter.
HHStA/Wien r 12 G / – 1909: ab 1903 fungierte sein Sohn Leopold Goldman (geb. 1875), der bis dahin in London zur Ausbildung war, gemeinsam mit dem Schwiegersohn als Gesellschafter. Die Firma war zu diesem Zeitpunkt königl. bayer. Hoflieferant, Kammerlieferant von Erzherzog Josef, Lieferant des k. k. Yachtclubs und der österreichischen Automobilgesellschaft.
Nachdem bereits Michael Goldman um den Hoftitel unmittelbar nach der Einrichtung seines Geschäftslokales durch Adolf Loos angesucht hatte, kann es kein Zufall sein, daß Leopold Goldman und Emil Aufricht 1909, also während der Planungsphase für das »Michaelerhaus«, um die Fortführung des Hoftitels ansuchten. Ihr Wirken als Auftraggeber für Adolf Loos, der auch die Wohnung Aufricht und die Wohnung Goldman geplant hat, ist also unmittelbar mit der Firmengeschichte verknüpft.

300 Loos hat das Ornament als Vergeudung von Arbeitskraft und Material diffamiert. Im ökonomischen Umgang mit dem vorhandenen Raum liegt aber auch eine Wurzel für den Raumplan. Hier werden nämlich Raumtypen etwa des englisches Landhauses mit seinem pittoresken Grundriß, etwa die großzügige offene »Hall«, das Speisezimmer, der Salon, die Bibliothek/Herrenzimmer in komprimierter Form angeboten, der geschlossene Außenbau (Kubus) enthält dieserart durch raumökonomische Lösungen dasselbe Raumangebot und denselben Erlebniswert wie offene Grundrisse.

301 Bei Turnovsky und Haberfeld, Stoessl und Stössler gab es noch traditionelle Buffets als Kommode/Kastenmöbel; in der Wohnung Schwarzwald (WV 41/1905, ALA 2538) steht das Buffet auf Beinen, im Haus Steiner, 1910 (WV 7, ALA 2580), in der Wohnung Mayer, 1913 (WV 99, ALA 2404) und der Wohnung Boskovits, 1913 (WV 245, ABB. FT) ist es hingegen in die Wandverkleidung eingebaut. Vgl. auch: B. Rukschcio, Die Loos-Wohnung, Zur Restaurierung der Wohnung Boskovits von Adolf Loos, in: Zur Eröffnung der neuen Musiksammlung (Stadt- und Landesbibliothek, Wien 1991, Hg. H. Würtz); im Speisezimmer dieser Wohnung findet sich übrigens die ungewöhnliche Kombination einer hölzernen Wandverkleidung mit Puttenfries.

302 Falke, Kunst im Hause (zit. Anm. 125), S. 214, 216, 219 und 248 f.

303 Vgl.: R. Dohme, Das englische Haus, Braunschweig 1888; H. Muthesius, Das Englische Haus, Berlin 1904/05; A. Saint, Richard Norman Shaw, New Haven/London 1976

304 E. Harrington, Das Glessner House von Henry Hobson Richardson, in: Chicago Architektur 1872–1922 (zit. Anm. 62), S. 191–219; die Familie hat übrigens in den 1870er Jahren amerikanisches Arts and Crafts-Mobiliar für ihr altes Haus erworben, die Einrichtung des neuen Hauses geht darüber hinaus.

305 A. Abernathy, The Oak Park Home and Studio of Frank Lloyd Wright, Chicago 1990, S. 10 f.; Wrights Verständnis von einer »organischen Architektur«, sein Umgang mit dem Ornament sowie das Verhältnis von Innenraum und Außenbau unterscheiden sich grundlegend von Loos.

306 The Story of a House. H. H. Richardsons Glessner House, Chicago 1992, S. 3

307 Loos setzte sich nicht mit konkreten Vorbildern, sondern mit konkreten Formen/Lösungen (z. B. der ägyptische Hocker oder das Inglenook, das Plumbed-in-Bad, Essensgewohnheiten) auseinander. Es ging ihm nicht um Motive oder Stildetails, also »Vokabel« einer »Formensprache«.

308 Le Corbusier, Die Innenausstattung unserer Häuser auf der Weissenhof Siedlung, in: W. Graeff, Innenräume, Stuttgart 1928, S. 122–124. Schon den Pavillon de L'Esprit Nouveau auf der Pariser Weltausstellung 1925 hat Le Corbusier nur mit standardisierten Einrichtungsgegenständen ausgestattet.

309 Vgl. dazu: A. Rüegg, Der Pavillon de L'Esprit Nouveau (zit. Anm. 68), und ders., Vom Interieur zum Equipment, in: Archithese

310 F. Kramer, Die Wohnung für das Existenzminimum, in: Die Form, 24/1929; Die Wohnung für das Existenzminimum, Hg.: Internationaler Kongress für Neues Bauen und städt. Hochbauamt Frankfurt am Main, Frankfurt 1930; C. Mohr, M. Müller, Das Neue Frankfurt, Köln 1984, S. 144–162; S. Giedion, Befreites Wohnen, Zürich / Leipzig 1929

1/1983, S. 9–15; Le Corbusiers »cassiers standards« folgten im internationalen Möbeldesign George Nelsons »Storage Compartments« bzw. »Storage Walls« 1944 und Charles Eames »Storage Units« 1949.

311 W. Benjamin, Angelus Novus, Frankfurt 1965, S. 419; vgl.: M. Müller, Architektur für das »Schlechte Neue«, in: ders., Architektur und Avantgarde, Frankfurt 1984, S. 93–147
312 J. Frank, Die moderne Einrichtung des Wohnhauses, in: Graeff (zit. Anm. 308), S. 126 f.; Frank argumentiert damit klar gegen die Idee des »Typenmöbels«, die Bruno Paul bereits vor dem Ersten Weltkrieg entwickelt hat und eine Zielsetzung des »Deutschen Werkbundes« auch in der Zwischenkriegszeit blieb; vgl. im selben Band: Adolf Schneck, Über Typenmöbel, S. 131/2: Auch der Begriff des »Existenzminimums«, als zu gestaltende Größe oder Rahmenbedingung, wurde in diesen Jahren in Frankfurt diskutiert. Vgl. auch die Aufbaumöbel von F. Schuster.
313 J. Frank, Raum und Einrichtung (1934), in: Josef Frank (zit. Anm. 43), S. 95 f.; vgl. auch: O. Strnad, Neue Wege in der Wohnungs-Einrichtung (1922), in: O. Niedermoser, Oskar Strnad 1879–1935, Wien 1965, S. 51
314 E. Boltenstern, Wiener Möbel, Stuttgart 1933; vgl. auch: Neues Wohnen. Wiener Innenraumgestaltung 1918-1938, Ausst. Kat., Wien 1980
315 Vgl. dazu: J. van de Beek, Adolf Loos – pattern of town houses, in: M. Risselada, Raumplan versus Plan Libre. Adolf Loos and Le Corbusier 1919–1930, New York 1991, S. 27–46
316 Frank, Akzidentismus (1958), in: Josef Frank (zit. Anm. 43), S. 240
317 Loos, Das Prinzip der Bekleidung (1898), I, S 139, G, S. 105
318 Frank, Architektur als Symbol (zit. Anm. 86), S. 150
319 C. Loos, Adolf Loos privat (1936), rep. Wien / Köln / Graz 1985, S. 100
320 Vgl. Ch. Gilbert, »Thebes« Stool by Liberty & Co. ca 1900, in: Burlington Magazin, Dec. 1971, S. 741; Liberty's 1875–1975, Ausst. Kat., London 1975, S. 35
321 V. Behal, Zwei bekannte Loos-Möbel, in: Alte und moderne Kunst, 182/1982, S. 50 f.
322 L. Hevesi, Die Kunst auf der Straße (1899), in: ders., Acht Jahre Secession (zit. Anm. 100), S. 175
323 Loos, Kunstgewerbliche Rundschau I (1898), I, S. 36, G, S. 165 f.
324 Loos, Josef Veillich (1929), II, S. 218, G, S. 442
325 Das Interieur, III/1902, S. 125
326 Loos, Das Sitzmöbel (1898), I, S. 85, G, S. 51
327 Das Interieur, I/1900, S. 94 f.
328 Die Firma war bis 1897 aktiv; vgl.: J. Kinchin, Collison & Lock, in: The Connoissoir, vol. 201, Nr. 807, May 1979, S. 47 f.
329 Vgl.: T. Crispin, The English Windsor Chair, London 1992, S. 15 f.
330 L. Hevesi, Stonehenge (1891), in: ders., Das große Keinmaleins, Wien 1990, S. 196 f.
331 Das Interieur, III/1902, S. 45
332 Wohnungskultur, 1925, S. 105
333 Ebenda, S. 103
334 Loos, Josef Veillich (1929), II, S. 218, G, S. 442
335 C. Loos, Adolf Loos privat (zit. Anm. 219), S. 68
336 Hevesi, Adolf Loos (1907), in: ders., Altkunst – Neukunst (zit. Anm. 169), S. 285 f.
337 Loos, Josef Veillich (1929), II, S. 216, G, S. 439 f.
338 E. Altmann-Loos, Mein Leben mit Adolf Loos, Wien 1984, S. 252 f.
339 Christie's, Fine English Furniture, London am 4. Juli 1991, lot. 62
340 Vgl.: Rukschio / Schachel, S. 297 f.
341 Loos, Das Sitzmöbel (1898), I, S. 84, G, S. 50 f.
342 Rukschio / Schachel, S. 444
343 Dekorative Kunst, 1901, S. 261
344 Rukschio / Schachel, S. 511
345 V. J. Behal, Möbel des Jugendstils, Sammlung des Österreichischen Museums für angewandte Kunst, München 1981, S. 24; der Tisch findet sich jedoch nicht in: J.-M. Moulin, Guide du musée national du chateau de Compiegne, Paris 1992
346 Ver Sacrum, März 1902, S. 106, und The Studio 1902/XXV
347 Jugendstil und 20er Jahre, Ausst. Kat., Wien 1969, S. 161
348 Wohnungskultur, 1925, S. 157
349 Vgl.: B. Rukschcio, Scheinbar freischwebend, Loos-Uhr im Dorotheum, Wien, in: Antiquitäten-Zeitung, Nr. 10/1990, S. 334
350 Kulka, Adolf Loos, Das Werk des Architekten (zit. Anm. 111)
351 Moderne Vergangenheit (zit. Anm. 166), S. 248–251, 260–262; Le Arti a Vienna (zit. Anm. 276), Nr. 768–781; Traum und Wirklichkeit, Wien 1870–1930, Ausst. Kat., Wien 1985, Nr. 14/2/3 und 4, 14/3/2, 14/4/1 und 2
352 Auch auf Loos-Ausstellungen gab es jetzt Design-Abteilungen; vgl.: Adolf Loos 1870–1933, Raumplan – Wohnungsbau, Ausst. Kat., Berlin 1984, S. 189–192; The Architecture of Adolf Loos, Ausst. Kat., London 1987, S. 92–95; Adolf Loos, Ausst. Kat., Wien 1989, S. 410–418, 460–464
353 Loos, Hands off (1917), II, S. 135, G, S. 347
354 E. Hueber, Möbeltransporte, Loos Interieurs in der Schweiz, in: Archithese 1/1983, S. 72 f.
355 Vgl. Anm. 266
356 Vgl. Anm. 273
357 Vgl. Anm. 281
358 Vgl. Anm. 301

# Abbildungsverzeichnis

Ort, wenn nicht anders angegeben: Wien

Abkürzungen:
ALA = Adolf Loos Archiv in der Graphischen Sammlung Albertina, Wien
B = Breite
T = Tiefe
SH = Sitzhöhe
H = Höhe
Ø = Durchmesser

1
Adolf Loos in seinem Wohnzimmer, photographiert von Claire Loos, 1929
ALA, Wien

2
Tätowierter Frauenkopf aus Neuseeland
in: O. Jones, The Grammar of Ornament, 1856

3
Tätowierte Maori-Gesichter
in: A. Riegl, Stilfragen, 1893

4
Goldman & Salatsch-Inserat
in: Das Andere, 1903

5
Verkaufsraum im Geschäftshaus
Goldman & Salatsch, 1909–1911
ALA, Wien

6
Verkaufsraum im Herrenmodesalon
Goldman & Salatsch, 1898–1903
in: Das Interieur, II / 1901

7
Verkaufsraum im Schneidersalon Kniže & Co., 1905–1913
ALA, Wien

8
Maßabteilung im Schneidersalon Kniže & Co., 1905–1913
ALA, Wien

9
Bernhard Ludwig, Speisezimmer im »Renaissance-Styl«, gezeigt bei der »Elektrischen Ausstellung« 1883 in Wien
Photo: Bildarchiv der Österreichischen Nationalbibliothek, Wien

10
»Renaissance-Speisezimmer«, Wien 1880
in: Wiener Möbelhalle, 1880

11
J. Carter, »Holbein-Zimmer« in Strawberry Hill
in: H. Walpole, Descriptions of Strawberry Hill, 1784

12
E. Goldie, »Dining Room« in Ashorne Hill House
in: The Cabinet Maker, 1899

13
A. Marshall, »Breakfast Room« im Haus des Architekten
in: The Cabinet Maker, 1899

14
Rechts: Dreibeiniger »ägyptischer« Hocker, 1903–1927
Material: Eiche
Maße: B: 39 cm, ST: 27 cm, SH: 37 cm
Ausführung: J. Veillich
Sammlung Julius Hummel, Wien

Mitte: Josef Frank, dreibeiniger Tisch, um 1925
Material: Kirschbaumholz
Maße: Ø: 80 cm, H: 62 cm
Ausführung: Haus & Garten
Sammlung Julius Hummel, Wien

Links: Zlatko Neumann, dreibeiniger »ägyptischer« Hocker, ab 1922/23
Material: Nußbaumholz
Maße: B: 42 cm, ST: 26 cm, SH: 39 cm
Ausführung: unbekannt
Privatbesitz
Photo: Marianne Haller

15
»ägyptischer« Hocker, um 1903
Material: Kirschbaumholz, Flechtsitz
Maße: B: 45 cm, T: 32 cm, H: 57 cm
Ausführung: unbekannt
Historisches Museum der Stadt Wien
Photo: Marianne Haller

16
Dreibeiniger »ägyptischer« Hocker, 1903–1927
Material: Eiche
Maße: B: 45 cm, T: 32 cm, H: 37 cm
Ausführung: J. Veillich
Historisches Museum der Stadt Wien
Photo: Marianne Haller

17
Vierbeiniger »ägyptischer« Hocker und Teetisch für die Wohnung
Dr. Otto Stoessl, 1901
Material: Eiche, Ledersitz
Ausführung: F. O. Schmidt (?)
Photo: Archiv Autor

18
Vierbeiniger »ägyptischer« Hocker, um 1901/02
Material: Eiche, Ledersitz
Maße: B=T: 64 cm, H: 42 cm
Ausführung: F. O. Schmidt (?)
Sammlung Julius Hummel, Wien
Photo: Heidi Harsieber

19
Vierbeiniger »ägyptischer« Hocker, um 1901/02
Material: Mahagoni, Ledersitz
Maße: B=T: 59 cm, H: 42 cm
Ausführung: F. O. Schmidt (?)
Sammlung Julius Hummel, Wien
Photo: Marianne Haller

20
Kaminnische im Wohnzimmer der Loos-Wohnung, 1903
Historisches Museum der Stadt Wien
Photo: Marianne Haller

21
Sitzecke der Loos-Wohnung, 1903
Historisches Museum der Stadt Wien
Photo: Marianne Haller

22
Tisch für das Café Museum, 1899
Material: Buchenholz, Marmorplatte, Messingbeschläge
Maße: Ø: 93 cm, H: 73 cm
Ausführung J. & J. Kohn
Sammlung Julius Hummel, Wien
Photo: Heidi Harsieber

23
Sessel für das Café Museum, 1899
Material: rot gebeiztes Buchenholz, Rohrgeflecht
Maße: B: 41 cm, ST: 52 cm, SH: 46,5 cm, H: 89,5 cm
Ausführung: J. & J. Kohn
Österreichisches Museum für angewandte Kunst, Wien
Photo: Georg Mayer

24
Variante des Sessels für das Café Museum mit Sperrholzsitz, nach 1899
Material: Buchenholz
Maße: B: 45 cm, ST: 53 cm, SH: 46 cm, H: 89 cm
Ausführung: J. &. J. Kohn
Sammlung Julius Hummel, Wien
Photo: Heidi Harsieber

25
Sessel für das Café Capua, 1913
Material: Buchenholz auf Mahagoni gebeizt
Maße: B: 43 cm, ST: 48 cm, SH: 46 cm, H: 88 cm
Ausführung: Gebrüder Thonet
Sammlung Julius Hummel, Wien
Photo: Heidi Harsieber

26
Fan-back-Windsor-Stuhl, um 1928
Material: Mahagoni, Stoffpolsterung
Maße: B: 38 cm, ST: 44 cm, SH: 43 cm, H: 87 cm

Ausführung: U. P.-Werke, Brünn
Sammlung Julius Hummel, Wien
Photo: Heidi Harsieber

27
Büro-Stuhl nach einem englischen Original im
Österreichischen Museum, 1912
Material: Eiche, Lederpolsterung
Maße: B: 59 cm, ST: 50 cm, SH: 48 cm,
H: 87 cm
Ausführung: F. O. Schmidt
Manz'sche Verlags- und
Universitätsbuchhandlung, Wien
Photo: Marianne Haller

28
Manz-Stuhl, 1912
Material: Mahagoni, Ledersitz, Messingschuhe
Maße: B: 57,5 cm, T: 49,5 cm, SH: 46 cm,
H: 76 cm
Ausführung: F. O. Schmidt
Manz'sche Verlags- und
Universitätsbuchhandlung, Wien
Photo: Marianne Haller

29
Speisezimmerstuhl für die Wohnung Eugen
Stössler, 1899
Material: Nußbaumholz, Ledersitz,
Messingschuhe
Maße: B: 57 cm, ST: 45 cm, SH: 47,5 cm,
H: 78 cm
Ausführung: J. Bohn
Privatbesitz
Photo: Archiv Autor

30
Variante des Stössler-Stuhles, nach 1900
Material: Eiche, Ledersitz, Messingschuhe
Maße: B: 58 cm, T: 50 cm, SH: 46 cm,
H: 80 cm
Ausführung: F. O. Schmidt (?)
Sammlung Julius Hummel, Wien
Photo: Heidi Harsieber

31
Detail des Buffets im Speisezimmer der
Wohnung Eugen Stössler, 1899
Privatbesitz
Photo: Archiv Autor

32
Entwerfersignatur »A L« auf dem
Silberkasten des Speisezimmers für die
Wohnung Eugen Stössler, 1899
Privatbesitz
Photo: Archiv Autor

33
Unterteil des Buffets für das Speisezimmer der
Wohnung Eugen Stössler, 1899
Material: Nußbaumholz,
Messingbeschläge
Maße/Unterteil: B: 168 cm, T: 70 cm,
H: 94,5 cm
Ausführung: J. Bohn
Privatbesitz
Photo: Archiv Autor

34
Kleines Buffet, entworfen und ausgeführt von
F. O. Schmidt nach dem Vorbild des Stössler-
Buffets, 1903
Material: Mahagoni, Messingbeschläge
Maße: B: 108 cm, T: 66 cm, H: 133 cm
Photo: Dorotheum, Wien

35
Besteckkasten, entworfen und ausgeführt von
F. O. Schmidt nach dem Vorbild des Stössler-
Buffets, 1903
Material: Mahagoni, Messingbeschläge
Maße: B: 109 cm, T: 62 cm, H: 175 cm
Photo: Dorotheum, Wien

36
Schreibtisch, entworfen und ausgeführt von
F. O. Schmidt, um 1905
Material: Mahagoni, Messingbeschläge
Maße: B: 180 cm, T: 80 cm, H: 79 cm
Photo: Kunsthandel Patrick Kovasc, Wien

37
F. O. Schmidt, Kopie des Stössler-Buffets,
1903
Material: Mahagoni, Messingbeschläge
Maße: B: 169 cm, T: 67 cm, H: 193 cm
Photo: Dorotheum Wien

38
Elefantenrüsseltisch, achtbeinige Version,
nach 1900
Material: Mahagoni mit Steineinlage,
Kupferbänder und -schuhe
Maße: Ø: 86 cm, H: 65 cm
Ausführung: F. O. Schmidt
Sammlung Julius Hummel, Wien
Photo: Marianne Haller

39
Elefantenrüsseltisch, sechsbeinige Version,
nach 1900
Material: Eichenholz mit Kacheln,
Messingbänder und -schuhe
Maße: Ø: 76 cm, H: 66 cm
Ausführung: F. O. Schmidt
Ehem. Hofmobiliendepot, Wien
Photo: Marianne Haller

40
»Haberfeld-Tisch«, sechsbeinige Version,
nach 1900
Material: Nußbaumholz, Kupferbänder
und -schuhe
Maße: Ø: 80 cm, H: 69 cm
Ausführung: F. O. Schmidt
Sammlung Julius Hummel, Wien
Photo: Marianne Haller

41
Manz-Tisch, 1912
Material: Mahagoni, Marmorfußplatte
Maße: Ø: 80 cm, H: 65 cm
Ausführung: F. O. Schmidt (?)
Manz'sche Verlags- und
Universitätsbuchhandlung, Wien
Photo: Marianne Haller

42
Eßtisch und Stühle im Speisezimmer der
Wohnung Friedrich Boskovits, 1913
Material: Mahagoni, Stoffpolsterung
Maße/Tisch: B: 140 cm, T: 119 cm, H: 78 cm
Sessel: B: 54 cm, ST: 45 cm, SH: 47 cm,
H: 99 cm
Ausführung: F. O. Schmidt
Musiksammlung der Wiener Stadt- und
Landesbibliothek
Photo: Marianne Haller

43
Speisezimmer der Wohnung Friedrich
Boskovits, 1913
Ausführung: F. O. Schmidt
Musiksammlung der Wiener Stadt- und
Landesbibliothek
Photo: Marianne Haller

44
Beistelltisch aus der Wohnung Friedrich
Boskovits, 1913
Material: Mahagoni mit Messingtablett
Maße: Ø: 89 cm, H: 67 cm
Ausführung: F. O. Schmidt
Musiksammlung der Wiener Stadt- und
Landesbibliothek
Photo: Marianne Haller

45
Kaminecke im Wohnhaus Leopold Goldman,
1911
Ausführung: unbekannt
Raiffeisenbank, Wien
Photo: Gerald Zugmann

46
Wanddetail im Büro der Manz'schen Verlags-
und Universitätsbuchhandlung, 1912
Material: Mahagoni
Ausführung: unbekannt
Manz'sche Verlags- und
Universitätsbuchhandlung, Wien
Photo: Marianne Haller

47
Raumteiler aus dem Herrenzimmer Gustav
Turnovsky, um 1912
Material: Nußbaumholz auf Mahagoni gebeizt
Maße: B: 90 cm, T: 31 cm, H: 121 cm
Ausführung: F. O. Schmidt
Sammlung Julius Hummel, Wien
Photo: Marianne Haller

48
»Knieschwimmer«-Fauteuil, um 1900
Material: erneuerte Hirschlederpolsterung
Maße: B: 82 cm, T: 115 cm, H: 80 cm
Ausführung: F. O. Schmidt
Sammlung Julius Hummel, Wien
Photo: Heidi Harsieber

49
Sitzecke im Herrenzimmer Gustav Turnovsky,
um 1902
Material: Mahagoni
Ausführung: F. O. Schmidt

Österreichisches Museum für angewandte
Kunst, Wien
Photo: Georg Mayer

50
Hängelampe
Material: Stoff, Bambusgeflecht
Maße: Ø: 48 cm, H: 36 cm
Ausführung: unbekannt
Sammlung Julius Hummel, Wien
Photo: Heidi Harsieber

51
Stehlampe
Material: Kupferblech, Textilfransen
Maße: Ø: 46 cm, H: 63 cm
Ausführung: unbekannt
Sammlung Julius Hummel, Wien
Photo: Heidi Harsieber

52
Schreibtischecke im Herrenzimmer Gustav
Turnovsky, um 1912
Material: Nußbaumholz auf Mahagoni gebeizt
Ausführung: F. O. Schmidt
Sammlung Julius Hummel, Wien
Photo: Marianne Haller

53
Kommode aus dem Damenzimmer Marie
Turnovsky, 1902
Material: Ahorn
Maße: B: 112,5 cm, T: 56 cm, H: 74 cm
Ausführung: F. O. Schmidt
Musée d'Orsay, Paris
Photo: Archiv Marc Bascou, Paris

54
Schubladenkasten aus dem Damenzimmer
Marie Turnovsky, 1902
Material: Ahorn
Maße: B: 100 cm, T: 57 cm, H: 134,5 cm
Ausführung: F. O. Schmidt
Victoria & Albert Museum, London

55
Möbel aus dem Damenzimmer Marie
Turnovsky, 1902
Material: Ahorn
Ausführung: F. O. Schmidt
Musée d'Orsay, Paris
Photo: Réunion des musées nationaux, Paris

56
Sessel aus dem Damenzimmer Marie
Turnovsky, 1902
Material: Ahorn, Polsterung erneuert
Ausführung: F. O. Schmidt
Musée d'Orsay, Paris
Photo: Réunion des musées nationaux, Paris

57
Kasten aus dem Damenzimmer Marie
Turnovsky, 1902
Material: Ahorn
Maße: B: 130 cm, T: 59 cm, H: 201 cm
Musée d'Orsay, Paris
Photo: Réunion des musées nationaux, Paris

58
Nachtkästchen aus dem Schlafzimmer der
Wohnung Theodor von Auspitz, um 1900
Material: Ahorn
Ausführung: F. O. Schmidt
Maße: B: 52 cm, T: 46 cm, H: 76 cm
Privatbesitz
Photo: Marianne Haller

59
Kommode aus dem Schlafzimmer der
Wohnung Theodor von Auspitz, um 1900
Material: Ahorn
Maße: B: 118 cm, T: 52 cm, H: 110 cm
Ausführung: F. O. Schmidt
Privatbesitz
Photo: Marianne Haller

60
Kasten-Detail aus dem Schlafzimmer der
Wohnung Theodor von Auspitz, um 1900
Material: Ahorn
Privatbesitz
Photo: Marianne Haller

61
Kasten aus dem Schlafzimmer der Wohnung
Theodor von Auspitz, um 1900
Material: Ahorn
Maße: B: 198 cm, T: 56 cm, H: 216 cm
Ausführung: F. O. Schmidt
Privatbesitz
Photo: Marianne Haller

62
Wanduhr
Material: vernickeltes Metallgehäuse, Glas
Ø: 36 cm
Ausführung: unbekannt
Sammlung Julius Hummel, Wien
Photo: Heidi Harsieber

63
Kommodenuhr
Material: Messing, Glas
Maße: B: 38 cm, T: 26 cm, H: 48,5 cm
Ausführung: J. Heeg (?)
Photo: Dorotheum, Wien

64
Hängelampe
Material: Messing, Glas
Ø: 33 cm
Ausführung: F. O. Schmidt (?)
Privatbesitz

65
Hängelampe aus dem Schneidersalon Knize
Material: Messing, Glas
Ø: 47 cm
Ausführung: F. O. Schmidt (?)
Sammlung Julius Hummel, Wien
Photo: Heidi Harsieber

66
Luster
Material: Messingrohr
Maße: Ø: 70 cm, H: 145 cm
Ausführung: unbekannt

Sammlung Julius Hummel, Wien
Photo: Marianne Haller

67
Tisch aus der »Kärntner Bar«, 1908
Material: Mahagoni, Messing, Glas
Maße: B: 55,5 cm, T: 29,5 cm, H: 68 cm
Ausführung: unbekannt
Privatbesitz
Photo: Marianne Haller

68
Inserat der Firma F. Schmidt & Sugg
in: Lehmann's Wiener Adressbuch, 1859

69
»Lefler-Zimmer«, ausgestellt bei der
Winterausstellung des Österreichischen
Museums 1897/98
in: Kunst und Kunsthandwerk, 1898

70
Josef Hoffmann, Möbel für das
Sekretariat der Wiener Secession, ausgeführt
von F. O. Schmidt, 1898/99
in: Das Interieur, I/1900

71
Präsentationsraum der Firma F. O. Schmidt im
Palais Neupauer-Breuner, 1903
in: Das Andere, 1903

72
Kopie eines Raumes in Schloß Esterhaza bei
Ödenburg, ausgestellt von F. O. Schmidt bei
der Winterausstellung des Österreichichen
Museums 1898/99
in: Kunstgewerbe Blatt, 1899

73
Raum aus Schloß Fontainebleau, ausgestellt
von F. O. Schmidt bei der Winterausstellung
des Österreichischen Museums 1900/01
in: Kunst und Kunsthandwerk, 1901

74
Raum in Schloß Compiègne mit »römischem«
Tisch, ausgestellt von F. O. Schmidt bei der
Winterausstellung des Österreichischen
Museums 1900/01
in: Kunst und Kunsthandwerk, 1901

75
Kaminnische mit »Elefantenrüsseltisch«,
ausgestellt von F. O. Schmidt bei der
Winterausstellung des Österreichischen
Museums 1900/01
in: Kunst und Kunsthandwerk, 1901

76
Ledergepolstertes Speisezimmerstuhl-Modell
der Firma F. O. Schmidt, um 1900
Photo: F. O. Schmidt-Archiv

77
Präsentationsraum der Firma F. O. Schmidt
mit dem Speisezimmerstuhl und Metall-Glas-
Lampe, nach 1900
Photo: F. O. Schmidt-Archiv

78
Speisezimmerstuhl-Modell von Maple's, London
in: Maple's-Katalog, um 1890

79
Speisesaal im Schloß Sandringham mit Speisezimmerstühlen von Maple's, London
Photo: Victoria & Albert Museum, London

80
Vierbeiniger Frauen-Hocker, um 1350 v. Chr.
Photo: British Museum, London

81
Malerei aus Anis Totenbuch, um 1250 v. Chr.
Ani und seine Frau Tuta auf dem Hocker-Typ
Photo: British Museum, London

82
Hocker aus dem British Museum
in: G. Semper, Der Stil, Bd. II, 1863

83
William Holman Hunt, »ägyptischer« Stuhl, ausgeführt von Crace um 1857/58
Photo: Birmingham Museum and Art Gallery

84
Ford Madox Brown, »ägyptischer« Stuhl, ausgeführt von Morris & Co., um 1861
Photo: Victoria & Albert Museum, London

85
Eduard William Godwin, Möbel-Studien, um 1875
Photo: Victoria & Albert Museum, London

86
Varianten des Godwin-Tisches und des »Sussex-Chair« von Morris & Co.
in: C. Cook, The House Beautiful, 1878

87
Eduard William Godwin, »Coffee Table«, ausgeführt von William Watt, um 1867
Photo: Victoria & Albert Museum, London

88
Otto Wagner, Badezimmertischchen aus Metall
Ausführung: F. X. Schenzel & Sohn, 1898
Photo: Privatbesitz

89
»Ägyptischer« Hocker auf Illustration der »Art Furniture Alliance«, 1881
in: Art Furniture, 1881

90
Vierbeiniger »Thebes Stool«, entworfen von L. F. Wyburd für Liberty's, 1884
Photo: Victoria & Albert Museum, London

91
Amerikanische Variante des »ägyptischen« Hockers, um 1885
Photo: The Newark Museum, Newark (Susan Dwight Bliss Bequest)

92
»Thebes Chair«, Liberty's, 1884
Photo: William Morris Gallery, London

93
H. W. Batley, »Aegyptian Dining Room«, 1872
in: Series of Studies for Furniture, Decoration, etc., 1883

94
»Ägyptischer Wohnraum«
in: A. Lambert, E. Stahl, Das Möbel, 1887

95
»Ägyptischer« Hocker in der Wiener Wohnung des Schauspielers Adolf von Sonnenthal, 1892
Photo: Historisches Museum der Stadt Wien

96
Vierbeiniger »ägyptischer« Hocker für die Wohnung von Dr. Otto Stoessl, ausgeführt von F. O. Schmidt (?), 1901
Photo: Archiv Autor

97
Vierbeiniger »ägyptischer« Hocker.
F.-O.-Schmidt-Modell Nr. 4091, um 1900
Photo: F. O. Schmidt-Archiv, Wien

98
Josef Frank, vierbeiniger »ägyptischer« Hocker, ausgeführt von Svenskt Tenn, 1940
Photo: Svenskt Tenn Archiv, Stockholm

99
Vierbeiniger Männer-Hocker, um 1400 v. Chr.
Photo: British Museum, London

100
Ägyptischer Stuhl, um 1300 v. Chr.
Photo: British Museum, London

101
Ägyptischer Stuhl-Typ
in: G. Semper, Der Stil, Bd. II, 1863

102
Dante Gabriel Rossetti, Sofa-Entwurf, ausgeführt von Morris & Co.
für die Londoner Weltausstellung 1862
Photo: Birmingham Museum and Art Gallery

103
J. Moye-Smith, »Ancient Aegyptian Furniture«, 1875
in: Building News, 1875

104
William Webb, »Kelmscott Chair«, ausgeführt von Morris & Co., 1862
Photo: Kelmscott Manor

105
Eduard William Godwin, »Greek Chair«, 1885
Photo: Victoria & Albert Museum, London

106
Christopher Dresser, Occasional Chair, ausgeführt von Chubb & Sons für die Art Furniture Alliance, 1881
Photo: Victoria & Albert Museum, London

107
Christopher Dresser, »Egyptian Chair«, ausgeführt von Chubb & Sons für die Art Furniture Alliance, 1881
Photo: Victoria & Albert Museum, London

108
Hans Vollmer, Rustenholzstuhl mit Strohgeflecht, ausgeführt von Prag-Rudniker, um 1901/02
Photo: Privatbesitz

109
Charles Rennie Macintosh, »Hall Chair« im »Hill House«, 1903/04
Photo: National Trust of Scotland

110
Josef Hoffmann, »Sitzmaschine«, ausgeführt von J. & J. Kohn, um 1905
Photo: Privatbesitz

111
Gerrit Rietveld, »Red-and-Blue«-Fauteuil, um 1917/19
Photo: Privatbesitz

112
Marcel Breuer, Stahlrohrfauteuil »Wassily«, um 1925
Photo: Privatbesitz

113
Erich Dieckmann, »Einfacher Stuhl aus geraden Holzstollen«, um 1926
in: E. Dieckmann, Möbelbau in Holz, Rohr und Stahl, 1931

114
Adolf Loos, Entwurf für Schlafzimmermöbel, um 1900
Photo: ALA, Wien

115
Adolf Loos, Entwurf für die Rustenholzmöbel der Wohnung Josefa Brandeis, 1903
Photo: ALA, Wien

116
Schlafzimmermöbel für die Wohnung Eugen Stössler, ausgeführt von J. Bohn, 1899
in: Das Interieur, I/1900

117
Speisezimmer für die Wohnung Eugen Stössler, ausgeführt von J. Bohn, 1899
in: Das Interieur, I/1900

118
Arbeitszimmer mit Schreibschrank, um 1900
in: Das Interieur, II/1901

119
Buffet für das Speisezimmer Dr. Otto Stoessl, ausgeführt von F. O. Schmidt (?), 1901
Material: Eiche
Privatbesitz
Photo: Archiv Autor

120
Eduard William Godwin, Buffet, ausgeführt von William Watt, um 1867
Photo: Victoria & Albert Museum, London

121
Eckschränkchen für das Speisezimmer Dr. Otto Stoessl, ausgeführt von F. O. Schmidt (?), 1901
Material: Eiche
Privatbesitz
Photo: Archiv Autor

122
Gustav Stickley, Sideboard-Modell
Photo: Stickley-Katalog, 1910

123
Speisezimmer im Haus Dr. Otto Stoessl mit Möbeln aus der Wohnung 1901/11
Photo: ALA, Wien

124
Schlafzimmereinrichtung der Wohnung Dr. Hugo Haberfeld, 1902
in: Das Interieur, IV/1903

125/126/127
Wohn/Eßzimmer der Wohnung Dr. Hugo Haberfeld, 1902
in: Das Interieur, IV/1903

128
Buffet für Erzherzog Ludwig Victor, Entwurf und Ausführung: F. O. Schmidt, um 1905
Photo: Kunsthandel Patrick Kovasc, Wien

129
Entwurfszeichnung für das Wohn/Eßzimmer Dr. Hugo Haberfeld, 1902
Photo: ALA, Wien

130
Halle mit Sitzecke im Wohnhaus Gustav und Lilly Steiner, 1910
Photo: ALA, Wien

131
Herrenzimmer der Wohnung Gustav Turnovsky, 1902
Photo: ALA, Wien

132
Erweiterung der Sitzecke im Herrenzimmer Gustav Turnovsky, um 1912
Photo: Archiv J. Hummel, Wien

133
Silberschrank-Modell der Firma J. S. Henry, London
in: G. M. Ellwood, Möbel und Raumkunst in England, 1909

134
F. O. Schmidt, »Lagermodell«, nach 1900
Photo: Dorotheum, Wien

135
Kleiderschrank-Modell von Heal & Sons, London, 1899
in: The Cabinet Maker, 1899

136
Joseph Maria Olbrich, Stuhl, 1899, ausgeführt von Michael Niedermoser
Photo: Archiv Dr. Paul Asenbaum, Wien

137
Möbel-Detail aus dem Damenzimmer Marie Turnovsky, 1902
Photo: Archiv Dr. Paul Asenbaum, Wien

138
Damenzimmer der Wohnung Gustav und Marie Turnovsky, 1902
Photo: ALA, Wien

139
Kasten der Wohnung Theodor von Auspitz
Ausführung: F. O. Schmidt, um 1900
Material: Ahornholz
Maße: B: 198 cm, T: 56 cm, H: 216 cm
Photo: Privatbesitz

140
Otto Wagner, Schlafzimmerkasten für sein »Absteigequartier«, ausgeführt von Alexander Albert, 1898
Photo: Postsparkasse, Wien

141
Kaminecke in der Wohnung von Adolf Loos, 1903
Photo: Bildarchiv ÖNB, Wien

142
Biedermeierliches Toilette-Kabinett, Wien um 1825
in: W. C. W. Blumenbach, Wiener Kunst- und Gewerbefreund, 1825

143/144
Schlafzimmer in der Wohnung von Adolf Loos, 1903
in: Das Andere, 1903

145
Sitzecke im Wohnhaus Gustav und Helene Scheu, 1912
Photo: ALA, Wien

146
Musikzimmer der Wohnung Georg und Else Weiss, 1904
Photo: ALA, Wien

147
Eßzimmer im Wohnhaus Hugo und Lilly Steiner, 1910
Photo: ALA, Wien

148
Eßzimmer der Wohnung Paul Mayer, 1913
Photo: ALA, Wien

149
Entwurf einer Sitzecke, um 1900
Photo: ALA, Wien

150
Speisezimmer im Wohnhaus Karl und Hilda Strasser, 1918
Photo: ALA, Wien

151
Wohn- und Eßzimmer der Wohnung Arnold und Julius Bellak, 1907
Photo: ALA, Wien

152
Henry H. Richardson, Bibliothek im Glessner House/Chicago, 1886
in: The Story of a House, H. H. Richardsons Glessner House, 1992

153
Henry H. Richardson, Hall im Glessner House/Chicago, 1886
in: The Story of a House, H. H. Richardsons Glessner House, 1992

154/155
Damenzimmer im Wohnhaus Dr. Frantisek und Milada Müller in Prag, 1928
Photo: ALA, Wien

156
Speisezimmer im Wohnhaus Dr. Frantisek und Milada Müller in Prag, 1928
Photo: ALA, Wien

157
Salon im Wohnhaus Dr. Frantisek und Milada Müller in Prag, 1928
Photo: ALA, Wien

158
Dreibeiniger ägyptischer Hocker-Typ, um 1300 v. Chr.
Photo: British Museum, London

159
Wohnzimmer in der Wohnung Otto und Olga Beck in Pilsen, 1908/1928
Photo: ALA, Wien

160
Dreibeiniger »ägyptischer« Hocker aus der Wohnung von Adolf Loos, 1903
Material: Eiche
Maße: B: 45 cm, T: 32 cm, H: 37 cm
Ausführung: J. Veillich
Photo: Historisches Museum der Stadt Wien

161
Dreibeiniger »Thebes Stool«, Liberty's, 1884
Photo: Brighton Art Gallery

162
Josef Frank, Interieur mit dem dreibeinigen
»ägyptischen« Hocker, um 1925
Photo: Archiv der Hochschule für angewandte
Kunst, Wien

163
Patentzeichnung für den »Thebes Stool« von
Liberty's, 1884
Photo: Liberty's, London

164
Josef Frank, Hocker-Entwürfe für »Haus und
Garten«, um 1925
Photo: Archiv der Hochschule für angewandte
Kunst, Wien

165
J. & J. Kohn-Modelle Nr. 14, 30 und 248
in: J. & J. Kohn-Katalog, 1916

166
Interieur des Café Museum, 1899
Photo: ALA, Wien

167
Bugholzstuhl für das Café Museum,
ausgeführt von J. & J. Kohn, 1899
Material: Buchenholz
Maße: B: 43 cm, T: 53 cm, SH: 46 cm,
H: 89 cm
Sammlung Julius Hummel, Wien
Photo: Heidi Harsieber

168
Restaurant-Einrichtung von Architekt Hans
Mayr mit Stuhl-Modell aus dem Café Museum
in: Das Interieur, III/1904

169
Stuhl-Modell von Heywood Brothers & Co.,
1899
in: The Cabinet Maker, 1899

170
Interieur des Café Capua, 1913
Photo: ALA, Wien

171
Thonet-Modelle Nr. 461 A und 1661 A
in: Gebrüder-Thonet-Katalog, um 1910

172
Kopie des Collison & Lock-Modells im
Katalog von F. O. Schmidt
Photo: Firmenarchiv F. O. Schmidt, Wien

173
Stuhlmodell der Firma Collison & Lock,
London
Photo: Vorbildersammlung des
Österreichischen Museums für angewandte
Kunst, Wien

174
»Manz«-Stuhl im Katalog von F. O. Schmidt
Photo: Firmenarchiv F. O. Schmidt, Wien

175
»Stössler«-Stuhl im Katalog von F. O. Schmidt
Photo: Firmenarchiv F. O. Schmidt, Wien

176
Windsor-Stuhl des »Smoker's Bow«-Typs,
England, 2. Hälfte 19. Jahrhundert
Photo: Victoria & Albert Museum, London

177
Josef Frank, Stuhlmodell für Svenskt Tenn
Photo: Svenskt Tenn Archiv, Stockholm

178
Arbeitszimmer von Charles Dickens mit
seinem leeren Schreibtischstuhl
nach: S. L. Field, The Empty Chair, 1870

179
Speisezimmer des Wohnhauses Leopold
Goldman mit Stuhlkopien der
Queen-Ann-Zeit, 1911
Photo: ALA, Wien

180
Hotel-Stuhl, entworfen für die Hotelausstellung in Mailand 1924
in: Wohnungskultur, 1925

181
Rekonstruktion des Hotel-Stuhles
Photo & Rekonstruktion: Dr. Burkhardt
Rukschcio, Wien

182
Englischer Speisezimmerstuhl der
Queen-Ann-Zeit
Photo: Victoria & Albert Museum, London

183
Chinesischer Stuhltyp »Guam Mao Shi« –
Stuhl »in Form einer Gelehrtenmütze«
Photo: Dansk Kunstindustrimuseet,
Kopenhagen

184
Korbstühle in der Pariser Knize-Filiale, 1927
Photo: ALA, Wien

185
Speisezimmer mit geflochtenen Stühlen in der
Wohnung Leo und Trude Brummel, Pilsen,
1929
Ausführung: Herlitz/Scharnstein (?)
Photo: ALA, Wien

186
Speisezimmerstuhl-Modell von F. O. Schmidt
nach englischem Vorbild, um 1900
Photo: Firmenarchiv F. O. Schmidt, Wien

187
Englisches Vorbild des Speisezimmerstuhl-
Modells aus dem Österreichischen Museum
Photo: Österreichiches Museum für
angewandte Kunst, Wien

188
»Haberfeld«-Stuhl im Katalog von
F. O. Schmidt
Photo: Firmenarchiv F. O. Schmidt, Wien

189
Stuhl aus dem Wohn/Eßzimmer der Wohnung
Dr. Hugo Haberfeld, 1902
Material: Nuß auf Palisander gebeizt,
Lederpolsterung
Maße: B: 47,5 cm, T: 50,5 cm, SH: 44,5 cm,
H: 93,5 cm
Ausführung: F. O. Schmidt
Photo: Privatbesitz

190
Thomas Chippendale, Sofa für die Familie
Bury in Kateshill/Bowdley
Photo: Christies, London

191
Speisezimmer der Wohnung Dr. Josef Kurz –
Selma Halban mit Hepplewhite-Stühlen,
1913
Photo: Archiv Dr. Burkhardt Rukschcio,
Wien

192
Speisezimmer im Wohnhaus Josef und Marie
Rufer mit Hepplewhite-Stühlen, 1922
Photo: ALA, Wien

193
Speisezimmer der Wohnung Leopold Langer
mit Stühlen »nach Chippendale«,
1903
Photo: ALA, Wien

194
Wohn/Eßzimmer der Wohnung Paul Kuhner
mit lederpolstertem Stuhlmodell
von F. O. Schmidt, 1907
Photo: ALA, Wien

195
Speisezimmerstuhl-Modell der Firma
F. O. Schmidt
Photo: Firmenarchiv F. O. Schmidt, Wien

196
Englisches Vorbild für Stuhlmodell im Schloß
Victor Ritter von Bauer
Photo: Österreichiches Museum für
angewandte Kunst, Wien

197
Speisezimmer der Wohnung Emil Löwenbach
mit englischen Stuhl-Modellen des 18. Jahrhunderts, 1913
Photo: ALA, Wien

198
Englisches Vorbild für den Speisezimmerstuhl
der Wohnung Löwenbach
Photo: Österreichiches Museum für
angewandte Kunst, Wien

199
Speisezimmer im Wohnhaus Hans und
Johanna Brummel in Pilsen mit
»Ladder-back«-Stühlen, 1928
Photo: ALA, Wien

200
»Fan-back«-Windsor-Stuhltyp im
Wohnzimmer der Wohnung
Dr. Josef und Stephanie Vogl in Pilsen, 1929
Photo: ALA, Wien

201
Herrenarbeitszimmer der Wohnung
Arthur und Leonie Friedmann mit
»Knieschwimmer«-Fauteuil, 1907
Photo: ALA, Wien

202
»Easy Chair« von Hampton & Sons, London,
1901
in: The Studio, 1901

203
Englischer Fauteuil »geliefert von Ludwig
Bernheimer, München«, 1901
in: Dekorative Kunst, 1901

204
Fauteuil-Modell aus dem Katalog von
F. O. Schmidt
Photo: Firmenarchiv F. O. Schmidt, Wien

205
»Knieschwimmer«-Fauteuil aus dem Katalog
von F. O. Schmidt
Photo: Firmenarchiv F. O. Schmidt, Wien

206
»Chesterfield«-Fauteuil aus dem Katalog von
F. O. Schmidt
Photo: Firmenarchiv F. O. Schmidt, Wien

207
Vorzimmer der Wohnung Rudolf Kraus mit
»Adjustible«-Fauteuil, 1907
Photo: ALA, Wien

208
Warteraum im Herrenmodesalon Goldman &
Salatsch mit »Kanadier«-Fauteuils
Photo: Das Interieur, II/1901

209
»Morris Chair«, um 1861
Photo: Victoria & Albert Museum, London

210
Gustav Stickley, »Kanadier«-Fauteuil
Photo: Stickley-Katalog, um 1910

211
Wohnraum in der Wohnung Grete Hentschel
mit dem »römischen« Tisch, 1914
Photo: ALA, Wien

212
»Römischer« Tisch aus der Wohnung Grete
Hentschel, ausgeführt
von F. O. Schmidt, 1914
Photo: Privatbesitz

213
Emanuel von Seidl, »römischer« Tisch
Photo: Wolfsonian Foundation, Miami

214
Raum aus Schloß Compiègne mit »römischem«
Tisch, kopiert von F. O. Schmidt für die
Winterausstellung des Österreichischen
Museums 1900/01
in: Kunst und Kunsthandwerk, 1901

215
»Römischer« Tisch im Wohnhaus von
Emanuel von Seidl, München
in: Zeitschrift für Innendekoration, 1900

216
Arbeitszimmer von Dr. Hugo Haberfeld mit
»Elefantenrüsseltisch«, 1902
in: Das Interieur, IV/1903

217
»Elefantenrüsseltisch« bei der von Kolo Moser
gestalteten XIII. Secessions-Ausstellung, 1902
Photo: The Studio, 1902

218
Tischmodell von Lucraft Cabinet Work,
London
in: The Cabinet Maker, 1911

219
Joseph Maria Olbrich zugeschriebene Variante
des »Elefantenrüsseltisches«
aus dem Angebot von F. O. Schmidt
in: Jugendstil und Zwanzigerjahre, Ausst.-Kat.
Wien 1969

220
Anzeige der Firma Josef Trier, Darmstadt, mit
»Elefantenrüssel«-Blumentischchen, 1897
in: Zeitschrift für Innendekoration, 1897

221
Tischmodell der Firma Hampton & Sons,
London, 1899
in: The Cabinet Maker, 1899

222
Tisch im Herrenzimmer der Wohnung Alfred
Kraus, 1905
Photo: ALA, Wien

223
Herrenzimmer der Wohnung Emil Löwen-
bach mit biedermeierlichem Sofa-Tisch, 1913
Photo: ALA, Wien

224
Halle im Wohnhaus Karl und Hilda Strasser
mit »orientalischem« Beistelltischchen, 1918
Photo: ALA, Wien

225
Speisezimmer der Wohnung Emanuel und
Berta Aufricht, 1905
Photo: ALA, Wien

226
Speisezimmer der Wohnung Dr. Hermann und
Dr. Eugenie Schwarzwald, 1905
Photo: ALA, Wien

227
Speisezimmer der Wohnung Wilhelm und
Martha Hirsch in Pilsen, 1929
Photo: ALA, Wien

228
Metall-Glas-Lampe aus dem Katalog von
F. O. Schmidt, um 1900
Photo: Firmenarchiv F. O. Schmidt,
Wien

229
Pariser Kniže-Filiale mit Metall-Glas-Lampe,
1927
Photo: ALA, Wien

230
Kaminuhr im Wohnhaus Rufer, 1922
Photo: ALA, Wien

231
Kaminuhr
Material: Messinggehäuse, Glas
Maße: B: 36 cm, T: 25 cm, H: 42 cm
Ausführung: J. Heeg (?)
Photo: Kunsthandel Patrick Kovasc,
Wien

232
Servierwagen aus der Wohnung Gustav und
Marie Turnovsky, 1902
Material: Mahagoni, Glas, vernickeltes
Vierkantrohr
Ausführung: unbekannt
Sammlung Julius Hummel, Wien
Photo: Heidi Harsieber

233
Entwurfszeichnung für Wandhaken
Photo: ALA, Wien

© Bildrechte Adolf Loos by Adolf Opel, 1994.
Bei Einzelveröffentlichungen © by VBK, Wien.

# Namenregister

Abel, Lothar 80
Ackermann, Rudolf 82
Adam, Robert 82
Aesthetic Movement 19, 27, 86, 90, 92, 99
Altenberg, Peter 80
Art Furniture Alliance 86, 92
Arts and Crafts 9, 11, 13, 16, 17, 18, 19, 23, 27, 73, 78, 98, 103
Ashbee, Charles Richard 73
Aurevilly, Barbey d' 22
Auspitz, Theodor von (Wohnung, Wien) 7, 107, 109

Bahr, Hermann 74
Batley, H. W. 88
Bauer, Victor Ritter von (Schloß, Brünn) 140
Bauhaus 15, 25, 94
Beck, Otto und Olga (Wohnung, Pilsen) 141
Becker, Gustav 160
Beecher-Stowe, Harriet 8
Bellak, Arnold und Julius (Wohnung, Wien) 115
Benjamin, Walter 7, 120
Bernheimer, Ludwig 148
Beyer, Ludwig 97
Bohn, J. 98, 132
Boskovits, Friedrich (Wohnung, Wien) 140, 154, 156, 165
Brandeis, Josefa (Wohnung, Wien) 97, 104, 107
Breuer, Marcel 95
Brown, Ford Madox 83, 88
Brummel, George »Beau« 22
Brummel, Leo und Traude (Wohnung, Pilsen) 104, 115, 124, 138, 140
Bucher, Bruno 71, 74
Buckland, William 20
Burne-Jones, Eduard 27
Burnham, Daniel 9

Capua, Café (Wien) 115, 128
Carlyle, Thomas 22
Carter, Howard 81
Champollion, Jean Francois 81
Chippendale, Thomas 27, 28, 74, 79, 84, 90, 128, 138, 140, 154, 156
Chubb, George H. 86
Chubb & Son 86, 92
Cole, Henry 12, 13, 16, 82
Collison & Lock 73, 132
Colman, Ephraim 27
Cook, Clarence 85
Crace, Firma 82, 83
Crace, John Gregory 82, 83, 91
Cuvier, George 20

Darwin, Charles 15
Day, Lewis F. 23
Denon, Domenique Vivant 81
De Stijl 15, 25, 94
Deyer, Ludwig 97
Dickens, Charles 132
Dieckmann, Erich 95
Doyle, Arthur Conan 20

Dresser, Christopher 86, 92
Duschitz, Willibald (Haus, Wien) 124

Eastlake, Charles 8, 27
Ebenstein, Schneidersalon (Wien) 8, 98, 160
Eduard & Roberts 28
Eitelberger, Rudolf von 71
Ericson, Estrid 26

Falke, Jakob von 12, 15, 18, 23, 24, 27, 71, 72, 113, 117
Farmer & Roger's 86
Ferstel, Heinrich von 72
Field, S. L. 132
Finetti, Giuseppe de 136
Fontaine, Pierre 14, 75, 82, 152
Frank, Josef 13, 14, 18, 19, 24, 25, 26, 28, 90, 120, 121, 124, 132
Franz Joseph, Kaiser 71
Frauenclub (Wien) 132, 138
Friedmann, Arthur und Leonie (Wohnung, Wien) 132, 148, 154, 160

Garlton, Francis 20
Giedion, Sigfried 120
Gillow's 73, 140
Glessner, John J. 118
Godwin, Eduard William 27, 84, 85, 86, 88, 92, 103, 132
Goldman, Leopold (Haus, Wien) 136, 140, 148, 154, 156, 165
Goldman, Michael 117
Goldman & Salatsch, Herrenmodesalon (Wien) 8, 98, 101, 117, 148, 160
Goldman & Salatsch, Geschäftshaus (Wien) 115, 117, 160, 165
Greenough, Horatio 18
Gropius, Walter 94
Gurlitt, Cornelius 24, 25, 113

Haberfeld, Hugo (Wohnung, Wien) 7, 75, 78, 79, 89, 98, 99, 103 104, 107, 109, 113, 124, 132, 140, 154, 156, 160
Halban, Josef / Kurz, Selma (Wohnung, Wien) 140
Hampton & Sons 77, 78, 148, 154
Haus und Garten 121, 124
Heal, Ambrose and Sons 28, 106, 132
Heeg, Johannes 160
Hegel, Friedrich 12, 13, 15, 22
Henry, I. S. 73
Hentschel, Grete (Wohnung, Wien) 79, 90, 140, 141, 152
Hepplewhite, George 79, 140
Hevesi, Ludwig 71, 77, 109, 116, 127, 132, 140
Heymel, Alfred Walter 78, 148
Heywood Brothers & Company 128
Hirsch, Wilhelm und Martha (Wohnung, Pilsen) 140, 156, 160
Hoffmann, Josef 13, 75, 93, 94, 95, 98, 127
Holmes, Sherlock 20
Hope, Thomas 82
Hunt, William Holman 83, 88

Jaray, Sandor 77
Jones, Owen 12, 16, 18, 24, 86

Karma, Villa (Clarens) 124
Kärntner Bar (»American Bar«, Wien) 160
Kha 81, 82, 90
Kniže & Co., Schneidersalon (Wien) 8, 117, 160
Kniže & Co., Schneidersalon (Paris) 8, 115, 124, 138, 148, 156, 160
Kohn, Jacob & Josef 93, 127
Kramer, Ferdinand 120
Kraus, Karl 8, 18
Kraus, Rudolf (Wohnung, Wien) 140, 148, 156
Kuhner, Paul (Wohnung, Wien) 140, 156
Kuhner, Paul (Landhaus, Kreuzberg) 141, 148
Kulka, Heinrich 98

Lambert, A. 88
Langer, Leopold (Wohnung, Wien) 140, 156
Le Corbusier (= Charles Eduard Jeanneret) 15, 120, 148
Lefler, Heinrich 73
Lenbach, Franz von 78
Leopold Salvator, Erzherzog 104
Leyland, Francis R. 86
Liberty, Arthur Sir 27, 86, 124
Liberty's 28, 86, 88, 89, 124
Light, C. & R. 132
Loos-Altmann, Elsie 140
Loos-Beck, Claire 124, 138
Loos-Obertimpfler, Lina 80, 109
Loos-Wohnung (Wien) 7, 109, 113, 117, 124, 141, 165
Löwenbach, Emil (Wohnung, Wien) 115, 140, 156
Lucraft Cabinet Work 154
Luthmer, Ferdinand 24

Macintosh, Charles Rennie 73, 93, 94
Mandel, Erich und Anna (Haus, Wien) 124, 140
Manz'sche Verlags- und Universitäts-buchhandlung (Wien) 79, 132, 156
Maple's 28, 73, 79, 132
Markolaus, Bohuslav 141
Matter, Karl 165
Mayr, Hans 127
Moller, Hans und Anny (Haus, Wien) 115
Morelli, Giovanni 20
Morris, Marshall, Faulkner & Co. (= Morris & Co.) 27, 28, 83, 85, 91
Morris, William 11, 12, 17, 18, 27, 91
Moser, Kolo 98, 127, 154
Moyr-Smith, J. 92
Müller, Frantisek und Milada (Haus, Prag) 115, 117, 121, 138, 148, 156, 160
Museum, Café (Wien) 7, 15, 77, 98, 127, 128, 138, 165
Muthesius, Hermann 19, 28

Napoleon Bonaparte 81
Nelson, Horatio 81

Neumann, Zlatko   124
Niedermoser, Michael   107, 132
Nüll, Eduard van der   16

Olbrich, Joseph Maria   75, 107, 154
Owston, Hiram B.   86, 92

Percier, Charles   14, 82
Perriand, Charlotte   148
Pevsner, Nikolaus   11
Pfau, Ludwig   12
Poe, Edgar Allan   20
Prag-Rudniker-Korbwarenfabrikation   92, 138
Pugin, Augustus Welby Northmore   12, 27

Rathausky, Hans   73
Redgrave, Richard   12
Richardson, Henry H.   118
Riegl, Alois   18
Rietveld, Gerrit   94
Roneo   15
Rosenfeld, Valentin (Wohnung, Wien)   140, 154
Rösner, Karl   152
Rossetti, Dante Gabriel   27, 91
Rudl & Behring   152
Rufer, Josef und Marie (Haus, Wien)   124, 140, 156
Ruskin, John   8, 11, 13, 16, 17, 18, 19, 20, 83

Scala, Arthur von   71, 73, 74, 77, 78, 80, 132, 140
Schaukal, Richard   22
Scheu, Gustav und Helene (Haus, Wien)   156
Schmidt, Carl Friedrich   71
Schmidt, Friedrich Otto   71, 72, 74, 75, 77, 78, 79, 80, 89, 99, 104, 106, 107, 108, 123, 132, 140, 148, 152, 154, 156, 160
Schmidt, Leo   72, 80

Schmidt, Max ( = Miksa)   72, 77, 80, 99, 154
Schmidt, Otto   72
Schmidt & Sugg   71
Schnabel, Friedrich   124
Schnabel, Mitzi   124
Schönthaler, Franz Jr.   73
Schwarzwald, (Eu)Genia   165
Schwarzwald, Herrmann und Eugenia (Wohnung, Wien)   140, 156
Secession   71, 75, 78, 98, 154
Seidl, Emanuel von   78, 152
Seidl, Gabriel von   78
Seifert, Richard   127
Semper, Gottfried   12, 13, 14, 15, 18, 82, 84, 90, 95, 148
Shaker   17, 103
Shaw, Henry   27
Sheraton, Thomas   27, 28, 82
Siegel, Gustav   127
Simmel, Georg   7
Sitte, Camillo   81
Smith, George   82
Sobotka, Alfred (Wohnung, Wien)   156
Sonnenthal, Adolf von   89
Stahl, E.   88
Steiner, Hugo und Lilly (Haus, Wien)   104, 124, 140, 156
Stickley, Gustav   103
Stoessl, Otto und Auguste (Wohnung und Haus, Wien)   7, 89, 103, 104, 106, 107, 124, 132, 140, 156, 165
Stöhr, Ernst   98
Storck, Josef von   72
Stössler, Eugen (Wohnung, Wien)   7, 77, 78, 98, 99, 103, 101, 104, 132, 141, 156, 160, 165
Strasser, Karl und Hilda (Haus, Wien)   115, 124, 140, 156
Stuck, Franz von   78
Sullivan, Louis H.   19
Svenskt Tenn   26, 90, 132

Taylor, Worrington   27
Thonet, Gebrüder   15, 127, 128
Thonet, Michael   127, 141
Till, W.   152
Treff-Dunn, H.   27
Trinkel, Hans   72
Turnovsky, Gustav und Marie (Wohnung, Wien)   7, 99, 104, 106, 107, 108, 109, 113, 132, 140, 154, 160, 165
Tutanchamun   81, 82, 90

U.-P.-Werke   141, 160
Urban, Josef   73

Veblen, Thorsten   18
Veillich, Josef   15, 28, 74, 79, 124, 127, 138, 140
Velde, Henry van de   18
Vogl, Josef und Stephanie (Wohnung, Pilsen)   104, 138, 140, 141, 148
Vollmer, Hans   92, 93

Wagner, Otto   8, 12, 13, 15, 23, 85, 101, 108, 127
Walpole, Horace   26
Wartenberg, Barbara von   165
Watt, William   84, 85, 86
Webb, Philipp   27, 91
Weiss, Georg und Else (Wohnung, Wien)   113, 143, 154, 156
Werkbund   14, 18, 19, 120
Wiener Werkstätte   13, 78, 101
Whistler, James Abbott MacNeill   19, 27, 86
Wilde, Oscar   19, 20, 22, 86, 90
Wlach, Oskar   124
Wölzl, Maria   107
Wornum, Ralph   16
Wright, Frank Lloyd   118
Wyatt, Mathew D.   12
Wyburd, Francis J.   86
Wyburd, Leonard F.   86, 124